法治、人權與民主憲政的理想

陳弘毅 著

商務印書館

法治、人權與民主憲政的理想

作　　者：陳弘毅

責任編輯：楊安兒

出　　版：商務印書館（香港）有限公司
香港筲箕灣耀興道 3 號東滙廣場 8 樓
http://www.commercialpress.com.hk

發　　行：香港聯合書刊物流有限公司
香港新界大埔汀麗路 36 號中華商務印刷大廈 3 字樓

印　　刷：陽光印刷製本廠有限公司
香港柴灣安業街 3 號新藝工業大廈 6 字樓 G 及 H 座

版　　次：2013 年 7 月第 1 版第 2 次印刷
© 商務印書館（香港）有限公司
ISBN 978 962 07 6507 0
Printed in Hong Kong
版權所有，不得翻印

目　錄

自序

　　近年來，香港公民社會中有不少關於香港的"核心價值"的討論。雖然不同人士和團體對於甚麼是香港的"核心價值"的理解並不完全一致，但我相信存在這樣一個"重疊的共識"，就是如果請不同人士和團體就香港的"核心價值"列出一份清單，相信在不同的清單裏都能找到"法治"、"人權"以至"民主"這幾項核心價值。法治、人權的保障和民主的社會生活，確是我們港人重視和珍惜的無形資產，也是香港的"軟力量"的重要元素。

　　在"一國兩制"的憲政框架下，香港特別行政區的核心價值不一定是中國內地奉行的核心價值，這一點其實是"一國兩制"的構想的前提之一。正是因為香港市民和內地同胞的價值信念以至生活方式有異，所以需要實行"一國兩制"。但是，當我們談到"法治"、"人權"和"民主"這些價值理念時，是否應把它們看作獨特於香港的核心價值呢？它們對於中國內地又有何意義？

　　我認為法治、人權、民主等價值，其實並非香港作為中國境內的一個特別行政區的獨有、獨享的核心價值，它們是普世、普適的，對全球、全人類都有意義的核心價值。本書的目的，便是向讀者介紹這些價值和概念的內容，並把它們應用到香港和中國內地的情況。作為我們的核心價值的一部分，法治、人權、民主以至相關的憲政概念，不能只是用作口號，對他們的內容以至其歷史上的來龍去脈進行思考和辯證，是十分必要的。因為人類社會的進步，有賴於人們在思想上的啟蒙、深化和成長。

　　本書的內容，乃根據我多年來在不同渠道發表的文章整理編輯而成。本書收集的文章較為通俗性，至於較為學術性的相關文章，將收集於另一本書，書名為《中西法律和政治思想的探索》，在近期也將由商務印書館出版。十分感謝商務印書館的陸國燊博士向我提議把拙作結集成此兩書，由商務印書館出版。同時感謝商務印書館的其他同事，尤其是本書責任編輯楊安兒小姐的十分專業的工作。本書有機會與讀者您見面，對我來說，是極為值得珍惜的緣分。

陳弘毅

香港大學法律學院

2012 年 10 月 10 日

1 論法治

淺談法治的概念

法治是香港的核心價值之一，但甚麼才是一個法治的社會呢？本文的目的，就是嘗試探討這個問題的答案。

去澄清"法治"這個概念的涵義，在這階段是有它的必要性的。空泛和抽象的口號，並不能代替仔細和理性的思量。運用"法治"這個詞語而不小心清楚界定它的定義，是一件危險的事。如果我和你都積極提倡"法治"，而我心目中的"法治"是指"甲"，而你心目中的卻是"乙"，那麼我們的目標和立場雖然似是一致，但其實並不一致。

法學家們都指出，"法治"沒有一個明確的、四海皆準的定義，它是個開放的概念，可以有很多不同的解釋。本文將嘗試綜合西方法學主流對於"法治"的理解，分析這個觀念所包涵的不同元素。每一個元素都可看作是法治概念的一個階層，而整個概念就包括很多有不同高度或深度的階層。我們將從最低的、最簡單或原始的階層出發，然後逐漸攀上更高的層次，即更複雜、更豐富的思想。

一、社會秩序和治安

第一層是社會的秩序或治安。法治的最簡單的意義，是指人民的生命和財產得到保障，不受傷害、侵犯和破壞。這種保障主要是由警察所提供，他們負責執法的工作。雖然這只是法治概念最低或原始的層次，但它是法治的重要元素之一。例如如果社會發生騷亂或暴動，法治便受到破壞。如果警方成功地控制暴亂的羣眾，法治便得以保存。在這個層次來看，一個法律和秩序的狀況，相對於一個"自然的狀況"。正如霍布斯（Thomas Hobbes）所說，在自然的狀況裏，每個人都是每個人的敵人。人們生活在持續的恐懼中，冒着暴力帶來的死亡的危險。這是文明和文化的相反。一切人類文明的成就都是建基於法律和秩序的存在的，"自然的狀況是個殘酷和恐怖的世界，在那裏，人淪為禽獸。"

二、政府活動的法律依據

法治概念的第二個層次是關於國家或政府的活動的法律依據，這可以用幾種不同的方法加以說明。最簡單的方法是，不僅人民受到法律的管治，連統治者本身也受到法律的管治，人民與政府同樣被法律所約束，要依法守法。換句話説，法治不單指用法律來統治，也指被法律所統治。從另一個角度看，這即是説，任何公民、政治領袖或政府官員所做的任何事，都必須有法律上的依據。例如，如果政府機關或政府工作人員做了一件事，但法律並沒有授權他們這樣做，或他們所做的超出了他們所有的法定權力的範圍，那麼受到這事影響的公民便可以到法院提出訴訟，請求法院對那個政府機關或政府工作人員加以制裁，或下令政府要賠償公民因政府的非法行為所受到的損失。這就是説，對於政府的非法活動，人民是有有效的申訴途徑的；而任何政府活動，如果沒有法律的依據，就屬非法，即使這是高級官員的指示或符合國家利益，也屬非法 —— 除非法律確實有授權政府進行這個活動。

三、行使權力的限制

上述法治概念的第二層，並不足以防止政府濫用權力及保障人民的權益，因此需要有第三層。要了解這個層次，先要明白"可以隨意運用的權力"（arbitrary power）這個概念。一種可以隨意運用的權力，是指某一類權力，可以以任何方法行使，以達至任何目的。它的行使不受到明確的原則和規例所規範；沒有一些清晰和詳細的法律條文去規定這權力應該怎樣運用。

　　法治觀念的第二層，即政府的權力必須有法律上的依據，並不能防止政府享有及行使“可以隨意運用的權力”。舉一個較為極端的例子：假設立法會通過一條法例，授權行政長官對任何市民做任何事，包括可以隨時隨意根據任何他認為是足夠的理由，下令拘留任何在香港的人，拘留時期沒有限制，任由行政長官決定。假如立法會真的通過了這樣的法律，那麼行政長官做的任何事，都可以以這套法律為依據，他可以任意逮捕任何市民。所以這套法律其實授予行政機關一種可以隨意運用的權力。但這種情況並不違反上述的法治觀念的第二層，因為行政長官根據這套法律所做的一切都是合法的。

　　但這卻會違反法治概念第三層的涵義。第三層就是說，可以隨意運用的權力必須受到限制，應該有明確的規則去管制權力的行使；法律要有足夠的內容，去防止法定權力的濫用。在這裏我們會遇到一個矛盾。在一個有效率的行政架構裏，政府官員需要有些在一定範圍內可以隨意運用的權力；如果要他們遵守太多規則條例，行政程序將變得十分緩慢，無法對迫切的問題作出適當的反應。所以出現兩種相對的要求：一方面，可以隨意運用的權力有助於行政效率；另一方面，如要保障人民的自由和權利，防止政府濫用權力，就需要以具體的法律原則去規範權力的行使。行使權力的限制始終是程度的問題，決定於這兩種不同的要求的平衡和妥協。

四、司法獨立

　　法治概念的第四個層次，就是大家都熟悉的司法獨立的原則。這其實與上面提到的第二、三層有密切的關係。第二層說政府的所作所為必須有法律的依據，第三層說法律應有具體內容來規範權力的行使，兩方面都是用法律的規定來限制政府的權力。但由誰來決定政府的行為是否合法呢？答案當然是法院和法官。法院負責解釋法律，把抽象的條例應用於實際的案情裏。

　　所以徒有一套完美的法律是不足夠的。如果負責解釋和執行這套法律的司法機關和人員並不獨立於行政機關，偏袒政府或某一種勢力或依照他們的指示判案、貪污或在其他方面不遵守司法工作的專業道德標準，那麼法治概念的第二、三層所代表的理想便無法實現。所以司法獨立是法治的不可缺少的必要條件。至於保障司法獨立的方法，通常包括給予法官較優厚的待遇，並保證他們不會隨便被解僱。

五、行政機關服從司法機關

　　第五個層次也是與上面提到的幾層息息相關。這第五層很簡單，但也很重要，它是説政府行政機關必須尊重和服從法律及法院在解釋和執行法律時的判決。例如如果市民與政府打官司，市民勝訴，法院作出了不利於政府的裁決，但政府卻不肯依照法院的命令去做，那麼法治便可算是崩潰了。

六、法律之下人人平等

　　第六個階層就是在法律下的平等。它包涵“公平”這個概念的基本原則：相同的情形，應以相同的方法處理。除非法律另有規定，否則不應在司法過程裏，因為種族、膚色、宗教、信仰、語言、財富、地位或勢力等原因，而歧視或偏袒任何人。這個平等的原則可以進一步推展下去，要求所有公民都同樣享有獲得律師的服務的權利，使他們在法律上的權益，得以充分的保障。這表示較低下階層的社會人士應得到照顧，根據他們的需要提供法律援助。

七、基本的公義標準

　　法治概念的第七個層次，是指法律應達到一些基本的公義標準，包括實質的和程序上的公義。程序上的保障是重要的，它使有關部門和人士的辦事方法，更加合乎公義的要求，這也是法治的概念的一個重要因素。例如，一個重要的程序原則，便是說政府部門不應作出一個不利於一個公民的決定，去奪去他的人身自由或其他權益，除非那部門預先通知這個公民，告訴他政府準備作出這個決定，並給他機會去替自己辯護，提出反對這個決定的理由。

八、合乎人權的刑法

　　法治概念的第八個層面是指一些關於刑法的基本原則。刑法關乎個人自由甚至生命的剝奪，以滿足社會大眾的利益或道德的要求。因為受到影響的東西 —— 自由和生命 —— 是這樣寶貴，所以法治的理想要求刑法必須符合一些基本原則，以防止刑法的濫用。

　　這至少包括以下四個原則。第一，各種刑事罪行的定義和構成因素，應明文清楚明確地規定，有關條例必須具穩定性，它們的應用結果必須易於推測。第二，除非一個人犯了一種法律上清楚訂明的罪，並通過公平的審判被法院判處有罪，否則不會受到刑罰。第三，關於刑事罪行的法律，法院應盡量給予較狹隘的解釋：除非法律清楚明確規定某一種行為是刑事罪行，否則它不是刑事罪行。第四，如果某種行為在某一時間不是刑事罪行，就不應在事後通過法律，把這件在較早的時間所做的事當作刑事罪行。

九、人權和自由

　　本文要談到的法治概念的最後兩個層次，是法治理想最高和最廣的發展階段，它們超出了純法律的範疇，進入了政治、經濟和哲學的領域。這種思想受到很多現代法律工作者的接受，1959 年國際法學家協會所發表的

"新德里宣言"，就是一個很好的例子。

　　法治概念的第九層，是說人民應有權選出自己的政府，政府應向人民負責、為人民服務；同時應保障人權和基本自由，如言論、宗教、集會、結社等自由，及其他在 1948 年國際人權宣言或 1976 年的兩個國際人權公約所提到的人權。

十、人的價值和尊嚴

　　最後，法治概念的最高層次是一種信念，相信一切法律的基礎，應該是對於人的價值的尊敬。法律應實踐出這個人文理想：每一個人都應該受到尊重和關懷，無論他或她是誰，無論他或她做過些甚麼，無分種族、膚色、宗教、性別、收入、階級、地位、職業或其他特點。一個人應受到尊重，不為甚麼，只因為他或她是一個人，有獨特的歷史、性格和自我。而法治的理想，就是去創造和維持一套原則、規例、程序和機構，以保障每個人的權益，防止它受到政府或其他人的侵犯，使每個人都有機會過一種合乎人的尊嚴的生活。

　　根據這種觀點，人類社會面對的最大挑戰，就是去創造一些條件——不單是法律上的，還包括政治、經濟、社會和文化上的，使社會的成員能過幸福的生活，發揮他們的潛質，追求他們的理想，享受生命的恩賜。當然，這只是一個理想。悲觀的人不相信這個理想能在很大程度上實現，樂觀的人則持相反的看法。無可否認的是在人類歷史的絕大部分時間，在世界的絕大部分地方，這個理想並沒有實現。

十一、小結

　　總括來說，法治這個概念有豐富的涵義，上面所簡介的 10 項，絕不是一個全無遺漏的完整敍述，只不過把其中的一些要點提出來。希望本文已經說明了這個要旨：法治的概念是一個理想，包涵不同的層次，在一個現實社會環境裏，這個理想的不同層次，可以有不同程度的實現。

我個人相信，無論法治理想能否有完全實現的一天，但這個理想本身的產生和傳播，是有很大的積極意義的。法治概念的誕生，是人類文明的一大成就，它推動社會的進步，它對於增加人類的幸福和減少不義和苦難，作出一定程度的貢獻。但，我們在這個歷史階段決不能自滿：法治的最終理想的實現，距離我們還很遠；我們仍須努力。

政府、法律與公民權責

在一個社會裏，政府和法律有甚麼功能？社會的成員 —— 公民 —— 與法律的關係是甚麼？公民的權利、義務和法律又構成怎樣的關係？本文將嘗試簡單地討論這些問題。

一、為甚麼要有"政府"？

如果要了解政府的功能，可先想像一個無政府狀態下的社會。由於沒有政府 —— 一個有統治權威的、受人民接受和服從的、有能力(通過警察、軍隊等力量)強制執行它的決策的組織，這個社會的治安便沒有任何保障，任何人都可以隨時隨地傷害他人的身體或掠奪他人的財產；換句話說，個人的生命、自由和財產不受保護。由此可見，政府存在的其中一個重要好處，是維持社會的安定，並為社會成員在羣體生活中的最基本權益，提供一定程度的保障。

社會愈發達、經濟活動愈複雜，政府的角色和功能便變得更重要和廣泛。在現代社會裏，政府不但負責維持國內的治安及防止外國的侵略，而且為公民提供各式各樣的服務，如教育、醫療、房屋、社會福利、公共工程等等。在政府職權擴展的同時，政府與人民的關係愈趨密切，政府機關對人民生活的各範疇的影響愈來愈大。

二、法律是一種統治工具

法律是現代政府進行統治、行使其職權及推行其政策的主要工具。簡單來說，法律是一套規則條例，對於社會成員有約束力，由政府機關(如法院、警務部門等)強制執行。"以法治國"的好處，是人民有法可依；由於人民可以根據清晰、明確、公開給人民知道及有一定穩定性的法律，去預測各種行為的法律後果，所以各種社會活動都可以有秩序地、理性地進行。反過來説，如果實行"人治"而非"法治"，政府機關的行為只決定於統治者的主觀意願，沒有客觀的、一般性的規範可供依循，人民便可能要生活在恐懼和不安之中。

　　法律的功能是多方面的。除了推行政府決策，為政府提供的社會服務設立有關制度、組織和架構外，法律也有以下基本功能。第一，法律把各種損害社會整體利益的行為(如殺人、搶劫)訂為刑事罪行，犯了這些罪行的人將受到法定的懲罰(如監禁或罰款)。第二，法律制度容許社會中個體之間的糾紛，通過法院的訴訟程序和平地解決。第三，法律提供各種有利於社會成員的合作性活動的架構，例子是方便商業活動的商法、公司法、銀行法等，或維繫家庭制度的家庭法。此外，憲法和行政法這些法律部門，更規範政府權力的行使，防止權力的濫用。

三、公民的權利與義務

　　社會成員的權利和義務大致上可分為兩種：法律上的權利和義務、道德上的權利和義務。前者是法律所明文規定的，並由政府機關強制執行；後者則基於社會中普遍被接受的是非標準，這與政府制定的法律沒有絕對的、必然的關係。例如供養年老的父母可説是道德上的義務(換句話説，被子女供養可算是年老的父母在道德上應享有的一種權利)，但根據香港法律，拒絕履行這義務的人不算犯法，不會受到政府機關的制裁。

　　另一方面，如果一個公民作出違反法律的行為，或沒有履行其法律上的義務，便會因此而負上法律責任。這些法律責任大致上可分為兩種：刑事和民事法律責任。觸犯刑法的人如被判有罪，可能受到罰款、監禁等懲罰，這便是刑事法律責任。民事訴訟與刑事訴訟不同，前者主要是關於私人或私人組織之間就錢債、財產、商業活動等問題而產生的糾紛，承擔民事法律責任的主要形式是給予對方金錢上的賠償，或被法院命令必須作出或不准作出某種行為。例如不遵守合約辦事的人，或因疏忽而導致他人意外受傷或死亡的人，便可能被對方循民事訴訟程序起訴，並因此負上民事法律責任。

權利與義務是相輔相成的。例如在上述的兩種情況下，締結合約的另一方及意外的受害者，便享有向對方追討賠償的權利。現代思潮中有"人權"或"民權"的概念，主要是說基於人格尊嚴，個人或公民應享有某些基本權利與自由，不但不應受其他個人或團體侵犯，即使政府也不容剝奪人民的這些基本權利和自由。基本人權的例子，包括人身自由、思想、信仰和言論自由、不受無理拘留，如受刑事檢控，可得到公平和公開的審訊、不受殘酷或不人道的處罰等等。當然，大部分的權利和自由都不可能是絕對或毫無限制的，它們的濫用勢必損害到其他個人或甚至社會羣體的利益。因此，法律可以 —— 並且應該 —— 對這些權利和自由作出合理的限制，而在這方面甚麼是合理、甚麼為之不合理，便是現代人權法的主要課題。

四、守法的問題

人民為甚麼要遵守國家的法律？很多政治哲學家都曾研究這個問題，並提出多套理論。首先要注意的是，這是一個道德層次上的問題，未必有一個所有人都同意的答案。一種比較易於接受的看法是，由於政府和它所執行的法律制度的存在是對社會整體有利的 —— 因為它維持治安和公共秩序、保障社會成員的權益、提供各種公共設施和社會福利服務、以至防止外國的侵略，所以社會成員應服從這政府和遵守它的法律。在民主社會裏，法律享有更大的權威，因為立法機關是由人民選舉產生的，其成員是人民的代表，根據人民的利益和意願來立法。

　　從以上的理論推想下去，在一個特定歷史時空下，政府和法律的權威，及人民服從政府和遵守法律的道德義務，並不是絕對或神聖的。如果政府施行暴政、踐踏基本民權，不但對社會毫無建設，而且造成廣泛的破壞和嚴重的禍害，那麼人民起來推翻政府及其法律制度，也算是正義和合理的行為。由此可見，法制很大程度上是當權者的工具，可以用於好的目的，也可用於壞的目的。要建立和維持一個好的、造福社會的法律制度，人民需要有雪亮的眼睛、時常提高警覺，並作出持久的努力。

試論法治的意義

很多香港人相信，建立一個民主、法治、尊重人權和自由的社會，是中國人民應努力爭取實現的一個偉大的目標，是中國人民在現在這個歷史階段所面臨的一個最重要的莊嚴挑戰。香港雖然在過去的殖民地時代沒有建立民主政制，但沿襲了英國的法治傳統，我們都很珍惜香港的法治制度。

如果我們能同意"法治"是好的、對人類社會有益的東西，那麼法治的涵義是甚麼？怎樣才算是一個法治社會？法治和人權、自由、民主等價值的關係又是怎樣？本文希望就這些問題，嘗試作初步的探討。

"法治"是一個相當複雜、內容豐富的概念，中西思想史上都有思想家研究過這問題。我認為可以從至少三方面去了解法治的概念；或可以說，這概念可分為至少三個層次，各層次之間也有一定的關係。

一、和平解決糾紛

第一，法治可理解為處理人類社會中矛盾和紛爭的其中一種方法。人類生活在社羣之中，在利益上、信念上或其他方面的衝突是無所避免的。這些衝突和糾紛可以通過武力、暴力來解決，也可通過協商、調解或司法裁決等和平的、文明的途徑來解決。以和平的方法——尤其是以法律途徑、通過司法架構去解決糾紛，便是體現法治概念的一種形式。

這點可在國際法和國內法這兩層次進一步說明。國際法是規範國際社會中國與國的關係的規則條例，而現代國際法的其中一個理想，便是在法治的基礎上謀求世界和平。這即是說，如果世界各國都願意把彼此間的爭議和糾紛，交由國際法院審理，並願意遵守法院的判決，那麼便不會有戰爭。但目前來說，這只是一個尚未能完全實現的理想。舉一個例子，便是美國在 1989 年 12 月派軍進攻巴拿馬，而且不理會聯合國大會譴責這行動為違反國際法的決議。現階段的國際法的主要弱點之一，就是沒有享有最高權威和廣泛的審判權的國際法院，也缺乏有能力強制執行國際法院的判決的國際警察。

在這方面，一個國家的國內法與國與國之間的國際法有明顯的分別。現代國家——即所謂主權國家——的其中一個主要特徵，便是政府機關及其控制的警察、軍隊，掌握和壟斷了強制執行政府制定的法律和決策的權力，人民必須服從法律，否則會受到懲罰。在這制度下，人民不准使用武力解決彼此之間的糾紛，需要交諸國家的司法機關——即法院——處理，而政府可強制執行法院的裁決。在政府和法律的權威下，人民通過司法途徑解決矛盾紛爭，這便是"法治"的其中一個層次。反過來說，如果社會出現動亂，甚至陷入無政府狀態或發生內戰，治安秩序崩潰，人們隨意搶掠或殺害他人，"法治"便蕩然無存了。

二、有法可依

"法治"的第二個層次的意義，可通過思考法律的性質而推斷出來。法律是一些規則條例，對司法機關應如何處理各種不同情況下產生的問題，作出詳細的規定和指引。例如"謀殺"這刑事罪行的定義是甚麼，甚麼條件或環境下殺人不算是謀殺，犯了謀殺的人應受到怎樣的處置。又例如甚麼才算是有效的、可由法院強制執行的合約，違約一方應負上怎樣的法律責任。法律的特點，包括它的詳細性、客觀性，及其應用或運作上的"可預測性"。

如果在一個國家裏，有清晰、明確和詳細的法律規定，由政府公佈給人民知道，這些法律訂明甚麼是合法的、甚麼是非法的，更規定各種行為將會導致的法律後果；而法院在解釋和執行法律時，是客觀公正、不偏不倚的，而且審訊公開地、根據公平合理的訴訟程序進行，在這情況下，人民有法可依，而且可以安心計劃如何生活，因為他們可準確地預測到各種行為或做法的法律後果。這便是法治概念的第二個層次或涵義。

　　無論從個人人身自由的保障或經濟發展的角度看，這樣的一個法治制度都是極為重要的。舉例來說，如果法律不清楚和不具體地規定甚麼是犯法的行為，而只是籠統地說，凡是危害社會公共安全的人都可以被處罰，在這情況下，政府隨時可以公安理由逮捕人民，人民只能生活在恐懼之中；沒有明確的法律，他們根本無所適從。又例如如果沒有清晰的和在運作上可預測的法律，界定財產和資源的所有權、使用權，並保障人們辛勞工作或投資的成果不會被無理剝奪，那麼人們進行經濟活動的積極性便會大大減低。

　　“法治”概念的第二個涵義，卻仍然未能完全反映現代西方法治思想的中心點。其實上述的這第二個涵義，與中國古代法家思想大同小異，法家把法律看作帝王的統治工具，與現代西方自由主義的人權、憲政等思潮大相逕庭。但中國古語有句話：太子犯法，與庶民同罪。這倒是十分接近現代法治精神的。

　　在 17 世紀和 18 世紀，西方經歷了“啟蒙時代”，人們對於政府和人民的關係，有了一套新的理解。傳統上，在西方、也正如在中國，君主的統治權被接受為理所當然的，帝王、貴族和其他社會階層的等級制度，被視為自然的、合理的。200 年前法國大革命的口號卻是“自由、平等、博愛”，這象徵着啟蒙時代的新思潮。這新思維認為政府存在的目的，是為了保障社會中個人的自由、人權，統治者或政府之所以有權統治人民(被統治者)，乃在於統治者得到被統治者的授權和同意。人民(而非君主)是國家的主人，政府的職責是為人民服務，為人民謀幸福。因此，人民有權推翻暴政、更換政府。

在這構想下，法律有了一個新的、超越上述第二層次的意義。法律不單只是政府維持社會秩序和有效統治的工具，不單是政府對人民行為作出指引性規定的媒介，法律更是賦予和限制政府權力、防止政府濫權，從而保障人民的權利和自由的重要機制——一種憲政機制。所以法治這概念的第三層次就是憲政或憲治。

三、憲政限制權力

憲政是專制、獨裁或極權統治的對立面，例如英國在 17 世紀末期確立了君主立憲制度，便是西方憲政發展史上的其中一個最早的模式。君主立憲制度建立之前，在 "君權神授" 思想的影響下，君主享有至高無上的、絕對的、不受其他政治、社會力量制衡的權力。君主的意願或命令便是法律，他可以隨意下令拘捕人民，隨意向人民徵稅；在這情況下，人身自由、個人財產等只是君主的恩賜，隨時可被剝奪。而君主立憲制度，便是以憲法(憲法是國家裏最根本的法律，對政府的組織、權限和運作作出規定)界定和限制君主的權力，使它從絕對的、可以被君主任意使用、為所欲為的權力，轉化為被客觀、詳細的法律規例限制的、必須根據法定的程序和條件而行使的權力。

在君主立憲制或立憲共和制(即沒有君主的實行憲政的共和國)裏，統治者(不論是國王、首相、總統、總理等)的權力，是由憲法和法律所授予，並受憲法和法律所限制的，法律的權威凌駕於統治者之上；正如人民一樣，統治者也受法律的約束，不享有超越法律的特權，正所謂太子犯法與庶民同罪。人治與法治的分別，也在於此。在人治的理想中，最高統治者是聖賢之士，以他們的德行和智慧管治人民；他們毋須受呆板的、繁瑣的法律條文所拘束，卻能在大小事情上，作出明智和公正的決定。但提倡法治者則認識到，沒有人是完美的，人性中有弱點、有其醜惡的一面，而且掌權者是有腐化的可能，所以即使國家的最高領導人也應受到法律的制約。

　　但怎樣的機制和架構，才能確保統治者的權力真的能受到法律的約束呢？很明顯，如果這些統治者集制定、解釋和執行法律的權力於一身，他們便可為所欲為，一方面把法律用作管治人民的工具，另一方面，他們自己卻永不會受到法律的制裁。有鑒於此，西方啟蒙時代的思想家提出了分權制衡的概念，例如國家的立法、司法和行政權應分散於不同的機關、不同的人的手中，以收互相監察、互相制衡之效。

四、分權制衡和司法獨立

　　在這種分權制中，司法獨立是非常重要的一個環節。如果法官只是掌握行政權的領導人的附庸或傀儡，在行政機關作出違法的、侵犯人權的行為時，不敢伸張正義及在司法判決中維護受害人的合法權益，這便是放棄了法治。當然，行政領導人是否尊重法治精神，自願遵守法院作出的不利於他們的判決，也是關鍵性的問題。例如在美國水門事件裏，當最高法院下令前總統尼克遜交出有關錄音帶作為呈堂證據時，他便服從了這命令。這是法治制度和思想在美國根深蒂固的表現。但可以想像的是，在一些尚未建立穩固的法治傳統的國家，當法院作出一個不利於政府(行政機關)的重大決定時，政府可能拒絕服從，而由於政府控制着警察、軍隊等武裝力量，法院在這情況下是無能為力的。由此可見，憲政制度的有效運作的一個主要條件，就是政府領導人必須承認和接受法律和司法機關(法院)的權威。

　　英國早期的君主立憲制，大致上體現了"法治"概念的第三個層次，但它並不算是很民主的制度，因為立法機關(國會)議席的選舉權局限於貴族、地主、資產階級等階層。但民主政制在 20 世紀的發展趨勢，就是選舉立法機關成員的權利擴展至所有成年的公民，不分貧富、不分性別、不分教育程度等。這就是所謂普選制，選舉權普及於人民羣眾，每個人的選舉權是平等的，即一人一票。有了全民普選產生的立法機關，它的立法便代表了人民的意願，這進一步提升了法律的權威、鞏固了法治的尊嚴。

法律、平等與公義

很多人都會同意，法律之下，應人人平等，法律應是公義、公平的。換句話說，"平等"和"公義"是一些基本的價值或標準，可以用來衡量社會的實況，以至法律制度是否符合我們的要求，是否可以接受或需要改革。但這些標準的性質究竟是怎樣？它們是否決定於較主觀的價值判斷，還是具有更清晰、明確的內容？本文將嘗試對平等和公義等概念在法制中的位置，作初步的探討。

一、平等執行的概念

首先，我們可以把法律的平等執行和法律實體內容中的平等，予以區別。就前者來說，它與法律的概念本身是有密切的關係的。法律是抽象的、一般性的規則、條例，但可被應用於具體的個別案件中。例如"殺人者死"，是一條一般性的原則；如果甲殺了乙，根據這個原則，甲便要被判死刑；如果丙殺了丁，也可以運用同一原則，把丙處死。由此可見，一個一般性的法律原則，可應用於不同的個案，如果這些個案都是屬於該原則的管轄範圍內的話。而所謂法律的平等執行，就是嚴格地按照法律的規定辦事，不受任何在法律中沒有列出的因素所影響。所以如果在上述的例子，甲殺了乙，被判死刑，丙殺了丁，卻只判數年監禁，原因是丙是有財有勢的人，而甲是一個窮人，在這種情況下，法律便不是平等地執行了，因為一些法律以外的因素 —— 即丙的財勢，影響了法律的執行，使丙在一定程度上享有超越法律的特權。這個例子也說明司法獨立是保證法律得以平等執行的重要條件，因為如果執法者(如法官)沒有獨立性，願意接受賄賂或依從某些勢力的指示辦案，便沒有了法律之下的人人平等。

二、法律的實體內容

　　另一方面，即使法律得以平等地執行，這並不一定能確保所有人都得到平等的待遇，因為還有另一個因素需要考慮，即法律的實體內容，是否符合平等的原則。換句話說，如果一條法律的內容違反了平等的原則，那麼即使它被平等地執行，效果仍是不平等的。例如如果一條法律規定，白種人殺了黑種人，判處兩年徒刑，黑種人殺了白種人，要判死刑，這便是在內容上不平等，對不同種族或膚色的人，有不同的對待，亦即對黑人不公平和作出歧視。但這條法律仍可以平等地執行，即是說例如所有殺了黑人的白人都一律被判兩年徒刑，不會因財富、地位或其他法律沒有訂明的因素而給予某些白人優待或超越法律的特權。

　　法律執行上的平等，是一個比較簡單的概念，也是個比較容易實現的理想；但法律內容上的平等原則，卻不可能不根據各種具體情況的需要而作出變通：法律內容上的絕對平等，不但是沒有可能的，也會是不公義的。例如在稅務法例方面，適用於富人的稅率比窮人的較高，納稅的義務不是平等的，但這種不平等卻有助於達至社會的平等或社會公義。另一點值得注意的是，法律內容裏關於平等的規定，是有可能與其他重要的價值——如自由——相抵觸的，例如如果法例規定男女同工同酬，這便表示僱主沒有自由去給予男女僱員不同的待遇。

三、法制的運作

　　上面談到的是整個法律體系中平等概念的兩個主要層次，下面將集中於法制運作的某些方面，看看它如何反映平等的原則和公義的理想。

　　第一，普通法系的法制對判例的重視，乃基於一個平等原則，即類似的案件應得到類似的判決。判例的重要性反映於約束性判例的概念，即如果一個高級的法院在判決某件案件時應用過某個法律原則，那麼下級的法院在以後的、牽涉同樣法律問題的類似案件裏，就必須引用這個原則來作出類似的判決；換句話說，該上級法院的判例對下級法院是有約束力的，下級法院必須遵從。對類似案件用類似方法處理的原則，雖然是比較平等的安排，但如果一個判例是錯誤或不公義的話，這是否表示錯誤將會不斷重演？在這些情況下，平等和公義這兩個價值便可能出現矛盾，而為了解決這種問題，關於判例的法律原則規定，在某些情況下，判例是可以被推翻的（如上級法院可推翻下級法院的判例）。

第二，在刑事案件的量刑方面，平等原則也十分重要。大致來說，如果兩個人犯了同樣的罪行，犯罪的環境又很相似，他們便應被判類似的刑罰，不然的話，被判較重刑的那個犯人便會覺得他沒有得到公平的對待。但這個原則也不是絕對的，在某些情況下，可能有需要在一定程度上放棄這原則，以達至一些其他的目標。例如在一段治安特別惡劣的時期，法院的判刑可能比平常在類似案件所判的刑罰為重，以增加對罪案的阻嚇作用。這對於被判特別重刑的罪犯，可能有點不公平，但從社會整體利益來看，這也可能是值得支持的做法。

第三，關於在刑事案件的處理上，怎樣才算公平或合乎公義的標準，一般現代國家的法制都肯定以下的原則。首先，如要逮捕一個人，必須依照法定的理由和程序；被捕人不能不經審訊而被無限期拘禁，必須在合理的期間內審訊或釋放。法院應獨立公正地進行審訊，審訊通常應公開舉行。被告人有權替自己辯護或由辯護人（如律師）代表辯護，盤問控方證人，及傳召有利於辯方的證人出庭作證。法院如判被告有罪，被告仍有向上級法院上訴的權利。

第四，在普通法系的法制中的行政法中，有所謂"自然公義"（natural justice）的原則。根據行政法，人民有權向法院申請，要求法院審查政府行政機關的行為或決定是否合法，如果不合法，法院可宣佈該行為無效或下令政府賠償人民的損失。在進行這種審查時，法院採用的其中一種方法，就是審查有關政府部門作出決定的程序，是否合乎自然公義的標準。其中一個標準，就是看看作出決定的人是否大公無私還是有偏袒其中一方的嫌疑。如果有關決定牽涉甲和乙的對立的利益，而作出決定的政府官員與甲有特殊的關係(如是甲的親人或與甲有商業上的關係)，因而被懷疑有偏袒甲的可能性，那麼這個官員的決定，便會被宣佈無效。另一個自然公義的標準，就是在政府部門作出一個損害一個公民的權益的決定前，應先知會這個公民，給予他足夠的機會，提出反對這個決定的理由，或替自己辯護，提出有利於自己的論據，以供有關部門考慮。例如如果政府發了某種牌照給一個公民後，覺得牌照持有人行為上有問題，政府準備取銷他的牌照，那麼政府便應在正式作出這決定前，預先通知牌照持有人這件事情，使他有機會提出論據去說服政府不取銷那牌照。這樣的行政決策程序，才是比較公平和合理的。

四、人治和法治的問題

最後，一個有趣的問題是，如果沒有法律制度，那麼有沒有可能仍然實現平等和公義？這其實牽涉到人治和法治的問題。就以人民之間的糾紛的仲裁和犯罪案件的處理來說，如果沒有一套完整的、對各種不同情況作出詳細規定的法律規例，但有些很賢明的法官(雖然這些"法官"並不應用法律來審案)，憑良心、自己的直覺和道德價值判斷來處理案件，在這種情況下，或許也能產生合理的、公義的判決，這可說是人治。但法治的好處，就是提供一套較為客觀的標準或原則(即法律)，避免過分倚賴法官或統治者的個人智慧和主觀判斷。在法治的制度下，人民有法可依，不會無所適從，而法官審案，也可以法律為準繩。當然，法律的存在，本身仍未能確保平等與公義的實踐。如果實踐這些價值，就要在立法工作方面，盡量制定具有公義和公平內容的法律，並把法律平等地執行。最終來說，在法治制度下，人的因素也是不可忽視的。這個制度的運作，有賴於有專業水準和專業道德的法官和法律工作者，他們必須了解和堅持法治的原則，並在日常事務中，把這個理想付諸實踐。

2 論人權

人權、啟蒙與進步

一、前言

　　幾乎所有現代國家的憲法裏，都載有保障公民權利或人權的條文。但從人類文明史的角度來看，權利或人權的概念是比較晚近才出現的。本文希望探討的是，對於人權思想的歷史意義和道德價值，我們應作怎樣的評價？更具體來說，現代人權思想的興起和傳播，是不是人類進步的表現？換言之，人權思想的產生和發展，從人類歷史整體性的角度來看，是不是有進步、積極的意義？再換句話說，如果把一個沒有人權思想的世界，與一個有人權思想的世界相比較，而假定這兩個世界的其他情況是一樣的話，後者算不算是一個較為理想、較為美好、較為優越或至少較為有希望的世界？

　　考慮這些問題的答案以前，我想先談談其本身的價值。提出這個問題，是不是純粹學術性的探討？還是有些實際的作用？換句話說，如果找出這問題的答案，對我們的生活與行為，會不會有實際、具體的影響？我認為，這些問題確是有實際意義的，至少有兩個原因：(1)如果人權思想確是有進步意義的，那麼推廣人權思想便是有意義、有價值的活動，而作為知識份子，去參與推廣人權思想便是一件值得做的事。(2)如果人權思想的產生和傳播這個已經發生的歷史現象是人類進步的表現的話，那麼它可以增強我們的信心，相信進步是可能的，即不單是科學、技術的進步，思想、道德的進步也是可能的，因而我們或許可以對人類前途保持審慎樂觀的態度。

　　現在讓我們回到正題，開始探討人權思想的興起是不是人類進步的表現。作為這一探討過程的起點，我們當然首先需要澄清"人權"與"進步"

這兩個詞語或概念的涵義。我不是語言學家，但據我的了解，雖然這兩個詞語在今日的中文裏是常用的，但它們並不是中國傳統文化和語言中的概念或詞語，而是現代西方概念的翻譯。同樣，人權和進步這兩個概念也不是西方傳統文化的一部分，這兩套思想的歷史，大約可追溯到 17 世紀和 18 世紀西歐思想界的啟蒙時代。籠統來說，人權和進步兩大概念同是西歐啟蒙時代的文化結晶。

西方的啟蒙時代

康德在 1784 年發表一篇文章，題目是《甚麼是啟蒙》，指出啟蒙是指人類從不成熟的階段過渡到一種以理性為基礎的生活，在這個新階段，人類有運用理性的勇氣，並跟隨理智的指導來生活。理性這個概念綜合了啟蒙時代的精神。16 世紀、17 世紀科學革命的偉大發現，使西方知識界對人類理性思考的能力，充滿無限的信心。例如，數學是人類理性思維的產品，但數學的語言竟可以準確無誤地描述出大自然的規律，包括天體的運行、物質世界的結構和運作，從而使人類有能力預測、掌握以至控制大自然各種力量的運動。另一方面，自從 15 世紀末期哥倫布發現新大陸後，西方人展開了全球性的航海、探險、通商、殖民和傳教的活動，他們對於世界各地的地理、文化、歷史等各方面知識的增長，一日千里。雖然人類文明已經存在了數千年，但知識的累積、科學的發現和理性批判精神的運用，在西歐的啟蒙時代達到了史無前例的高峰點。人權和進步這兩個觀念，正是在這個獨特的歷史時空裏產生的。同樣的，中國 20 世紀初 "五四運動" 所強調應向西方學習的科學和民主，也是西方啟蒙時代的文明成果。

有不少現代的知識份子認為近代史上最決定性的轉折點是資本主義（或沃勒斯坦（Wallerstein）所說的資本主義世界體系）的出現，或工業革命的發生。從人類物質文明的角度來說，這種看法應該是正確的，但從人類精神或思想世界的層面來看，科學革命和啟蒙時代的思想，才是近代史上最重大的轉折點。啟蒙思想的重大意義，包括對傳統和權威的懷疑、質詢和批判、對於人類社會的組織架構的反思、對人生意義以至人類在宇宙中的地位和角色的重新了解。而如要了解人權和進步這些概念，我們沒有可能把它們抽離啟蒙時代的背景和精神來獨立考慮。換句話說，人權思想和進步概念都是啟蒙時代精神的其中一些表現，要評價人權思想是否有進步意義、要了解進步這概念本身的意義，便要研究啟蒙時代究竟是怎麼一回事，回到康德所提出的問題：甚麼是啟蒙？

　　20世紀在西方受新馬克思主義和法蘭克福批判學派影響的知識份子，對於啟蒙時代的思想大多存有否定、加以貶低的態度。此外，虛無主義傾向的思想家，從尼采至福科（Foucault），也是蔑視啟蒙傳統的。以下是否定或貶低啟蒙思想的觀點的一些例子：(1)有人認為啟蒙思想只是階級利益和階級鬥爭的表現，在封建社會過渡到資本主義社會的過程中，新興資產階級需要從傳統的專制君主、強大的教會和守舊的地主階級奪取權力，建立有利於法治、民主和進步等思想。(2)有人進一步指出，這些概念都是虛偽的意識形態，作用是誤導、欺騙羣眾，蒙蔽他們，使他們在資產階級政權下，相信這政權是合理的，以為大家是自由平等的，而不明白其實他們是被壓迫、被剝削的人。(3)也有人認為，無論是奴隸社會、封建社會、資本主義社會等等，同樣有不公平的權力關係，大多數人被少數人操縱、擺佈、壓迫、奴役，所謂知識、思想、語言等等，其實都是行使權力、進行操縱和壓迫的工具。(4)也有人認為，所謂理性只是一種神話，真正存於世界的、掌管世界的，既不是上帝，也不是理性、道德規則或甚麼自然律法，而是人的感情、意志、非理性的抉擇、赤裸權力的行使、赤裸利益的衝突以至潛意識的慾望等等各式各樣的追求、幻想。

　　我是不同意這些觀點的。我個人的意見是，啟蒙的理想是正確的，雖然它尚未能完全實現。人類啟蒙的事業從 18 世紀開始，現在仍然在進行之中，而且在可見的將來仍是人類的最大任務。換句話説，啟蒙思想並非是已經過時的。我也相信，啟蒙時代產生的人權思想的確是人類進步的表現。以下我希望嘗試解釋説明這些觀點。

二、啟蒙的理性思維

首先應該指出的是，雖然啟蒙時代的新思想主要是關於政治、社會以至宗教方面的，但這些發展的背景卻是自然科學方面的知識革命。我認為，科學革命是歷史上自從人類文明出現以來最重大的事情，尤其是從思想角度來看，現代科學是人類千古以來對真理追求的最成功的一方面。我不同意將科學説成所謂"工具理性"，即以為科學只不過是人類克服、駕馭大自然力量的工具。科學不單是對控制大自然的權力追求，也是對宇宙人生真理的追求。現代科學通過數學模式和其他理論學説所揭示給人類的物質世界是無比奧妙、豐富的，不但令人歎為觀止，也使人對大自然產生嚴肅的敬畏感(awe, reverence and wonder)、美感甚至是神聖感。而當人反省到自己的理性思維竟然可以理解宇宙的深層結構，也使人對自己，尤其是自己的理性方面，有了一種新的理解、新的經驗。

我認為，西方激進派思想家對啟蒙思想的批判，以至一些現代人文和社會學科方面的學者對科學的懷疑甚至否定的心態，一定程度上是由於他們未能從人類歷史整體發展的最廣泛的層次去明白科學革命的意義。而啟蒙時代思想家的長處，正是由於他們生活在科學革命的最令人鼓舞、最燦爛的階段，他們嘗試把在科學研究中證明有效的理性思維，應用於政治和社會問題上。

對傳統進行理性批判

數千年人類文明史當中，在絕大部分時間和地方的傳統文化裏面，政治和社會結構一般都被接受為自然世界的一部分，權威、習俗和傳統信念通常有很高的穩定性，如果某一種做法一代傳一代地長期應用，人們便會自然地接受這些傳統做法為合理的、應當依從的，這就是韋伯(Weber)所說的傳統性權威或合法性(legitimacy)。啟蒙思想的其中一個中心，就是對傳統信念、制度、慣例和權威提出質疑、提出挑戰，對它們進行理性的批判。對於人類社會和政治問題方面，啟蒙時代思想家所進行的思考是較以前更深刻、更具啟發性的。

舉例來說，在人類歷史的絕大部分時間和地方，王國、帝國等政治架構的建立，都是憑武力征戰後達至的，而宗教和其他哲學思想體系，很多時候都淪為統治者維持其政權的合法性、鞏固其統治的工具。例如中世紀晚期歐洲的專制君主，就提出"君權神授"的說法來強化自己的權威。但啟蒙時代的思想家，如霍布斯(Hobbes)、洛克(Locke)、盧梭(Rousseau)，卻主張一個以理性思維為基礎，而非以宗教或傳統為基礎的政治社會模式。例如，假定個人本來處於沒有政府和法律的自然狀態，而為了更有效地保障他們的自然權利(例如生命權、自由權、財產權)，便締結一個社會契約，互相同意組織政府，賦予政府一定的權力，以謀求整個社會成員的共同利益。

這個劃時代的概念，清楚地寫在 1776 年《美國獨立宣言》上："我們認為這些真理是不言而喻的：所有的人生而平等，他們都從他們的造物主那邊被賦予了若干不可剝奪的權利，其中有生命權、自由權及追求幸福的權利。為了保障這些權利，人類才在他們之間成立政府。而政府的正當權力，是來自被統治者的同意。任何形式的政府，當它對這些目的有損害時，人們便有權利將它改變或廢除，以建立一個新的政府。"

這段文字在 200 多年前寫成，但在人類歷史的長流之中，200 年只是很短的時間，我相信這段文字所反映的理想，在 21 世紀仍然絕對不是過時的。現在再讓我們看看 1789 年法國《人和公民的權利宣言》：

（1）　在其權利方面，所有人生而自由平等，以後也繼續是這樣。……

（2）　每個政治體制的最終目的是保障人的自然的和不可侵犯的權利。這些權利是自由、財產、安全及反抗壓迫。……

（4）　……每個人行使天賦的權利必須以讓他人自由行使同樣的權利為限。這些限制只能由法律規定。……

（6）　法律是公共意志的表現。凡屬公民都有權以個人的名義或通過他們的代表協助制定法律。……在法律面前，人人平等，……

（7）　除依法判決和按法律規定的方式外，任何人都不應受到控告、逮捕或拘禁。……

（9）　任何人在未經判罪前均應假定其無罪，……

（10）任何人都可發表自己的意見，……

（11）無拘束地交流思想和意見是人類最寶貴的權利之一，每個公民都有言論、著述和出版的自由，……

法國大革命的參與者之所以寫出這份人權宣言，正是因為在傳統政治體制裏，宣言裏所提到的人權時常地、隨意地受到侵犯。例如，政府任意拘捕和監禁人民，或充公他們的財產，囚犯受到虐待、刑事審判程序苛刻和不公平，人民往往因宗教或其他思想信仰受到迫害，政府對出版實行檢查制度，壓制言論自由，社會上各階層在法律下不平等，例如貴族、教士等享有很多特權，政府制度是君主專制，施政時無需理會人民的利益和意願。人權宣言是針對這種政治和社會的弊端而寫成的，它的主題與法國大革命的口號一樣，是自由、平等和博愛。在 21 世紀初的今天，世界上很多國家的人民仍然像法國大革命發生時的法國人民受着各種壓迫和苦難。對於他們來說，18 世紀末期的法國人權宣言所宣示的理想，仍然是一個遙遠的理想，但也是一個值得爭取，值得奮鬥的目標。

自然法與自然權利

現在讓我們稍為深入地看看法國人權宣言所使用的"自然權利"這個詞語。"自然權利"中"自然"的概念，可以說是源於西方文化傳統中"自然法"的概念。西方古典文明 —— 即古希臘和羅馬文明 —— 的階段，已有哲學家和法學家提出"自然法"的構想。自然法是蘊藏在整個宇宙的結構或秩序之中的普遍性的法則，對所有人（包括統治者）都有約束力，而且可以通過人類理性思維而發現。自然法是最完善的、不變的法則，人類社會所實行的法律是自然法這種最高真理的反映。這個起源於古希臘羅馬的概念到了歐洲中世紀成為了阿奎那（Aquinas）的神學和哲學的一部分，所以有學者指出西方自然法思想傳統從公元前 3 世紀到公元 18 世紀是連綿不斷的，雖然它的影響力時大時小。[1]

雖然自然法思想的歷史這麼悠久，但"權利"這個詞語卻只是較近代西方思想史的產物。西方語文中，"權利"這一詞語可追溯至羅馬拉丁語"jus"或"ius"，但這原來只代表公義或正義的行為或情況，並不是指我們現代所談的權利。例如英文的"right"，現在包涵至少兩個用法，一個是指正確或"對"（相對於"錯"而言），另一個是指權利，但權利的概念或詞

---

1   R. V. Sampson, *Progress in the Age of Reason* (London, William Heinemann, 1956) pp. 140–144; Margaret MacDonald, ʻNatural Rightsʼ in Jeremy Waldron (ed.), *Theories of Rights* (Oxford: Oxford University Press, 1984) ch. 1, pp. 21.

語不但不存在於 15 世紀前的西方語言（如拉丁文、希臘文），也不存在於傳統的希伯來語、阿拉伯語或東方語文，如中文、日文。由此可見，我們現在所常用的"權利"概念完全是近代西方文明的產物。[2] 有學者指出，現代權利的概念和用語，是在 15–17 世紀之間逐漸形成的。至於為甚麼會形成，筆者未有研究。如果有學者嘗試考證權利概念的出現和資本主義或市場經濟的出現的關係，這可能是值得研究的一個課題。

三、現代權利的意義和作用

現在讓我們嘗試探討現代權利概念的意義和作用。首先，高度發達的法律和道德系統，如古希臘哲學、古羅馬法或中國傳統思想，都沒有"權利"這個概念或詞語，這似乎表示"權利"並不是法律和道德體系的必需的元素。但正義、公平、公義之類的概念，卻是這些體系的要素。那麼權利概念應該怎樣理解呢？我認為費尼斯(John Finnis)的說法是有啟發性的。[3] 他指出，當我們用到"權利"這個詞語來進行討論時，就是從因權利而得益的人(beneficiary，即受益人)的角度去討論公義的要求。例如，當我們討論甲有沒有得到某種待遇的權利，我們其實是在討論，如果甲得到這種待遇，是否合乎公義的要求。馬克思主義學者科恩(G. A. Cohen)也說，"自然權利的語言是關於正義的討論的語言。任何相信正義是重要的

2　關於權利的語言的歷史背景可參閱 John Finnis, *Natural Law and Natural Rights* (Oxford：Clarendon Press, 1980) pp. 206–210; Alasdair Macintyre, *After Virtue* (Notre Dame: University of Notre Dame Press, 1981) pp. 65–67。

3　可參閱 John Finnis, *Natural Law and Natural Rights* (Oxford: Clarendon Press, 1980) pp. 206–210; Alasdair Macintyre, *After Virtue* (Notre Dame: University of Notue dame Press, 1981), pp. 198–205。

人，都必須承認自然權利是存在的"。[4] 香港學者葉保強在《人權的理念與實踐》一書中介紹了芬堡(Joel Feinberg)在這方面的觀點。[5] 芬堡提出一個有趣的論證，首先要我們假想有一個社會，人民有正常的道德生活，知道是非對錯，他們的行為都出於道德義務的要求，無論是對不幸的人作出慈善施捨，或履行合約上的承諾，都依從道德義務的要求。但這個社會裏沒有"權利"這個詞語和概念。芬堡指出，這個社會的缺陷，就是成員不能主動地、獨立地為自己爭取或要求他應該享有的東西。芬堡説："權利不只是由憐憫而來，令我們感激不已的禮物或恩惠。權利是一種東西，當人要求它、堅持它時有所依據，而不致尷尬和羞愧。"[6]

或許我們可以這樣綜合現代權利語言相對於傳統道德語言的特點：當傳統道德語言討論某人應否根據公義的要求而得到某種對待時，它所採用的是超然、客觀的旁觀者的觀點，即從社會或自然整體秩序的立場來看這一問題。而現代權利語言討論某人應否得到某種對他有利的對待時，它是從這個人的角度出發，看他應否享有某種權利；而説他應享有某權利，即是説他享有這權利的情況是符合公義要求的。較實際地説，現代權利語言的出現的效果，就是容許社會中成員在嘗試爭取或保護自己利益的時候，可以説他們在爭取他們應有的權利，從而加強他們的要求的道德説服力。正是因為權利語言有這樣的功能，所以現代世界中很多受壓迫的階層都運

4　見 Christine Sypnowich, *The Concept of Socialist Law*(Oxford: Clarendon Press, 1990)，pp.98，引 G..A. Cohen, 'Freedom Justice and capitalism', *New Left Review*, 126(March/April 1981)，pp.12。

5　見葉保強：《人權的理念與實踐》(香港：天地圖書，1991 年)頁 42-44，引 Joel Feinberg, "The Nature and Value of Rights", *Journal of Value Inquiry*, 4(1970),pp. 243-257。

6　見葉保強：《人權的理念與實踐》(香港：天地圖書，1991 年)，頁 42，引 Joel Feinberg, *Social Philosophy* (Englewood Cliffs: Prentice- Hall, 1973)。

用權利的語言來提出他們的正義要求。

　　權利的語言可以用來爭取權益，改變社會現狀中不合理的權力、財富和其他利益的分佈情況，而它的基本假定是，社會結構是可以改變的，現行制度架構並不是自然的、最公平合理的、理所當然的。正如權利概念一樣，這種對社會改革的可能性的認識，也是現代西方文明的獨特產物。社會改革的可能性，亦即是進步的可能性，即從一個較不完善、較不公平、較不理性的狀況，演變為一個較為完善、較公平、較理性的狀況。所以，當我們討論人權思想是否有積極、進步作用的時候，應該同時留意，人權思想與進步的概念本身也有一定的關係。但在進一步討論"進步"這一問題之前，我想簡單回顧人權概念從 18 世紀到現在的演變發展。

四、人權的演變

　　18 世紀以來，繼法國大革命的人權宣言之後，1791 年美國憲法上也加寫了一套人權法案。19 世紀和 20 世紀，世界上大部分國家都經歷了革命或政治上的變革，這些國家在革命或變革後一般都制定了新憲法，而保障人權或公民權的人權法案，通常是新憲法的重要章節。這些保障國家公民權利的憲法，初時主要是出現於歐洲國家，但到了 20 世紀，確認民權的憲法成為全世界的潮流。除了這個屬各國國內法律的層次以外，在國際法的層次，也出現了與人權保障有關的行動。例如，在 1814 年至 1956 年之間達成多項國際協議，逐步取消了奴隸販賣制度；1864 年的《日內瓦公約》(*Geneva Convention*)開始，規定在戰爭過程中戰俘有權得到人道的待遇；在第二次世界大戰後，國際社會為了避免戰時的嚴重暴行的重演，通過了 1948 年聯合國的《世界人權宣言》。從那時起到現在，保障人權的努力成為了一個國際運動，不少世界性或地區性的、官方性或私人性的關注人權組織相繼成立，關於人權的國際公約相繼出現，其中有些是對各類人權作一般性的確保和保障，有些則針對個別人權問題，如禁止種族屠殺、禁止酷刑、消除種族歧視、消除對婦女的歧視、保護難民、保護勞工權利等等。

　　從 18 世紀到 20 世紀，人權概念的內容和範圍經歷了擴展、深化、成長的過程。正如馬泰(T. H. Marshall)指出，[7]18 世紀的人權主要是公民權利，如人身自由、宗教和思想自由、言論自由、結社自由，到了 19 世紀的歐洲，公民權利擴展至政治權利，即選舉和參與政府的權利，最初這權利只屬於少數的有財富、受過教育的階級，後來在其他階層努力爭取之下，逐步擴展至所有成年男性，到了 20 世紀，更擴展至女性。在 20 世紀，人權概念不單包括這些公民權利和政治權利，更包括了各種經濟、社會和文化權利，例如不受飢餓的權利、得到工作職位的權利、得到合理的工資、合理的生活水準和安全的工作環境的權利、不受歧視的權利、得到教育和享受社會福利救濟的權利等等。這些權利的確認，很大程度上是受社會主義思潮和福利國家的出現的影響。所以，現代人權的語言，也可說是自由主義和民主社會主義的共同語言。

　　在 20 世紀後半期，第三世界國家為了擺脱帝國主義、殖民主義的影響，提出了"第三代"的人權，也稱為"博愛權"或"相依權"(solidarity rights)，[8]包括例如民族自決權、經濟發展權、和平權等。另一方面，持有先進思想的一些西方人士，提出了動物的權利、植物的權利、自然環境的權利等，這當然已超越了人權的範圍，但這些概念的出現，説明了權利的

7　Sypnowich, *The Concept of Socialist Law* (Oxford: Claendon Press, 1990), pp. 110; T. H. Marshall, *Sociology at the Crossroads* (London: Heinemann, 1963), pp.165; Anthony Giddens, *Sociology* (Cambridge: Polity Press, 1989), pp. 304; T.H. Marshall, *Class, Citizenship and Social Development* (Westport: Greenwood Press, 1973).

8　這裏所用的對 solidarity rights 的翻譯，取自葉保強：《人權的理念與實戰》，第 134 頁。

語言已經成為現代世界中最有力的、最常用的、用來表達道德價值標準的語言。

五、結語

　　最後，讓我們重溫 18 世紀啟蒙時代的一些思想家對人類進步的想法。[9] 他們相信人類知識的累積和理性的成長是人類進步的保證。與古希臘思想家認為人類歷史的發展是迴旋式（cyclical）的、文明的興盛和衰落的規律無可避免不同，啟蒙思想家則相信不同文化的歷史終於會滙合成人類整體性、普遍性的歷史（universal history），進步可以直線向前，擺脫迴旋的限制。與很多 20 世紀的人相信科技進步和道德進步完全沒有關係也不同，啟蒙思想家卻相信進步是整體全面的，人類可以在知識上、經濟上、政治上、道德上同時邁向進步，而這各個方面的進步是互為因果的。法國啟蒙思想家孔多塞（Condorcet）在 1794 年的《人類心智進步的歷史情況的素描》中，[10] 提出一個著名的觀點，就是 "知識進步與自由、德行和對人權的尊重這些方面的進步，已經自然地連結在一起"。他相信終於有一天，"太陽將普照世上所有人，自由的人，他們只承認他們的理性，不承認其他主人"，在這個理性的世界裏，不單科技發達，奴隸制度、殖民主義將會消失，囚犯得到人道的對待，男女有平等權利，世界上各人機會均等，經濟上的不平等減至最低，國際聯盟的成立和全球性自由貿易，將會

9　請參閱 Gabriel A. Almond, Marvin Chodorow and Roy Harvey Pearce（eds）, *Progress and Its Discontents*（Berkeley and Los Angeles: University of California Press, 1982）, chapters 1 and 2；Robert Nisbet, *History of the Idea of Progress*（London: Heinemann, 1980）, chapters 6 and 7。

10　關於這篇文章的討論，請參閱 Almond，同上註 9，第 35–38 頁及第 49 頁；Georges Sorel, *The Illusions of Progress*（Berkeley and Los Angeles: University of California Press, 1969）。

消除戰爭。在文章的最後部分，他寫出一段十分感人的文字，描述到生活在充滿不義和罪惡的世界裏的哲學家，怎樣從這個人類未來進步和解放的構想之中得到心靈上的安慰，這構想並給予他動力，使他繼續努力，為理性和自由的勝利而奮鬥，因為這些努力是人類命運的永恆道路的一部分。他可以在這種感情之中找到避難所，在這裏，迫害他的人不會找到他，而他在自己的思想想像中，與恢復了人權的人、脫離了壓迫的人聚在一起，這些人的幸福，是他曾經參與創造的，在這個思想想像中，他因而忘記了他自己的苦難和不幸。

我在本文開始時曾經提到康德對啟蒙的定義，現在我也用康德的思想結束。同很多啟蒙時代思想家一樣，康德也是相信人類理性、人權和進步的，但他的思想體系比大部分其他同時代的思想家更加精密和透徹。他提出的其中一個著名的道德規範，主張人不應該把任何人只當作手段，而應把每個他人當作目的，這成為了現代人權思想的其中一個有力的哲學基礎。在《從普世政治觀點看普遍性歷史的概念》(1784)一書中，他指出自然並不做任何多餘的事，她在達到她的目的的過程中，不會白白浪費資源。自然既然賦予人類理性的自由意志，在時間的長流之中，人類的天賦潛質會逐漸得到發揮。在著名的《永久性和平》(1795)一書中，康德想像到一幅世界大同的圖畫，所有國家結成聯盟，戰爭從此永遠成為過去，整個世界由一套合乎自然法的、共通的國際法來管轄。對於人類的未來，康德抱着謹慎樂觀的態度。他明白人類在成全自己命運的過程中，會遇到暫時性的挫折、無數的障礙，要經歷很多的世代。他承認人性黑暗一面的存在，但他相信總體來說，進步不會完全停止，進步的成績不會完全被磨滅。大自然甚至可以從罪惡之中帶出美善，利用個人的道德失敗來加速人類的道德進步。[11]

　　我想，如果康德的看法並不是完全虛幻的話，如果人類並不完全是薩特爾(Sartre)所說的"無用的熱情"的話，那麼，或許現代人權思想在促進人類進步方面，的確能扮演一個有力的角色。現在，人權的語言已經大致上被不同宗教和文化背景的民族所接受，成為全人類的共通語言，共同的公共道德標準。如果康德的世界大同理想有朝一日實現的話，說不定未來的歷史學家會將這個過程的起點，追溯到 20 世紀後期的國際共同的人權語言的出現。

11　關於康德對人類進步問題的看法，可參閱 Roger J. Sullivan, *Immanuel Kant's Moral Theory* (Cambridge: Cambridge University Press, 1989), pp. 235-239, 256-258; Nisbet, *History of the Idea of Progress*, pp. 220-233; Charles van Doren, *The Idea of Progress* (New York: Frederick A. Praeger, 1967), pp. 240, 446-447。

人權與民主

　　1948 年 12 月，聯合國大會通過《世界人權宣言》。在過去 60 多年，人權成為了世界的重要議題之一。本文將簡介人權思想的起源和發展，並對人權與民主的關係進行初步的探討。

一、人權思想的起源

　　古希臘和羅馬的西方古典文明中沒有"權利"的明確用語，到了中世紀後期，"權利"的話語和概念才開始見於哲學家和法學家的著作。正式標誌着"人權"思想在西方文明範圍內全面興起的是 18 世紀末的兩份劃時代的政治文獻 —— 1776 年的北美洲 13 個英國殖民地的《獨立宣言》和 1789 年法國大革命時期法國國民議會通過的《人和公民的權利宣言》。《獨立宣言》宣稱，人人生而平等，並享有某些天賦的權利 —— 生命、自由和追求幸福的權利；政府成立的目的，乃在於保障這些權利。法國人權宣言指出，對人權的忽視造成政府的腐敗和社會的禍害，人權是天賦、神聖和不可剝奪的；宣言更列出多種人權，例如非依法定程序不受檢控或逮捕、未被定罪前推定為無罪、言論自由、出版自由、宗教信仰自由、"神聖不可侵犯"的財產權等。

　　美國獨立戰爭和法國大革命時期人權理念之所以被提出和廣泛引用，不單是因為它在哲學層次尤其具有說服力和吸引力，更是因為它可用於對當時的政權的各種侵犯人權的行為提出有力的批評，更可以作為革命和建構一個全新的政治和社會秩序的理論依據。革命的理由可說成是現政權不尊重人民的人權，新秩序必須以尊重和保障人權為其主要原則和目標。人權的宣言強調人人平等，並非只是抽象的口號，而有其現實的針對性，例如在法國，貴族和教士享有諸多特權，人人平等便意味着這些特權的廢除。

　　值得留意的是，雖然 18 世紀人權思想已把人人平等視為其核心內容，但當時的思想家、政治家以至一般公眾人士並不真正相信所有人 —— 不分性別、膚色、種族或宗教信仰 —— 都應該享有平等權利。例如，雖然美國《獨立宣言》說"人人生而平等"，但黑奴制度在美國建國後仍然存在，直至 19 世紀中南北戰爭後才廢除。雖然多個西方國家在 19 世紀都採納了憲政主義，制定憲法並在憲法中承諾保障其國民的人權，但選舉權和參政權長期以來只限於享有財產、有納一定稅款的男性公民，不分財產、不分性別的普選權要到 20 世紀才逐漸實現。在現代史中，爭取廢除奴隸制度、工人階級爭取選舉權、婦女爭取選舉權，都曾是波瀾壯闊的人權運動。

二、確認基本人權

　　第二次世界大戰後，基於對戰時慘絕人寰的大規模暴行的反省，世界各國形成了共識，就是尊重和保障人權不單是各個國家和其政府自己的事，更應是整個國際社會的關注。因此，1945 年聯合國成立時制定的《聯合國憲章》強調"基本人權、人格尊嚴和價值"的重要性，並規定聯合國和其會員國均應促進"全體人類之人權及基本自由之普遍尊重與遵守"。隨後，1948 年的《世界人權宣言》宣示了人權的具體內容，以後各國際人權公約和區域性的人權公約相繼訂立，更詳細規定各種人權標準及設立監督這些人權標準的實施的機制。例如香港的《基本法》規定在香港特別行政區實施的《公民權利和政治權利國際公約》和《經濟、社會與文化權利的國際公約》，便是這些公約的重要構成部分。

　　從當代人權公約中我們可以看到，當代人權概念比 18 世紀所理解的人權更為充實、豐富和完整，除了"第一代"（18 世紀）的人權（如人身自由、不受酷刑、言論自由、參政權、選舉權等公民和政治權利）外，更包

括 "第二代" 人權(經濟、社會與文化權利,如工作的權利、享有合理工資、組織工會、享受醫療、教育和社會保障的權利等)和 "第三代" 人權(如民族自決權、經濟發展權、和平權等)。這些人權標準大部分可理解為關於各國政府應該怎樣善待其人民的現代文明標準,而如果一個國家的政府作出嚴重侵犯其人民的人權的行為,便可能受到國際社會的譴責甚至制裁。

三、人權與民主的關係

人權和民主是有所重疊但並非一樣的概念。人權包括參政權、選舉權,例如《公民權利和政治權利國際公約》第 25 條便提及公民 "參與政事" 的 "權利及機會","真正、定期之選舉"、"選舉權必須普及而平等",這些都是民主政體的核心元素。此外,人權也包括言論、出版、新聞、集會、遊行、結社等權利和自由,這些人權也和民主政治息息相關,只有選舉而沒有這些自由,真正的民主不可能實現。因此可以說,某些人權的保障是民主政治的基礎和先決條件。

另一方面,即使一個國家或地方不實行全面的民主,它仍有責任尊重和保障人權,包括上述的經濟、社會與文化權利。人權保障是程度的問題,生活在某些人權受到一定水平的保障的國家,總比所有人權都沒有保障的國家好。此外,如果有一非民主的國家為人民提供高水平的經濟、社會與文化權利,而另一國國家很民主,但經濟、社會與文化權利的水平極差,孰優孰劣,可能是見仁見智的。

最後值得留意的是,即使是民主的國家,也不一定尊重和保障所有人民的公民和政治權利。因為民選的政府不過是得到選票的政府,也即是較多人(如 51% 選民)支持的政府,民主不排除 "大多數人的暴政" 的情況,就是政府剝奪少數人(如 49% 選民)的人權(如多數人信仰一個宗教或屬於某族羣，代表他們利益的政府剝奪少數人的宗教信仰自由或文化權利）。由此可見，民主與人權的關係錯綜複雜，比較理想的情況，是既有人權的保障，又有民主的政制。這正是當今世界很多國家的人民的追求。

外在自由與道德自由——
《自由社會的道德底線》讀後感

　　羅秉祥博士在《自由社會的道德底線》書中開宗明義便指出，他在本書裏探討的是 "外在自由" 的問題，也就是社會和其法律應在甚麼情況、理由和程度下限制個人行為（包括言論的發表、資訊的傳遞以至私人的性生活）的自由的範圍。他同時一針見血地指出，"外在自由" 並未窮盡 "自由" 的概念；"自由" 這個概念還有更為豐富的內容，它還涵攝着世代以來困惑着哲學家們的 "意志自由" 問題，以至各大文明的宗教、道德、倫理傳統（如基督教和儒學）均共同關注着一個涉及宇宙和人生的終極奧秘的問題—— "道德自由"，即：人如何能夠超越其貪慾、自私、罪性的束縛，真正自由地、美善地、創造性地生活，實現人性和整個宇宙的生命的最深層、最偉大、最完美的意義。

　　有關 "道德自由" 問題的反思和洞見，是傳統宗教和倫理思想對人類文明的最大貢獻之一。而對於 "外在自由" 的關注和對其法律保障的重視，則是現代西方（以自由主義、民主憲政為主調）文明對人類整體歷史文化的最大貢獻之一。此兩大成就，都值得我們去研究、認識和欣賞；作為人類文明的成果，它們也值得我們薪火相傳地予以保存、捍衛和發揚光大。

一、對道德自由的論述

　　現代西方文明強調 "外在自由" 的保障，相對地忽視了 "道德自由" 的培育，這既是現代自由主義的優點，也是它的局限。在絕大多數傳統社會裏，統治階層採納了一種思想、宗教、道德和價值的體系，並把它奉為正統，即它們是關於宇宙、人生和社會的最高真理，社會成員必須接受，否則便是異端份子，會受到政權和主流社會的排斥或迫害。在這些社會裏，關於甚麼是“道德自由”，存在着一個“正統”的論述，它界定了“外在自由”的範圍，而人們卻沒有質疑和挑戰這套正統思想價值體系的自由。我們可以在西方中世紀的歷史中（如宗教裁判所）或中國不少皇朝的歷史中（如焚書坑儒和文字獄）發現這種現象。

因此，我們可以慶幸自己生於奉行現代自由主義的社會。在這類社會裏，對不同的思想信仰、道德價值標準和生活方式的尊重和寬容是一項基本原則。政府和社會整體並不把任何一個宗教或一套關於宇宙、人生意義以及如何體現“道德自由”的“真理”或“正統論述”強加給社會的成員。他們可以自由選擇自己的宗教、道德標準、價值信念和生活方式，只要他們不傷害到他人，他們便能享有作出各種行為和發表各種意見的自由，而法律便是對這種自由的範圍的界定。

二、現代人推崇“外在自由”

現代人之所以推崇“外在自由”，其中一個主要原因便是他們已不能互相同意甚麼是關於宇宙人生和如何實現“道德自由”的真理：對這個真理的理解是因人而異的，真理是多元的，甚至可以從相對主義的角度去說，關於人生意義或道德標準的真理（不同關於宇宙物質世界的，即自然科學所探索的真理）是並不存在的。因為真理對於不同的人有不同的內容，所以沒有絕對的、唯一的、普遍的關於人生意義或“道德自由”的真理。

然而這個層次的真理，正是傳統西方基督教文明以至傳統中國儒家文明中知識份子最關注、最用功的問題。現代思潮的其中一個重大轉向，便是大部分研究人文社會學科的知識份子都放棄了對這種真理（包括“道德自由”）的追求，轉而把精力放在關於“外在自由”問題的研究上。自由主義、民主憲政和人權思想，便是他們在這方面努力的豐碩成果。

　　但是，我們應否放棄古人對於宇宙人生的真諦和"道德自由"的實現的追求？現代文化的多元性和相對主義的興起，是否意味着這種追求註定會失敗？今天，我們享受着豐足的"外在自由"，但在"道德自由"的實踐上，我們是優勝於還是遜色於前人？過分氾濫的"外在自由"，是否會對"道德自由"構成威脅？誰有權 —— 或應通過怎樣的政治體制 —— 決定"外在自由"的底線？這些都是值得深思的問題。

　　在這裏，我們沒有可能解決這些複雜而深奧的問題。我只希望與大家分享這個觀點，並留給大家以後作進一步的探索。在慶祝和欣賞現代文明在確立和保證本文所論述的"外在自由"方面的輝煌成就的同時，讓我們也反思"外在自由"的不足之處和古人所提倡的"道德自由"的重要和珍貴；讓我們學習虛心地聆聽古代的聖人和哲人的話語，以開放的胸懷同情地了解他們的觀點，從而吸收他們的智慧和人類各大文化和宗教傳統的心血結晶。唯有這樣，我們才有希望重建危機四伏、支離破碎的現代文明。

"不道德" 行為的 "合法化"

"墮胎應否合法化"？"同性戀應否合法化"？"賭博應否合化法"？"應否禁制色情刊物"？在香港這個道德標準正在迅速改變的現代社會裏，這些題目已是中學高年級的辯論比賽中常見的論題。它們之間的共通點，就是牽涉到法律與道德的關係；更具體來說，如果社會人士認為某種行為或活動是不道德的，是否就應以法律方法予以禁制？換句話說，道德標準應否由法律強制執行？

要研究這個問題，首先要澄清 "法律" 和 "道德" 這兩個基本概念。它們都是一些規則，作用是規範和約束着社會成員的行為。這是兩者相似之處。但法律是由政府的立法機關制定、並由行政機關和司法機關執行的；而道德規範則是社會的文化、習俗、信仰的一部分，是存在於人們內心的是非標準，不是由某些權威機關制定和頒佈，不是白紙黑字的條文。與法律不一樣，道德規範並不由政府強制執行。如果有人作出了違反法律（即 "犯法"）的行為，可能受到拘捕、檢控，帶到法庭受審，如被判有罪，可能被監禁或罰款；但如果有人作出了不道德的、卻不是犯法的行為，後果只是自己良心受到譴責及其他人的批評、鄙視和排斥。

一、刑法與民法

因違反法律而產生的後果，並不一定是入獄或罰款，而要視乎被違反的法律是屬於 "刑法" 還是 "民法" 的範疇。刑法和民法是法律的兩大種類。刑法規定甚麼行為是 "刑事罪行"，涉嫌犯了刑事罪行的人會受到政府執法部門（如警方）的調查和檢控，如法庭在審訊後裁定被告的罪名成立，可給予監禁、罰款等懲罰。刑事罪行通常是一些損害社會整體公眾利益行為，如謀殺、蓄意傷人、搶劫、偷竊、強姦、貪污、行賄、危險駕駛等。

民法的範圍比刑法更加廣泛，民法主要是關於社會成員各方面的 —— 尤其是財產和經濟方面的 —— 關係和相互的權利與義務。屬於民法的法律部門包括例如合同法、財產法、侵權法、家庭法、繼承法、勞工法、地產法、公司法、商法、銀行法、保險法、稅務法等等。民事訴訟和刑事訴訟的主要分別，是前者的後果通常只是改變訴訟雙方金錢上的關係 —— 如法庭下令一方要賠款給另一方，而不會涉及監禁這種嚴厲的懲罰。

法律上的刑事罪行，絕大部分都是不道德的行為，例如上面提到的殺人、搶劫等。此外，某些不道德的行為雖然不是刑事罪行，卻可能導致若干民法上的後果。例如有人簽訂了一份合同，後來作出了違反合同條文的行為，對方便可循民事訴訟程序控告違約的一方，要求賠償損失。又例如根據現行香港法律，通姦不是刑事罪行，但在婚姻法中可構成要求離婚的一種理由。

二、道德與法律之別

道德標準與法律規範的其中一個最重要的分別，是後者清晰明確地記載於法律條例之中，由法院負責解釋和應用至具體案件；法律規範內容的改變，則由立法機關以修訂法律的形式進行。至於道德標準的形成和改變的過程，則是逐漸的和不太明顯的，它隨着人們的思想、觀念、價值和習慣的轉變而轉變，也可能持有不同的意見。

但法律是管轄整個社會所有成員的；對於某種行為是否一種刑事罪行，法律只能給予一個明確的答案。問題是不同社會人士對法律就這種行為應作出怎樣的規定，持有不同的意見。這些意見至少包括三種：(1)這種行為是不道德的，所以法律應把它列為刑事罪行，一方面予以阻嚇，另一方面使作出這些行為的人得到應有的懲罰。(2)即使社會上大多數人真的認為這種行為是不道德的，但如果該行為對他人並不構成損害的話，法律毋須、也不應予以禁制；換句話説，應容許個人自由選擇他的道路，不應把大多數人的道德標準強加於其他人身上。(3)這種行為並不是不道德的，如果社會上大多數人認為它是不道德，這只是他們的偏見、錯覺和愚昧，所以法律沒有理由把這種行為定為刑事罪行。

三、不道德行為合法化？

對於本文最開始舉出的幾個例子 —— 墮胎、同性戀、賭博、色情刊物，都可以從以上三種角度去考慮，而持有第(1)種觀點的人，必定會與持有第(2)或第(3)種意見的人發生激烈的爭辯。現在就讓我們進一步研究這些觀點。

首先，第(1)種觀點是不難理解的。法律是社會中權威性的是非標準；如果一種行為在道德上是明顯的過失，為甚麼不直截了當地宣佈它為違法的行為，使人民有法可依？例如，如果同性戀是道德所不容的，而現行法律已把它規定為刑事罪行，那麼為甚麼要把它"合法化"？（在這方面，"合法化"其實不是很貼切的詞語，或許更適當的用語是"非刑事罪行化"，即修改現行法律，不再視這種行為為刑事罪行，即它不再是不合法的，但這並不等於説它是法律所認可或鼓勵的。）根據這種看法，不道德行為的"合法化"會鼓勵更多人作出這些行為，導致社會道德敗壞，價值系統崩潰。

另一個相關的論據，就是不道德行為的氾濫，不但對社會整體的存在和發展構成威脅，而且對作出這些行為的人本身，也遺害無窮。再以同性戀問題為例，這種論點認為，同性戀是不正常、不健康、變態的行為，所以立法禁止這種行為，其實是為同性戀者個人的利益着想的。正如政府應立例禁止吸毒，以保證人民身體的健康，政府也應禁止同性戀的行為，以保證人民精神上、心理上、道德上的健康。

面對這些論據，持有第(2)或第(3)種觀點的人又怎樣提出反駁呢？他們的哲學基礎是某種形式的自由主義，強調個人自由的價值，即個人有選擇自己的思想、信仰、行為、生活方式、價值取向的權利，在不損害他人的範圍內，個人應有自由活動的權利，政府或社會不應介入個人的私生活或干涉個人私德方面的問題。

　　根據這種觀點，一個比較理想的社會是多元化的，包括思想、意識、宗教、政治、文化、生活方式等各方面的多元化。即在這些方面有不同看法或做法的人都和平共存，互相尊重和寬容；而政府、國家機構和法律制度在這種社會中扮演的角色，只是維持社會的秩序，保障每個公民的基本人權，並提供有利的條件和環境，使個人能追求自由和幸福，發揮自己的潛能和達至人格上的成長。在這種構想下，國家和法律在很多道德價值問題上應該是中立的，即不應以法律或政府政策的形式去強制推行任何一種意識形態、宗教信仰、道德教化或世界觀、人生觀，因為對於宇宙、人生或真理的理解，不同的人有不同的看法，沒有人有權聲稱他享有真理的專利權，並強迫所有人接受他自己的信仰。

　　自由主義者更指出＂大多數人的暴政＂的危險，即民主與個人人權和自由的可能的矛盾。在一個民主制度下，一羣在數目上佔全體選民的大多數的人可以選出一個代表他們的利益和意願的政府，推行他們所認可的政策，但這對於少數人的權益，可能構成威脅。舉一個比較極端的例子，如果大多數人信奉某種宗教，並要求政府立法強迫所有人都要信奉該宗教，這便是剝奪了少數人的宗教信仰的自由。

四、道德沒有絕對標準？

　　正如宗教信仰的問題，在現代社會裏，道德標準在一定程度上也是相對的、見仁見智的；某些人認為是不道德的行為，對於另一些人來說可能沒有甚麼不妥當的地方。此外，道德標準是不斷演變的，今天的少數人的意見和行為，明天可能得到大多數人的接受；西方社會對於婚前性行為的看法，就是一個很好的例子。如果以法律手段來強行維持某一時代的道德標準，不但可能侵犯少數人選擇自己的生活方式的自由及導致部分人因做了"不道德"行為（卻不是傷害他人的行為）而受刑法的嚴厲對待，甚至可能抹煞了創新和進步的可能性。

主張不應用法律來強制執行道德標準，並非主張放棄道德標準或所有除法律規定以外的是非觀念，因為道德價值仍然可以 —— 而且應該 —— 通過教育和其他啟發性的途徑，予以傳播。這不但是現代西方自由主義者的意見，也與中國古代的儒家思想不謀而合。早期的儒家與法家辯論的其中一點，便是應否採用刑法為規範人民的行為的主要途徑。法家主張實行嚴刑峻法，阻嚇人民犯罪。儒家積極提倡道德教育，教導人民是非的標準，使他們做出對的、好的行為時，不是因為害怕做錯時的處罰，而是因為他們真的明白甚麼是對、甚麼是錯，並真的願意為善。這才是道德教化的意義和理想。

以上談的是一些一般性的、也是比較抽象的原則。當我們考慮到一些具體問題 —— 如同性戀"合法化"問題、色情刊物的管制問題時，不但要留意這些基本原則，還應分析有關客觀情況、資料、事實和各方面的意見，然後權衡輕重，比較處理同一問題的不同方法的相對利弊，從而達至一個比較理性的結論。每一個人都不宜絕對地認為自己的意見和道德標準就是唯一的真理，並盲目地排斥其他看法或價值取向，甚至把自己的標準強加於其他人。只有在一個民主、開放、理性和寬容的社會裏，個人的天賦尊嚴和價值才能得以保障和發揮，少數的個人才不會因為思想或行為上的"異端"而被傷害、歧視和排斥。歷史證明，狹隘地堅持一種真理，迫害異己，只會為人類帶來苦難。對個人自由的尊重和不同價值取向的寬容，是和平、博愛的社羣生活的先決條件。

3 論憲政

憲政的追求

回想 30 多年前，我是香港大學法學院的學生，當時我和我的同學對於中國的法制一無所知，法學院沒有任何關於中國法的課，所有老師都是外國人。對於我們的祖國來説，過去 30 多年是翻天覆地的改革開放的 30 多年，是中華民族自從 19 世紀鴉片戰爭飽受欺凌、對自己失去信心後重新崛起、恢復自信心的關鍵的 30 多年。對於我個人來説，這 30 多年是尋找自己作為中國人身份的 30 多年，是學習關心和認識祖國及它的法制發展狀況的 30 多年。

有幸的是，身在香港的我不單是這 30 多年來中國法治進程的旁觀者，更有機會成為參與者。我在 1984 年 2 月開始任教於香港大學法學院，1984 年 9 月，中英兩國發表《中英關於香港問題的聯合聲明》，1985 年《香港特別行政區基本法》的起草工作展開，作為一位年輕的講師，我開始參與研究有關法律問題。1997 年，香港終於回歸祖國，作為一位法學教授和全國人大常委會香港基本法委員會的成員，我有緣參與了一些關於"一國兩制"的實施的法律問題的討論和處理。參與這項具有歷史使命感的工作，使我欣慰。我感覺到香港特別行政區基本法的制定和實施在中國現代憲政史上是有一席之地的。這部《基本法》既涉及中央政府和特別行政區政府的權力關係，又涉及特別行政區的人權保障、司法獨立、法治、分權制衡、民主化等問題。我認為"一國兩制"的成功實施，本身就是一場成功的憲政試驗，對中國的憲政建設有重大的積極意義。

在過去 30 多年，中國的憲政和法治建設的成績，正如經濟發展的成績，有目共睹。但是，從宏觀的"大歷史"的角度來看，30 年多是很短的時間。有名的歷史學家黃仁宇先生在 1993 年發表《中國大歷史》一書，回顧了中國幾千年的歷史，也特別分析了中國現代史的結構和發展邏輯，我特別留意他的這一段話：“我們想見今後幾十年是從事中國法制生活人士的黃金時代。他們有極多機會接受挑戰，盡量創造。”如果這個宏觀歷史視野是對的話，那麼過去 30 多年不過是中國現代史上法治和憲政建設的黃金時代的開端，這些建設和這個時代還要持續幾十年。

這種對於法治建設的宏觀思考和中國政府對於中國經濟發展的思考不謀而合。胡錦濤總書記在 2007 年中共十七大的報告中指出，要在 2020 年實現“全面建設小康社會”的目標。他說“實現全面建設小康社會的目標還需要繼續奮鬥十幾年，基本實現現代化還需要繼續奮鬥幾十年”。這個在幾十年內實現現代化的時間表是否也適用於中國的法治和憲政發展呢？這是值得我們深思的。

一、現代化的概念

“現代化”這個概念有一個基本假設，就是現代的東西比古代的或者現代以前的東西更加先進、更加美好，因此，現代化便是一種進步。在科技的領域，現代化的概念是最明顯適用的。在經濟領域，現代化表現為物質文明的進步，所以在當代世界，有所謂發展中國家和發達國家之分，這個區分建基於各國的國民生產總值和人均收入，也就是經濟發展的水平。中國是發展中國家之一（中國自身不僅承認並也一再強調我們是發展中國家），它的經濟發展或者經濟現代化的水平仍然遠遠落後於歐美、日本等發達國家。我認為值得深思的是，發展中國家與發達國家的區分是否也適用於法治和憲政的領域，也就是說，我們是否可以對不同國家的法治和憲政發展的水平作出評估，從而作出結論說，某些國家的法治和憲政發展的水平比其他國家更高。

我個人認為，不同國家的法治和憲政發展的水平的確有所不同，所以正如在科技和經濟領域一樣，在法治和憲政這些制度文明的重要元素方面，也存在發展中國家與發達國家的區分。我這個論點的前提是，法治和憲政是普世價值、是對全人類有普遍意義的制度文明元素。

二、憲法的理想

匈牙利憲法學家 Sajó 教授曾經説，"憲政主義的憲法的出現，不是為了追求一個幻想或者烏托邦，這種憲法所反映的，是對於先前的(非憲政)的政治制度的恐懼，這種憲法的理想，就是脱離以前的因為沒有憲政而造成的苦難。"日本憲法學家杉原泰雄説，"憲法是對充滿苦難的生活經驗的批判和總結。從憲法史中，我們可以看到人類為了擺脱苦難而產生的智慧。我們學習憲法，就是為了學到這些智慧，為了我們的未來而未雨綢繆。"

雖然這兩位學者一個是東歐人，一個是日本人，但他們寫出的這兩段文字完全適用於我們中華人民共和國的歷史經驗和教訓。回顧"文革"時代，舉國之內無法無天，法治和憲政被踐踏在地，國家和人民經歷史無前例的浩劫，所以鄧小平等領導人在文革後，基於對文革時代國人的苦難的反省，才決定大力發展社會主義民主與法制建設，並制定了 1982 年的憲法，為中國憲政建設奠定了一個穩固的基礎。1982 年以後，每次修憲都有明顯的進步意義，有助於逐步提高中國的法治和憲政的水平，例如規定依法治國，建設社會主義法治國家，保障人權和財產權等。

西方政治學家 Karl Loewenstein 在 1957 年的一本著作裏對三種憲法作出區分：就是名義上的憲法、文字上的憲法和規範性的憲法。規範性的憲法的特點，是由憲法控制政治權力的行使，而不是反過來由政治權力的行使來控制憲法。當代西方憲法學家 Vicki Jackson 和 Mark Tushnet 在 2006年出版的《比較憲法學》一書裏其中一章的標題是"有憲法而無憲政"，就是説，在一些國家，憲法的制定雖然受到重視，但它只是一個象徵、一個理想的表述、一份政治宣言,而不實際發揮限制和規範政治權力運作的作用。我個人認為,憲政所要求的憲法,就是 Loewenstein 所說的規範性的憲法,也就是限制和規範政治權力的憲法。

為甚麼需要限制和規範政治權力的行使?西方近代政治和法律思想史所提供的答案是,政治權力是可能被濫用的,絕對的權力可能導致絕對的腐化,所以需要限制和規範政治權力的行使,以防止權力的濫用,以保障人權不受侵犯,以保證政府向人民負責。西方近代憲政史提供了豐富的經驗,關於如何通過各種制度性和技術性的設計,去達到這個目標。在當代中國,法治和憲政的水平相對於西方仍然比較落後,所以學習和借鑒西方在這方面的經驗,將仍是國人在可見的將來的重要工作。

我近年來在學習 20 世紀新儒家思想家的學說,我愈來愈覺得,在法治和憲政方面學習西方的經驗、制度和技術,實現憲政,不但與中國文化的主體性和我們的民族自尊完全沒有矛盾,而且更是中華文明全面復興的偉大事業的要求。在 1958 年,唐君毅、牟宗三、徐復觀和張君勱四位儒學大師發表一份《為中國文化敬告世界人士宣言》,在宣言中他們一方面主張復興中國傳統文化,尤其是儒家文化,另一方面,他們同時主張接受西方文化中的科學、民主和憲政思想,認為這樣可以"使中國人之人格有更高的完成,中國民族之客觀的精神生命有更高的發展"。他們甚至說,在中國發展民主、建立憲政,是中華文化傳統的內在要求。牟宗三先生說,法治、憲政、人權和民主雖然"先發自於西方,但是只要它一旦出現,它就沒有地方性,只要它是個真理,它就有普遍性,只要有普遍性,任何一個民族都該承認它。"徐復觀先生說:"凡是真正了解中國文化、尊重中國文化的人,都會明白在今天為憲政、為民主而努力,是中國文化自身所必須的發展。"在一篇題為"為生民立命"的文章裏,徐復觀先生對宋代儒家張載的名言"為天地立心,為生民立命,為往聖繼絕學,為萬世開太平"所作的現代詮釋是，在當代為生民立命，不單包括促進他們的道德人格的修養和成長，也應包括促進他們的人權、自由與平等。他說，"從教化上立人格的命，同時從政治上立人權的命，生民的命才算真正站立起來了"。他又說，"假使孔孟復生於今日，亦必奔走呼號，以求能先從政治上為生民立命。……論中國文化而接不上這一關，便不算了解中國文化自身的甘苦。欲融通中西文化，首先必須從中國文化已經內蘊而未能發出的處所將其迎接出來，以與西方文化相融通。"我以徐復觀先生以上這句話作為本文的小結，並與讀者共勉。

立憲民主制度的精神和實踐

世界上不同的憲政制度，有各自的立憲精神。資本主義國家與社會主義國家都有憲法，但它們的憲法背後的指導性概念和立憲精神，有很大的不同。1997 年以來，中國大陸繼續實行社會主義制度，香港特別行政區卻繼續實行資本主義制度，中國整體來說，實行一國兩制，《香港特別行政區基本法》是表現和解釋"一國兩制"的憲法性文件，究竟它反映哪一種立憲精神呢？是社會主義的立憲精神，社會主義的民主與法制，還是資本主義的立憲精神，資本主義的民主與法制？

我們都知道，一個地區的經濟制度、社會制度，與它的政治制度、憲政制度，有很密切的關係。中國在經濟上走的是社會主義道路，所以中國在政治上、憲制上，堅持中國共產黨的領導、馬克思列寧主義、毛澤東思想、鄧小平理論的指引和人民民主專政。這些社會主義的政治原則和立憲精神，是與社會主義經濟制度互相配合、互相協調的。但很明顯，這些概念、這種精神，與香港特別行政區的資本主義經濟制度是互相矛盾的。所以起草《基本法》時便出現這個問題：《基本法》既不可以沿用目前殖民主義的立憲精神，也不適宜採用社會主義的立憲精神，那麼應該怎樣？

實際的情況是，《基本法》在起草時參考了現代資本主義國家憲法的立憲精神。這裏說的"參考"，是了解被參考的對象，批判性地分析它的優點和缺點，研究它在香港的特殊情況下是否適用；參考並不是指不加思索地把外國的模式搬來香港。

一、資本主義的立憲精神

現代資本主義國家的立憲精神，從歷史上看，發源於 17 世紀、18 世紀的英國、西歐和美國。當時進步的思想家，提出了一些新的概念，反對君主專制極權統治的制度。他們批判"君權神授"的傳統思想，提倡天賦人權、人的尊嚴和價值、主權在民、社會契約、法治主義、三權分立、政治制約與平衡等等原則，他們推廣自由、平等、博愛的訊息。這些革命性的思想，通過革命的行動，成為後來世界各地很多國家的憲法所肯定和實踐的立憲精神。

這種立憲精神，至少包括三個中心概念，這三個概念有一定程度的關係，也有一定程度的獨立性。

第一是法治的概念，這主要是指統治者的權力受憲法和法律所限制；政府的權力是憲法和法律所賦予政府的，政府行使權力時，受憲法和法律約束；政府的運作，必須依照憲法和法律所規定的程序。憲法和法律如果沒有授權政府做某一件事，政府就不可以做這件事；政府如果作出違憲或違法的行為，獨立的司法機關可對政府作出制裁。獨立的司法機關負責解釋和執行法律，對政府的行為是否違憲或違法，進行審查和裁決；司法機關執行這種職權時，不受行政機關、立法機關或任何政黨、團體控制或干預。只有獨立、公正和堅強的司法機關，才可能制約行政機關的權力，防止權力的濫用。很多憲法不但限制行政機關的權力，也限制立法機關的權力，立法機關如果制定了違憲的法律，司法機關可以宣佈這法律無效，或拒絕執行這法律。

第二，西方資本主義國家都實行了立憲民主制度，政府的權力來自人民，人民通過定期的選舉來表達他們的意願；政府向人民負責，向人民解釋和交代政府的政策和行為；人民有權批評政府，提出質詢，如果對政府的表現不滿意，可以通過選舉，使政府下台。換句括說，統治者能否繼續統治，決定於定期的選舉；國家最高統治權的移交，根據選舉的規則和條例，和平進行。為了保障人民自由選擇政府和參與決定公共政策的權利，憲制保證持有不同政見的人可以自由組成政黨，參加競選；法律保障思

想、言論、出版、新聞、結社、集會、遊行等自由，即使反對執政者的黨
派，都可以批評執政者，宣傳自己的政見，在選民前與執政者自由競逐。

　　第三個中心概念是公民和政治權利的保障，防止多數人的暴政。因為
民主選舉制度，使獲得大多數人支持的政黨，取得統治權，但如果一個得
到多數人支持的政府，採取剝奪少數人的人權的政策，這也是一種暴政。
所以，很多憲法都包括人權法案，明文規定所有公民所享有的各種權利和
自由；即使民選的立法機關也不可以通過侵犯這些基本權利和自由的法
案，而司法機關負責審查立法機關有沒有越權或濫用權力的行為。

二、多元的自由社會

　　總括來說，一般資本主義國家憲法的立憲精神，包括法治、民主和自
由這三方面。除了這三個法律性和政治性的概念，還有一個重要的道德性
假設，就是關於如何管理社會或計劃社會的未來，並不存在任何客觀的、
絕對的、所有人都必須接受的真理，所以，不同的意見，可以共同存在，
在一套公平的遊戲規則之下，互相競爭，百花齊放。對於不同的意見、觀
念、思想、理論、哲學、意識形態，包括政治和宗教信仰，應採取開放、
兼容的態度，持不同意見的人，應互相尊重、互相容忍、互相自我約束，
在一個多元化的、由多數人統治、但保護少數人的法治架構中，和平共
存，和平競爭。除了思想上的多元化外，社會的各方面也應容許多元化的
發展，包括生活方式的多元化，政治、經濟、道德、宗教和文化生活的多
元化。人民不但可以在政治層面，也可以在經濟、文化和社會各層面，自
由組織自己的團體，為各種不同目的或宗旨，搞各式各樣私人性質的活
動，不受政府的干預。

　　上文嘗試簡單描述現代西方資本主義國家的立憲精神，可能較偏重從
正面指出它的優點。當然，沒有一個制度是完美的，我也不是說上面提到

的制度是最理想的。但從歷史發展的觀點看，法治、民主和自由思想的誕生和傳播，的確是人類思想史和社會史上的一個重大突破，作為現代文明的成就，可以與科學革命和工業革命相提並論。它是一項成就，因為它不是輕易獲取的，而是經過無數思想家和革命人民在歷史實踐中所爭取的；而建立於法治、民主和自由等概念上的社會，相對於封建專制或君主極權的社會，的確帶給人民更多幸福，或至少減少權力濫用和腐化所帶來的禍害和痛苦。根據馬克思主義，相對於封建帝王統治，這個革命是一個躍進，但這只是資產階級革命，還要等待無產階級革命，歷史的發展才能更進一步。由於《中英聯合聲明》已經訂明，在 1997 年後的 50 年，香港仍應留在資本主義的階段，所以無需要在《基本法》中，處理那下一步的、是否邁向社會主義的問題。《基本法》一定程度反映出所謂 “資產階級革命” 的成果 —— 法治、民主和自由的理想，這已是一項偉大成就，並滿足了絕大多數港人的意願。

三、憲政模式

　　除了西方資本主義國家的立憲精神外，他們的具體憲政模式，在設計特別行政區的政府架構時，也有很大的參考價值。一個憲政模式，一般至少包括六個部分：選舉制度、議會制度、政府制度（即最高行政機關）、文官制度、司法制度和政黨制度。

　　首先，關於選舉制度方面，聯合聲明規定，特別行政區立法機關由選舉產生，行政長官由選舉或協商產生，但沒有提及選舉的具體方法。《基本法》在設計香港特別行政區的選舉制度時，不單參考了 1984 年港英政府的代議政制白皮書所規定的兩種方法（功能團體選舉、選舉團選舉），還考慮了其他的可能性。例如外國一般實行的全民普選制以及關於選區的劃分和選票的計算方法的不同制度，如小選區制（即每個選區只選出議員一名)、大選區制(每個選區選出議員兩名或以上)、多數選舉制——分為絕對多數制(在選區中獲得半數以上選票的候選人取得選區的席位)、相對多數制(在選區中獲得最多選票的人當選)、比例選舉制(由參加競選的各政黨根據得票的多少按比例地分配議席)等等。

其次,關於行政長官與立法機關的關係方面,聯合聲明並沒有作出規定(雖然它提到行政機關對立法機關負責),而外國的憲制模式,顯示出兩種主要的可能設計,可供參考。第一種是所謂內閣制,又稱為議會制,即最高行政機關(內閣)由在立法機關(議會)中佔多數席位的政黨或政黨聯盟的領袖組成;內閣向議會負責,受議會監督,如果議會對內閣通過"不信任案",內閣應辭職或解散議會,重新選舉。第二種是所謂總統制,即行政首長的選舉和議會的選舉是分別進行的,行政首長和議員分別向選民負責,無論議會的大多數議員是否支持行政首長,行政首長和他任命的內閣都可以繼續執政,直至任期屆滿再舉行大選為止;議會不能對行政首長投不信任票,在部分總統制國家,行政首長亦無權解散議會。這種制度的主要特徵是最高行政機關不是由議會產生,議會的多數黨不一定是執政黨。

第三,關於立法機關的結構和權力方面,也是《基本法》處理的重要課題。民選議會是否有足夠的權力,去監察行政機關的工作,是十分重要的憲制課題。外國的立法機關比較普遍採用的形式有一院制和兩院制。一院制議會的成員及兩院制議會的下議院議員一般由全民直接選舉產生。兩院制議會的上議院的產生方法有多種,包括世襲制、委任制、間接選舉、直接選舉等。立法機關的權力,一般包括立法權、財政權、監督權(包括質詢權、調查權、彈劾權、倒閣權等)等。《基本法》在設計特別行政區立法機關的模式時,一方面參考了香港殖民地時代立法局的情況,另一方面也考慮了外國憲政模式所提供的其他可能性。

總括來說,當香港從資本主義的殖民地演進成為中國境內的資本主特別行政區時，需要一個與資本主義經濟制度和社會制度相配合的憲政制度。這個憲政制度是《基本法》的主要內容之一。所以在起草《基本法》時，參考了其他資本主義國家的憲法、他們的立憲精神及他們的政治和法律制度的具體組織結構和運作方法。至於怎樣有效地參考這些外國的經驗，怎樣選擇性地向他們學習，怎樣建立一個植根於香港的法治、民主、自由和多元化的社會，就是香港政治發展要面對的核心課題。

論憲政主義

憲政主義是一種關於人類社會應如何組織其國家及其政治生活的規範性思想，其精髓在於以憲法和法律來規範政府的產生、更替及其權力的行使，藉以防止人民的人權受到政權的侵害，並進而確保政權的行使能符合人民的利益。憲政不只是一個遙遠和飄渺的理想，在現代，不少國家和民族已經成功地把它付諸實踐，成績有目共睹。究竟憲政主義是如何在人類歷史中產生的呢？憲政主義有哪些內容和元素？憲政主義在當代面對的是甚麼課題？本文將就這些問題進行初步的探討。本文在結論部分指出，憲政主義有跨時代和跨文化的普世意義和價值，它的內在生命是堅強的，它的內在邏輯是不可抗拒的，它閃耀着的智慧乃來自對數千年來人類在其歷史中飽嘗的苦難的沉痛反思。

一、憲政主義的價值

憲政主義(constitutionalism)是一種關於人類社會應如何組織其國家及其政治生活的規範性思想，其精髓在於以憲法和法律來規範政府的產生、更替及其權力的行使，藉以防止人民的人權受到政權的侵害，並進而確保政權的行使能符合人民的利益。憲政主義既是一個價值目標，也是一種手段——就是實現自由主義理想的其中一種方法：自由主義高揚每個個人的尊嚴、價值、自主性、自由和人權，並指出國家統治者所掌握的政權是人權和自由的最大威脅。政權的濫用的後果可以是極其嚴重的，故古語有云"苛政猛於虎"。憲政主義可視為用以馴服這條老虎的重要工具。

憲政主義不只是一個遙遠和飄渺的理想，在現代，不少國家和民族已經成功地把它付諸實踐，成績有目共睹。相對於非憲政主義的國家來說，憲政主義國家的成立，可算是一種道德上的善，亦即是說，憲政主義國家的創建是值得爭取的,從非憲政主義國家到憲政主義國家的過渡,是人類文明進步的表現。西方法制史學者 Caenegem 指出,雖然在歷史中不同種類的政體此起彼落,看似混亂,"但是有時人們確能創造出一個有價值的和長遠來說有進步意義的模式:憲政主義和議會制政體便是一例"(Caenegem, 1995: 32)。有些西方學者甚至認為,"現在看來,憲政主義民主(constitutional democracy)是唯一有正當性的(legitimate)政體"(Bellamy and Castiglione, 1996: 2)。

在人類歷史中,憲政主義政體的締造,絕不是輕而易舉、一蹴而就的事,而是無數人前赴後繼、艱苦奮鬥、以血淚交織而成的氣壯山河的故事。憲政主義是為了對治非憲政主義政體所造成的苦難而產生的,正如當代匈牙利學者 Sajó 指出:

"憲政主義的憲法不是為了追求幻想和革命性的烏托邦而誕生的。……它們所反映的是在先前的政體中孕育着的和關於這先前的政體的恐懼。如果憲法有一個理想景象的話,這便是政權再不應像以往那般行使。"(Sajó, 1999: 2)

日本學者杉原泰雄以下這段話更是語重心長:

"憲法是對充滿苦難的生活經驗的批判和總結……。憲法的歷史充滿了人類在各個歷史階段中為擺脱生活上的痛苦而顯示出來的聰明才智。我們學習憲法就是為了學到這些聰明才智,為了避免失敗而未雨綢繆。"(杉原泰雄,2000:3,7)

那麼,憲政主義是如何在人類歷史中產生的呢?憲政主義有哪些內容和元素?憲政主義在當代面對的是甚麼課題?本文以下各節將就這些問題進行初步的探討。

二、憲政主義的歷史

　　憲政主義是西方文明的產物，其濫觴和成長與西方從古希臘和羅馬文明時代至中世紀再到近現代的歷史、文化、宗教、哲學、政治和法律的發展有千絲萬縷的關係。另一方面，正如自然科學和各大宗教一樣，憲政主義有其跨文化的普世性，其說服力和適用範圍絕對不限於西方國家。例如在亞洲、印度和日本便是成功建立憲政主義國家的典型例子。但是，為甚麼憲政主義首先出現於西方世界呢？要回答這個問題，便需要宏觀地回顧西方文明的歷史進程。

　　首先，我們回到西方文明的古典時代，即 2000 多年前古希臘和羅馬文明。在這時代，並不存在憲政主義的概念，但是誕生了一些日後成為憲政主義的重要元素的思想和實踐，如法治、政治制衡、民主、共和、民法等。亞里士多德認為法治是優於人治的統治模式，因為法律是理性的體現，不受情慾的困擾。他又主張介乎全民統治與貴族統治之間的混合式政體，以達到政治上的均衡。雅典等古希臘城邦的民主生活是民主的典範，重要決策和法律由全體公民在集會中討論和表決。羅馬在其共和時代的民主政制和議會組織也是後人所讚頌的，羅馬公民相信領導人的權力乃來自人民。羅馬帝國的民法(civil law)十分發達，並重視對於私人之間的合同和財產權利的保障，這為日後西方法治秩序的建設，奠定了穩固的基礎。

　　西羅馬帝國在公元五世紀覆亡後，西歐經歷了長達數世紀的混亂和文明倒退的“黑暗時代”。公元 11 世紀以後，歐洲的封建主義政治和社會制度穩定下來，再次孕育出輝煌的文明，是為西方的“中世紀”文明。從長遠的歷史發展的角度看，中世紀文明可視為現代憲政主義的溫牀。中國著名學者錢端升把它形容為“近代憲法觀念萌芽時代”（錢端升，1991：132）。

萌芽時代

西方中世紀封建社會在政治上的特徵是，王權並不是絕對或十分強勢的，而是受到若干其他社會力量所制衡的，這些力量包括貴族（貴族源於武士階層，擁有兵權）、教會（中世紀時以羅馬教皇為中心的天主教會盛極一時，其勢力橫跨整個歐洲）和一些享有高度自治權的城鎮。為了爭取這些社會力量的支持（尤其是當他準備與外國開戰時），國王便成立議會（如英國的 Parliament 和法國的 Etats Generaux），由貴族、僧侶和平民三階級的代表共同組成，分享國家的權力。這種議會架構後來便成為憲政主義國家的核心組織之一。

除此以外，中世紀社會裏也存在其他限制和約束國王的權力的因素。首先，在封建制度的社會關係中，領主與其臣下之間（如國王和他的諸侯之間）的關係是契約式的，雙方都有各自的義務，而不只是臣下對其領主單方面的絕對服從的義務。其次，中世紀盛行"雙劍論"，雙劍是指掌管世俗事務之劍和掌管精神或屬靈事務之劍，兩者都是由上帝賦予的，前者賦予國王，後者賦予教會。因此，國王的權力範圍是有限的，更不是最高的；國王的權力來自上帝，而教會才是上帝在世上的代表。在中世紀，王權與羅馬天主教會的權威一直互相抗衡，直到 16 世紀宗教改革導致羅馬教會在政治上的權力的衰落。

第三，中世紀的法律觀也構成對於王權的重要制約。這種法律觀是多元的，包括習慣法、神聖法、自然法、羅馬法等。在日耳曼民族的傳統文化中，習慣法享有崇高的地位，習慣法的權威凌駕於王權之上，即使君主也不能恣意違反習慣法，如侵犯貴族根據習慣法所享有的各項特權。13 世紀神學和哲學大師阿奎那（St. Thomas Aquinas, 1225－1274）指出，神聖法和自然法都是由上帝訂立的永恆法的組成部分，自然法是人類憑其理性思維便能發現的，但人必須得到上帝的啟示才能認識神聖法。神聖法和自然法都是高於人自己制定的法律（人間法）的，它們是人間法的標準；暴君制定的惡法便因不符此標準而不是真正的法。此外，中世紀出現了對古羅馬法的研究的復興，雖然羅馬帝國時期的法律是傾向於專制王權的，但羅馬私法中對私有產權的保護卻構成對恣意行使的權力的限制。總括來說，正如 Caenegem（1995: 25）指出：

> 法律意識深深地植根於西方社會，人們十分認真地對待權力的正當性（legitimacy）問題。在歷史中出現的對不法行為的強烈抗議，反映出西方文化對法律作為社會基石的執着和信仰。

在中世紀的英國，《大憲章》（*Magna Carta*）的制定便是王權在封建社會中受到制衡和法律的關鍵地位的典型反映。13 世紀初期，英王約翰（King John，在位於 1199 至 1216 年）因其苛政引起貴族和僧侶的反抗，最後在 1215 年被迫簽訂和頒佈《大憲章》，這份法律文件確認貴族、教會僧侶等人根據習慣法所享有的若干特權，並對王權作出相應的限制，如規定國王不得任意徵稅或非法拘捕人民。《大憲章》是一份限制統治者的權力、保障被統治者的權利和自由的法律文件，構成統治者與被統治者之間的契約，並宣示了法律高於王權的原則，因此，不少論者認為《大憲章》是憲政主義的源頭和後世的人民權利和人權宣言的前身。在歐洲中世紀的其他封建國家，也出現過類似此《大憲章》的法律文件。

但是，從中世紀封建制度對王權的限制到現代憲政主義國家的道路絕不是平坦的，其中經歷了專制王權（absolutism）的建立和反對專制王權的革命鬥爭，這種情況在英國和法國相繼出現，而英國、法國和原為英國殖民地的美國，便是現代憲政主義的搖籃。現代憲政主義可理解為對專制王權的專橫的反動，如果沒有近代專制國家的出現，可能就不會有現代憲政主義的理論和實踐。但是，現代憲政主義之所以能得以成功建立，卻是由於它所反對的專制王權有其中世紀封建主義的背景，而這種封建主義包涵了上述的有利於日後憲政主義的建立的因素。同時，正如馬克思主義者所指出，憲政主義的建立是符合近現代資本主義市場經濟發展的需要的，他們把憲政主義對專制主義的革命稱為"資產階級革命"。

轉折時期

16 世紀至 18 世紀是西方世界從中世紀步入現代的轉折時期，宗教改革削弱了羅馬天主教會的權威，地理大發現和市場經濟的興起又導致封建貴族地主階層的衰落，代之而起的便是民族國家的專制王權和城鎮的市民階級（即所謂資產階級）。英國在都鐸(Tudor)王朝下(如在位於 1509 年至 1547 年的享利八世和在位於 1558 年至 1603 年的伊利莎白一世)，法國在法王路易十四下(在位於 1643 年至 1715 年)，專制王權都盛極一時。法國政治思想家博丹(Jean Bodin, 1530–1596)提出的"主權"(sovereignty)理論，為專制王權提供了理論基礎。[1]

對於憲政主義的理論和實踐來說，17 世紀的英國的經驗是最關鍵性的，並構成了兩位近代政治思想的鼻祖 —— 霍布斯(Thomas Hobbes, 1588–1679) 和洛克(John Locke, 1632–1704) —— 的思想背景。17 世紀上半期，英國政治出現嚴重的分裂，一方是英王查理斯一世(Charles I，在位於 1625 年至 1649 年) 及其支持者，另一方是以國會為基礎的政治力量和在宗教上持異議的清教徒(Puritans)。雖然查理斯一世在國會的壓力下在 1628 年簽署了《權利請願書》(*Petition of Rights*)，可算是第二份的《大憲章》，但雙方的衝突沒有止息並在後來釀成內戰(1642 年至 1649 年)，查理斯一世戰敗並被處決。英國竟然廢除了君主政體，在軍事強人

1　關於主權思想的歷史沿革，可參見拙作 (1999)。

克倫威爾（Oliver Cromwell, 1599-1658）的統治下，部分軍人在 1647 年起草了《人民公約》（*Agreement of the People*），宣示人民的權利，準備以此作為國家的憲法性文件。[2] 但克倫威爾去世後，查理斯二世（Charles II，在位於 1660 年至 1685 年）復辟，革命告一段落。1685 年查理斯二世去世，其繼位者詹姆斯二世（James II，在位於 1685 年至 1688 年）又受到國會和新教徒的反抗，導致 1688 年的"光榮革命"（Glorious Revolution），詹姆斯二世被推翻，王位由瑪麗（Mary）及其夫荷蘭親王威廉（William of Orange）繼承，條件是他們接受國會在 1689 年通過的限制王權、保障人民各項權利的《權利法案》（*Bill of Rights*）。在此以後，英國成為了君主立憲（constitutional monarchy）的國家，即國王的權力置於法律之下，法律須由國會通過並經國王簽署，國家最高政治權力由國王和國會分享。1701年，國會還通過了《王位繼承法》（*Act of Settlement*），其中包括確立司法獨立原則的規定。

雖然英國是憲政主義的先驅，但英國沒有制定一部完整的成文憲法。成文憲法是指一部內容完備的法律文件，規定國家的權力結構、國家各政府機關的產生、組成、權力、運作及其相互關係，以至政府與人民的關係，尤其是人民的權利和自由。成文憲法是由國家全體公民（或其代表）所制定的，它是國家的根本大法，享有高於其他法律的權威，它更是其他法律的權威或效力的淵源，因為立法機關的立法權本身，也是由憲法所賦予的，並受到憲法的規限。美國在 1787 年制定的《美利堅合眾國憲法》（*Constitution of the United States of America*），便是這種成文憲法的鼻祖和典範。除了英國等極少數國家之外，實行憲政主義的現代國

2　此外，克倫威爾領導的政府在 1653 年也曾制定《政府章程》（*Instrument of Government*），對國家機關的結構和功能作出規定。這份文件被譽為歐洲史上第一部成文憲法：見 Caenegem, 1995: 119。

家（以至很多並不真正實行憲政主義的現代國家）都享有一部成文憲法。

美國原是英國在北美洲的 13 個殖民地，於 1776 年頒佈《獨立宣言》（*Declaration of Independence*），為了要脫離英王的專制統治和爭取成立獨立國家，與英國開戰。獨立戰爭初期，13 州締結了《邦聯條款》（*Articles of Confederation*，1776 年制定，1781 年在各州完成確認程序），以邦聯形式成立聯盟。獨立戰爭勝利後不久，各州有意組成"更完美的聯盟"（a more perfect union），於是在 1787 年制定了《美利堅合眾國憲法》。這部新憲法，加上其在 1791 年修訂時增補進去的《權利法案》（*Bill of Rights*），對於憲政主義在世界範圍內的擴展，具有劃時代的意義。美國憲政主義一方面繼承了英國普通法（Common Law）的法治傳統和法國 18 世紀啟蒙時代的憑理性建構更完美的政治秩序的精神，發揚了英國思想家洛克的"社會契約"理念和"自然權利"（natural rights）人權思想，以及法國思想家孟德斯鳩（Montesquieu, 1689－1755）的"三權分立"政制設計思想，另一方面更有其突破歐洲政治傳統的原創性——如建立了世界上首個大型的聯邦制的共和國，不單有立法、行政和司法機關的橫向性分權和相互制衡，而且有聯邦政府和各州政府的縱向性分權，立法議會（分為參眾兩院）由民主選舉產生（不像歐洲國家議會有世襲的貴族），總統也由民主選舉產生，並由法院獨立處理關於憲法的解釋和應用的爭議。美國憲政主義是以成文憲法規範政治生活和保障人權的典範，其影響力在現代世界無遠弗屆。

1789 年，法國大革命爆發，憲政主義的理論和實踐在歐洲取得了繼 17 世紀英國革命以來的重大突破。法國大革命的最主要思想導師是盧梭（Jean Jacques Rousseau, 1712－1778），他的"主權在民"的主張，在長時期奉行君主制的歐洲具有革命性的意義。法國大革命時期最有代表性和對後世最大影響力的憲政主義文獻是國民議會在 1789 年 8 月頒佈的《人和公民的權利宣言》，它"把自然的、不可剝奪的和神聖的人權闡明於莊嚴的宣言之中"，並規定："在權利方面，人們生來是而且始終是自由平等的"（第1條）；"任何政治結合的目的都在於保存人的自然的和不可動搖的權利"（第2條）；"整個主權的本源主要是寄託於國民"（第3條）；"法律是公共意志的表現。全國公民都有權親身或經由其代表去參與法律的制定"（第6條）；"凡權利無保障和分權未確立的社會，就沒有憲法"（第16條）。1793年、1795年和1799年法蘭西共和國的第二、第三和第四部憲法都交予全體公民複決通過，反映出憲法是國家根本大法、應由全民參與其制定的民主立憲觀念。

在19世紀，受到18世紀末期美國和法國立憲的先例的影響，立憲運動席捲歐洲大陸，各國相繼制定成文憲法（如1809年瑞典憲法、1814年挪威憲法、1815年荷蘭憲法、1831年比利時憲法、1848年瑞士憲法、1849年丹麥憲法、1861意大利憲法、1867年奧地利憲法、1871年德國憲法、以至法國在1804年、1814年、1815年、1830年、1848年、1852年和1875年制定的多部憲法），其中絕大部分為君主立憲而非共和制的憲法。此外，少數歐美兩洲以外的國家，也在19世紀制定了憲法（如1876年土耳其憲法、1889年日本憲法）。

踏入20世紀後，西方國家的憲法在內容上出現一些新的趨勢，一方面是變得更加民主，即把選舉權擴展至全體公民（通常是先擴展至全體男性公民，後來再推廣至女性公民），另一方面是把經濟權利和社會權利（如工作的權利、受教育的權利、享有醫療等社會福利的權利）納入公民權利的範疇，而不限於傳統的人身權、財產權、言論、宗教、集會、結社等自由。一次大戰後德國的魏瑪憲法便標誌着這種20世紀憲政主義的新思潮，其經濟基礎是傳統"自由放任"式的資本主義向國家對市場經濟進行干預調控的修正的資本主義的過渡，以至"福利國家"或"社會國家"的逐步建立。

極權主義的挑戰

　　但是，1917 年俄國的共產主義革命，以至 30 年代納粹主義和法西斯主義的興起，構成了憲政主義在 20 世紀面對的最嚴峻挑戰。共產主義、納粹主義和法西斯主義國家的政治制度都是極權主義(totalitarian)，國家全面控制人民生活的所有範疇，國家政府(以及一黨專政的政黨)的權力是絕對的和不受制約的，人民的人權和自由得不到憲法和法律的有效保障。因此，雖然這些國家有其成文憲法，但憲法是徒有虛名的，它只是專制政權的裝飾品，不能發揮調控政治的操作和限制政府的權力的功能。最終來說，極權主義與憲政主義是互不相容的。

　　納粹主義和法西斯主義在第二次世界大戰中被擊潰，在西德、意大利和日本，憲政主義國家在戰後建立起來。在 20 世紀 90 年代，東歐和前蘇聯的共產主義政權解體，新的政權都是奉行憲政主義的，雖然這些國家是否能建立穩定和持久的憲政主義政體，尚待觀察。在東亞地區，除日本以外，憲政主義政體還已成功地建立於南韓、台灣、菲律賓、泰國、印尼、馬來西亞、新加坡等地。在 21 世紀初，憲政主義的生命力在全球範圍內是茂盛的、強大的、如日中天的。

三、憲政主義的基本元素

　　《美國獨立宣言》說："人人生而平等，他們都從他們的造物主那邊被賦予了某些不可轉讓的權利，其中包括生命權、自由權和追求幸福的權利。為了保障這些權利，所以才在人們中間成立政府。而政府的正當權力，則是得自被統治者的同意。"孟德斯鳩則指出："只有權力不被濫用的時候，實行限制權力的國家裏才會有政治自由。但以往的經驗告訴我們，執政者往往都濫用權力。……為了不讓權力得以濫用，必須制定以權力抑制權力的社會形態。"(Montesquieu, 1992: XI.4)

美國開國時期政治家傑弗遜(Thomas Jefferson, 1743–1826)提醒我們："信賴，在任何場所都是專制之父。自由的政府，不是以信賴，而是以猜疑為基礎建立的。我們用制約性的憲法約束受託於權力的人們，這不是出自信賴，而是來自猜疑。……因此，在權力問題上，不是傾聽對人的信賴，而是需要用憲法之鎖加以約束，以防止其行為不端。"[3]另一位美國開國元老麥迪遜(James Madison, 1751–1836)則指出："在設計一個讓人管治人的政府時，……你必須首先給予政府治理人民的能力，然後保證政府能治理好自己。"(Madison et al, 1987: 320)

以上都是足以傳誦千古的至理明言，它們表述了憲政主義的真諦：用當代日本憲法學學者蘆部信喜的話說，"近代立憲主義憲法，是以限制國家權力、確保個人的自由權利為目的"；"近代憲法即是自由的法底秩序，……以自然權思想為基礎。要將此自然權予以實證法化的人權規定，就是構成憲法的核心的"根本規範"，而要維護這種根本規範的核心價值，輒是人類的人格不可侵原則(個人的尊嚴原理)。"(蘆部信喜，1995：39，35)

當代阿根廷法學家 Nino（1996: 3–4）指出，憲政主義與"有限政府"（limited government）的概念是密不可分的，但如要尋根究底，則可發現憲政主義包涵以下由淺入深地排列的層次：一是法治，即政府的行為受到某些基本法律規範的限制；二是憲法的凌駕性，即憲法高於一般法律，比一般法律更難修改，並由憲法規定政府的組織形態；三是法律必須符合某些標準，如必須有普遍適用性、清晰明確、公開、不追溯以往、有穩定性和公正地執行；四是三權分立、司法獨立；五是保障人權；六是司法審查制度，包括法院審查違反人權的立法的權力；七是民主，即某些政府職

3　原文來自傑弗遜起草的《肯塔基州決議》(*Kentucky Resolution*)（1798 年），這是一份宣示州(相對於聯邦政府)的權利的重要文獻。這裏採用的譯文來自杉原泰雄，2000：22–23。

位必須民選產生；八是更具體和完備的民主政制，如立法議會由普選產生、總統由普選產生等。

尊重人性尊嚴和人權

我們可以這樣理解憲政主義的精髓：憲政主義的宗旨在於保障在社會中生活的每個人都能在符合其人性尊嚴和人權的社會條件中生活，而由於歷史證明，政治權力的濫用是人權受到侵犯的常見原因，所以憲政主義提倡對政治權力設定限制或約束。憲政主義不是無政府主義，憲政主義承認國家、政府和政治權力的存在的正當性，所以憲法首先賦予政府權力，然後才限制此權力和規範其行使。憲法的另一個重要功能是設定大家都願意接受的關於政權的產生以及和平轉移的"遊戲規則"，例如規定國家立法機關和行政首長的選舉辦法和任期，任期屆滿後，便再用這套遊戲規則來決定政權鹿死誰手。這樣，憲政主義政體便能超越古代殘酷的、你死我活的權力鬥爭：成者為王，敗者為寇，甚至人頭落地。

為了達到上述的目標，憲政主義所採用的方法主要有兩種，一是法制上的設計，二是政制上的設計，而兩種方法必須同時使用。法制上的設計乃根據法治和司法獨立原則；政制上的設計則根據權力分立和權力互相制衡原則。這些法制和政制設計的基本原則，便構成憲政主義的基本元素。

法律高於國家的統治者

法律作為由國家機關強制執行的、適用於社會成員的行為準則，世界各大文明古而有之，但現代意義上的法治和司法獨立，卻是西方文明的產物。舉例來說，中國古代法家早已主張法律是國家制定和公佈的行為準則，違法者要受到懲罰，在這樣的制度下，國家權力的行使有一定程度的可預測性而不是完全任意的，人民可按照公諸於世的法律規範來調整其行為和生活。這是現代法治的必要但非足夠的條件。現代法治觀念所強調的而古代法家思想所欠缺的是，法律是高於國家的最高統治者的，即使是最高統治者，其權力也是由法律所賦予並受法律所約束的。一言以蔽之，現代法治的精髓，就是法律(尤其是作為根本法的憲法)是凌駕於國家政權及國家的統治者之上的。

本文在上一節中已經指出，西方中世紀封建社會和基督教的法律觀，已經包涵了法律高於王權的概念，而 13 世紀英國的《大憲章》更可理解為現代憲法的雛型。自從 12 世紀以來由英格蘭法院在數百年間累積的司法判例構成的英倫普通法(Common Law)傳統，也為西方法治奠下了深厚的根基，並成為日後美國憲政主義的一大淵源。英倫普通法傳統重視個人權利和財產權利的保障，而正如上一節所指出，在 17 世紀末期，司法獨立原則在英國正式確立，國王也不可以隨意罷免法官，法院在個別案件中可獨立和公正地審查政府行政機關的行為是否超越法律授予的權力範圍。

在 1885 年出版的一部經典著作中，英國憲法學鼻祖 Dicey 首次使用"法治"(The Rule of Law)的用語。他認為英國憲法的特徵有三，一是國會主權(sovereignty of parliament)，即國會的權力是至上的；二是法治；三是憲法性慣例(constitutional conventions)的重要性，憲法性慣例是指在實踐中衍生的關於若干權力應如何行使的不成文的，但具有拘束力的規範。

關於他提出的法治概念，Dicey 認為它包涵三個要素。第一，政府權力是受到法律規限的、不可任意地行使的；任何人都不會受到懲罰，除非法院根據法定程序裁定他曾犯法。第二，在法律之下人人平等，平民以至高官在違法時同樣要受到法律的制裁。第三，憲法性的權利和自由不只是抽象和空泛的一紙宣言，而是建基於法院在具體案件中的判例的。

在 19 世紀德國，也出現了類似於 Dicey 所謂的"法治"概念，這便是"法治國家"(Rechtsstaat)。Rechtsstaat 的概念是和 Polizeistaat(或可譯作"警察國家")或 Machtsstaat(以權力為基礎的國家)相對的,在後者,掌權者可為所欲為,毋須遵守法律的規範。在法治國家裏,政府的權力受到法律的約束,統治者必須依法辦事。有些學者指出(Caenegem, 1995: 15;陳弘毅,2010),法治國家的概念可細分為形式性的法治國家和實質性的法治國家;在第二次世界大戰以前,德國的法治國家概念主要是形式而非實質的(蘆部信喜,1995:39-40)。形式性的法治國家概念只要求政府的行為必須合法,但並不深究法律本身是否民主地產生或法律的實質內容是否正義、合理或符合人權標準。

成文憲法和違憲審查

英國有法治傳統而沒有成文憲法,美國的立憲者則在英國法治傳統和歐洲啟蒙時代的政治思想的基礎上建立了新型的憲治或憲政模式。在美國的憲治模式裏,除了體現法治的法律外,還有體現憲治的成文憲法,這部成文憲法規定國家的政治體制,並保障國家不得侵犯的人權和自由。美國憲政主義吸收了主權在民的思想,認為憲法在理念上來說是由全體國民共同制定的。"美國憲政主義的基本構想是,政府須依照一部根本大法(fundamental law)來運作。一部《憲法》之所以能世世代代地調控着國家,乃因它以籠統的語言寫成,並根據特定的程序而制定,這使它的正當性(legitimacy)凌駕於一般法律之上。"(Griffin, 1996: 6)在美國,《憲法》作為根本大法是凌駕於一般法律之上的,法律不得牴觸《憲法》,而《憲法》和法律又都是凌駕於政府之上的。美國《憲法》的莊嚴性反映於它的不輕易修改,修憲的程序是十分嚴謹和繁複的,修憲比修改一般法律困難得多。[4]

---

4   根據《美國憲法》第 5 條,憲法修訂案須由國會兩院每院三分之二多數的議員提出,或由三分之二的州議會要求召開的制憲會議提出,然後須根據國會在兩種方法中選擇的其中一種方法通過:即四分之三的州議會通過,或由四分之三的州的制憲會議通過。

　　自從美國最高法院於 1803 年在 Marbury v. Madison 案的判決開始，美國法院逐步建立了違憲審查的制度，即美國法院不單像英國法院可以審查政府行政機關的行為是否違法並因而無效，更有權審查立法議會所通過的法例是否違憲並因而無效。美國法院運用這種違憲審查權的目的，初期限於確保聯邦政府的立法機關和州政府的立法機關的立法都不會超越憲法所授予它們的立法權限而侵犯到對方的權力範圍。在 20 世紀後半期，美國法院的違憲審查權開始積極運用於人權保障的領域，不少立法都因其不符合法院對《憲法》中人權保障條款的解釋而被推翻。正如本文下一節所討論到的，這種司法審查權應如何運用，已成了當代憲政主義的核心課題。

三權分立理論

　　上文提到，憲政主義包括關於法制和政制設計的原則，政制設計的原則是權力分立和權力制衡。權力分立即三權分立，這個概念源於洛克和孟德斯鳩的政治思想，也和法治和司法獨立等概念唇齒相依。洛克在 1690 年出版的經典著作《政府論(兩篇)》(*Two Treatises of Civil Government*)主張政府應依法治國，並認為政府的權力可分為立法權、行政權和"邦聯權"(federative power，即與外國締結聯盟、向外國宣戰或議和等權力，亦即外交權)，而立法權和行政權應在不同的人手中(但行政權和邦聯權則可由同一羣人行使)。孟德斯鳩在 1748 年出版的經典著作《論法的精神》(*The Spirit of the Laws*)則提出了三權分立理論在後來最流行的版本：政府的權力可分為三種——立法權、行政權(即執行法律和公共政策的權力，這包括洛克所謂的行政權(關於國家內部事務的)和邦聯權(外交權)和司法權(即法院依法審理刑事和民事案件的權力)。他主張此三種權力應分別交給不同的人，否則權力將過分集中，暴政便會出現，自由便會受到威脅。

　　三權分立的三權都是以法律為坐標來定義的，而法律的內容則由立法機關決定。盧梭的政治思想進一步強化了立法機關(國會)的角色，因為他認為立法機關所制定的法律應是人民的"公意"(general will)的體現，而在人民享有主權的國家裏，公意是有最高的權威，所有公民必須服從。

孟德斯鳩十分推崇英國的政制，並以它作為三權分立理論的藍本。在歐洲各國中，英國是較早建立司法獨立傳統的國家，所以就司法機關獨立於行政和立法機關來說，英國的經驗對其他國家是有示範作用的。但是，在英國政制中逐步通過憲法性慣例演化而成的議會內閣制，卻是有違"純正"的三權分立理論。正如憲法理論家 Maurice Vile(1967: 13–18)在《憲政主義與權力分立》一書中指出，根據"純正"的三權分立理論，不但政府機關應分為立法、行政和司法三大部門，而且這些部門裏的人員都不應有所重疊。但是，在英國的議會內閣制裏，首相是國會(下議院)中佔多數席位的政黨的領袖，本身也是民選國會議員，其內閣成員和主要官員也是民選國會議員，因此，在英國政制裏，行政決策機關(首相及其內閣)和立法機關(國會)在其構成人員方面是有重要的重疊的。

在美國政制的設計裏，權力分立理論得到更貫徹的實施。美國實行的是總統制而非議會內閣制。在英國，國會選舉的結果便決定了誰當首相，但是在美國，國會和總統是由不同的選舉分別產生的。作為行政首長，總統是獨立於國會的，總統任命的主要官員也是獨立於國會的，他們不是國會議員。在英國，如果國會(下議院)對首相領導的政府投以不信任票，政府便要倒台；美國政制裏沒有這樣的不信任票，雖然如果總統有犯罪行為，國會可對他進行彈劾。[5]

除了奉行三權分立之外，美國政制還加上另一種權力制約和均衡(checks and balances)的安排。這是指三權分配給立法、行政和司法機關

---

5   參見《美國憲法》第 1 條第 3 款。

後，其中一個機關在某些情況下可參與另一機關的權力的行使，以致除非此兩機關互相合作，否則有關權力便不能行使。像三權分立原則一樣，制約和均衡原則的目的也是防止權力過於集中，確保有關權力在得到較多人同意後才能行使。

舉例來說，即使美國國會參眾兩院都通過了一個法律草案，總統仍有權拒絕簽署它並把它退回國會。換句話說，總統就國會的立法享有否決權。但是，這個否決權並不是絕對的，因為《憲法》還進一步規定，總統退回法案後，如果參眾兩院每院都以三分之二的多數再次通過法案，則法案便生效為法律。[6]

制約與均衡安排的另一個例子是總統的人事任命權和外交權在某些情況下須得到參議院的同意才能行使。例如，總統提出的關於美國最高法院法官和某些主要官員人選的建議，要得到參議院的同意，總統才能予以任命。至於國際條約的締結，更須取得參議院三分之二多數的支持。[7]

美國憲法制度的另一個特色是，除了實現橫向的權力分立（即立法、行政和司法三權分立）外，更建立了新型的縱向的權力分立制度，這就是聯邦制。美國 1787 年《憲法》制定時，聯邦有 13 個成員州，後來增至 50 個。像聯邦有其聯邦憲法一樣，每個州都有自己的憲法；像聯邦政府一樣，每個州政府都按三權分立原則分為立法、行政和司法機關。聯邦制是一種縱向的權力分立制度，因為在聯邦政府和各州政府之間存在着一種權力劃分的安排：就每州內人民生活和社會事務的管治來說，聯邦政府享有某些權力，州政府則享有另一些權力（根據美國《憲法》第十修正案，沒有明文賦予聯邦的權力為州或人民保留）。[8]

6　參見《美國憲法》第 1 條第 7 款。

7　參見《美國憲法》第 2 條第 2 款。

8　關於聯邦制，可參見 Wheare（1964）。

四、憲政主義的當代課題

推動憲政主義國家的建立

　　正如本文第一節所指出，憲政主義國家的建立，可理解為道德上的善；憲政主義國家在歷史中的崛起，可理解為人類文明進步的表現。但是，在當代世界，還有不少國家仍未建立憲政主義的傳統，它們的政治發展尚未走上軌道，它們之中有些在憲政主義國家的道路上屬剛起步階段，其前途未卜。因此，當代憲政主義的第一大課題，便是如何在全球範圍內推動憲政主義國家的建立，使所有國家最終都能成為憲政主義國家。

　　正如世界各大傳統宗教在全球範圍內廣泛傳播一樣，憲政主義的"福音"，現已傳揚到地球每一角落。但是，並不是所有人都願意接受這個"福音"：在非憲政主義國家掌握近乎絕對的權力的統治者，大都不願意接受憲政主義的約束，更不願意失去其權力；很多地方的人民都未能明白憲政主義是甚麼一回事，他們對此既缺乏理論上的認知，又沒有生活上的經驗或文化傳統上的基礎，去推動他們支持和參與憲政主義的事業。

　　但是，憲政主義的前途絕不是灰暗的。我們從亞洲、非洲、拉丁美洲的一些非憲政主義國家轉型為憲政主義國家的個案中可以看到，這種轉型是有可能成功的，其中除了思想的因素外，當然還有經濟、社會和文化等方面的因素，例如市場經濟的發展、中產階級的出現和公民社會的成長等。

憲政與民主之間的矛盾

　　在那些憲政主義已發展成熟的國家，由於民主也高度發展，他們面對的是憲政主義和民主之間的張力或潛在矛盾的問題，這可算是憲政主義在當代的第二大課題。在西方近現代史中，憲政主義的建立是先於民主(即全民普選立法機關和行政首長)的，例如在英國，憲政主義國家在 17 世紀末已基本形成，但全面的民主化要等到 20 世紀才告實現。憲政主義國家民主化後，成為了民主憲政國家，而民主和憲政這兩個元素在一定程度上卻是對立的，雖然它們又有相輔相成的作用。

民主基本上是多數人的統治，即少數服從多數，政治權力的行使乃根據多數人的利益和意願。但是，憲政主義卻構成對政治權力的約束，無論此權力是否掌握在多數人或少數人手中。因此，有人(Holmes, 1988)把憲政對民主的約束比喻為古希臘神話中 Ulysses 的情況：Ulysses 要同伴把他捆綁在船桅上，以免他受到海妖歌聲的蠱惑。在憲政體制裏，民選的政府和立法機關都不能作出違憲的事，除非他們修改憲法，把原來會是違憲的事變得不違憲。但是，修改憲法必須依照憲法規定的程序進行，而通常是相當困難的。[9]

憲法對民選政府和民選立法機關的制約有多方面的好處，其中最重要的有三。第一，憲法是全民參與制定的，它比立法機關制定的法律有更高的權威。因此，民選的立法機關也不能制定違反憲法的法律，這些法律不一定代表民意。第二，即使民選立法機關制定的這些違憲的法律真的代表當時的民意，這些法律也不應有效，因為憲法反映的是國家和人民的基本價值信念，捍衛這些基本價值信念乃符合國家和人民長遠的利益，包括未來世代的人民的利益。今天的國民不應輕易作出違憲和違反未來世代的人民的利益的事，他們應三思而後行，而修憲程序便為他們提供這種反思的機會。第三，民選政府和立法機關代表的至多是大多數選民的利益和意願，但他們不應罔顧少數人的利益，做出侵犯少數人的基本權利和自由的事。憲法所保障的，正是每個人(而不只是大多數人)的基本權利和自由。

那麼，由誰來判斷政府的行為或政策和立法機關的立法是否違憲呢？

9　一部奉行民主憲政的憲法中的某些基本原則甚至是不容修改的：參見台灣司法院大法官釋字第 499 號解釋(2000 年 3 月)。

上述美國 1803 年 Marbury v. Madison 案所建立的制度，便是由法院作出這個判斷，因為法院享有憲法的解釋權。在 20 世紀，法院的違憲審查權大為膨脹，例如美國最高法院在 1954 年 Brown v. Board of Education 案中宣佈把黑人和白人學童分配在不同學校的安排為違憲，又在 1973 年 Roe v. Wade 案中把嚴格限制墮胎的法例視為違憲，都在社會上惹來極大爭議，不少人甚至質疑這些由總統任命而非民選產生的大法官，是否應有權在這些重大社會政策問題上作出最終的決定，以否決民選立法機關的立法。

但是，如果憲法要有效地限制政府和立法機關的權力，藉以保障人權，那麼便必須設立一種解釋和在具體案件中適用憲法條文的機制，作為保證憲法的實施的監護者。在美國憲制裏，法院(尤其是美國最高法院)便承擔了這個角色。雖然法院的某些判決是很有爭議性的，但由法院作為憲法的捍衛者的制度，大體上仍是得到美國人民的支持的，他們對美國最高法院的大法官尤其尊敬和信任。法院的憲法解釋權和違憲審查權本身也不是不受制約的，法院在每個判詞裏都要詳列其判決的法理依據，嘗試向整個法律專業共同體以至任何有理性的人說明它的判決為甚麼是對的：法院是以理服人的，而不是以力服人的。美國的違憲審查制度基本上是成功的，不少國家都相繼仿效，但不一定把違憲審查權交給一般法院，反而為此設立專門的憲法法院。例如在第二次世界大戰後，德國、意大利、西班牙、萄葡牙等國都相繼成立了憲法法院，[10] 20 世紀 80 年代和 90 年代以來，南韓、泰國、南非和一些東歐國家也設立了憲法法院。台灣司法院的大法官會議的功能也相當於憲法法院，並在 80 年代後期以來十分積極地發揮其功能。[11]

10　參見 Cappelletti, 1989。
11　參見蘇永欽，1999；李念祖，2000；林子儀等，2008。

處理身份和文化衝突

　　憲政主義在當代的第三大課題，是如何處理多民族或族裔和多元宗教、文化和語言國家裏的衝突，包括國家中某些地區的羣體要求自治或甚至脫離原來的國家並組成獨立主權國家的呼聲。在後冷戰的時代，隨着共產主義等意識形態的衰落，民族意識、族裔意識、宗教羣體意識轉趨高漲，反而激化了某些社會矛盾。這些矛盾是不容易解決的，很容易演化為暴力鬥爭。憲政主義面對的挑戰，便是如何設計適當的憲制安排 —— 如聯邦或地方自治的模式 —— 去和平地解決這些問題。舉例來說，中國大陸和台灣之間的 "統獨" 問題的和平解決，長遠來說便可能會取決於一種具創新性的憲制設計。

解決國際糾紛

　　最後，憲政主義在當代的第四大課題，便是如何不但以憲政的手段和平地解決主權國家內部的族裔和其他羣體性衝突，還以憲政的手段和平地解決國際糾紛。在 1795 年，啟蒙時代哲人康德（Immanuel Kant, 1724－1804）曾發表《永久的和平》一文（Kant, 1991），描述出一個理想世界的圖像：所有國家都已演化為憲政主義國家，並締結成一和平的邦聯，戰爭變成過去，法治原則成為世界秩序的基礎。憲政主義原是關於國家以內的政治權力如何組織和受制約的理論，但憲政主義的根本理念，如人權保障、法治和權力分立，是完全有可能從國內的層次推廣到世界的層次的。憲政主義的最終理想，不只是在一國範圍內設計和實現維護人權的法制和政制，而是在全球範圍內設計和實現維護人權的法制和政制。

　　在今天，這個理想仍是遙不可及的，但是有跡象顯示，我們已開始朝着這個方向進發。第二次世界大戰後聯合國成立，以至現在聯合國的功能（雖然是有限的）仍繼續發揮，便是有積極意義的。國際法的穩步發展，包括海牙國際法院的設立，20世紀90年代就前南斯拉夫和盧旺達的戰爭犯罪的國際刑事審判庭的成立，後來國際刑事法院的建立，以至歐洲聯盟和世界貿易組織等區域性和國際性合作組織的發展，都有助於加強法治在世界範圍內的角色。再加上經濟、文化等領域的"全球化"的趨勢，地球上國際的交流和合作的水平是史無前例的。

西方法制史學者 Caenegem (1995: 173-4) 曾說："有些政治程序和概念具有超越其經濟和文化背景的偶然性的用處和價值。有些歷史學家……相信政治和文化發展有其內在的生命和內在的邏輯。"憲政主義的概念和發展引證了這段話。憲政主義有跨時代和跨文化的普世意義和價值，它的內在生命是堅強的，它的內在邏輯是不可抗拒的，它閃耀着的智慧乃來自對數千年來人類在其歷史中飽嘗的苦難的沉痛反思。

引用書目

1. 李念祖：《司法者的憲法》（台灣：台北五南圖書出版公司，2000）。

2. 杉原泰雄著，呂昶及渠濤譯：《憲法的歷史 —— 比較憲法學新論》（北京：社會科學文獻出版社，2000）。

3. 林子儀、葉俊榮、黃昭元、張文貞：《憲法 —— 權力分立》（台北：新學林出版股份有限公司，2008）。

4. 陳弘毅：〈關於主權和人權的歷史和法理學反思〉，《二十一世紀》，55 期，1999 年，頁 18-29。

5. 陳弘毅：〈西方古今法治思想之梳理〉，收錄於氏著：《一國兩制下香港的法治探索》（香港：中華書局，2010），頁 240-256。

6. 錢端升：《錢端升學術論著自選集》（北京：北京師範學院出版社，1991）。

7. 蘇永欽：《違憲審查》（台北：學林文化事業有限公司，1999）。

8. 蘆部信喜著，李鴻禧譯：《憲法》（台北：月旦出版社，1995）。

9. Bellamy, Richard and David Castiglione, eds., *Constitutionalism in Transformation: European and Theoretical Perspectives* (Oxford: Blackwell Publishers, 1996).

10. Caenegem, R. C. van, *An Historical Introduction to Western Constitutional Law* (Cambridge: Cambridge University Press, 1995).

11. Cappelletti, Mauro, *The Judicial Process in Comparative Perspective* (Oxford: Clarendon Press, 1989).

12. Dicey, A.V., *Introduction to the Study of the Law of the Constitution,* first published 1885, 10th ed. (London: English Language Book Society and Macmillan, 1968).

13. Griffin, Stephen M., *American Constitutionalism: From Theory to Politics* (Princeton: Princeton University Press, 1996).

14. Holmes, Stephen, "Precommitment and the Paradox of Democracy," in Jon Elster and Rune Slagstad (ed.), *Constitutionalism and Democracy: Studies in Rationality and Social Change* (Cambridge: Cambridge University Press, 1988).

15. Kant, Immanuel, "Perpetual Peace: A Philosophical Sketch", first published 1795, in Hans Reiss (ed), H. B. Nisbet (transl), *Kant: Political Writings,* 2nd enlarged edition, (Cambridge: Cambridge University Press, 1991), pp. 93–130.

16. Locke, John, *Two Treatises of Government,* first published 1690, in P. Laslett (ed) (Cambridge: Cambridge University Press, 1988).

17. Madison, James, Alexander Hamilton and John Jay, *The Federalist Papers,* first published 1788 (Harmondsworth: Penguin Books, 1987).

18. Montesquieu, C.–L. de S., *The Spirit of the Laws,* first published 1748, A. M. Cohler, B. C. Miller and H. S. Stone (ed) (transl) (Cambridge: Cambridge University Press, 1992).

19. Nino, Carlos Santiago, *The Constitution of Deliberative Democracy* (New Haven: Yale University Press, 1996).

20. Sajó, Andras, *Limiting Government: An Introduction to Constitutionalism* (Budapest: Central European University Press, 1999).

21. Vile, Maurice, *Constitutionalism and the Separation of Powers* (Oxford: Clarendon Press, 1967).

22. Wheare, K. C., *Federal Government,* 4th ed. (New York: Galaxy Book, 1964) .

建議書單

除以上“引用書目”中所列的著作外，以下著作可供進一步的參考。

1. 中國人民大學法律系國家法教研室資料室編：《中外憲法選編》（北京：人民出版社，1982）。本書收錄了自清末以來中國的憲法性文件，及若干外國憲法和相關文件的中譯本；本文就美國《獨立宣言》和法國1789年《人和公民的權利宣言》的引文均來自本書。

2. 王希：《原則與妥協：美國憲法的精神與實踐》（北京：北京大學出版社，2000）。這是一部全面介紹美國的憲法史的不可多得的中文佳作。

3. 左潞生：《比較憲法》（台北：國立編譯館，1964）。全面介紹了各國憲法中需要處理的共通課題，並論及《中華民國憲法》。

4. 李建良：《人權思維的承與變》（台北：新學林出版股份有限公司，2010）。

5. 陸潤康：《美國聯邦憲法論》（增訂再版），（台北：凱侖出版社，1993）。這是一部扼要和系統地介紹美國現行憲法的罕有中文著作。

6. 陳新民：《法治國公法學原理與實踐》（上、中、下三冊），（北京：中國政法大學出版社，2007）。作者為台灣司法院大法官。

7. 張千帆：《西方憲政體系》（上、下冊），（2000），（北京：中國政法大學出版社，2000）。這是一部全面介紹當代歐美憲政的面貌的力作，上冊論及美國憲法，下冊則論及法國、德國和歐洲聯盟。書中還提供了有關法例條文和司法判例的選譯。

8. 黃舒芃：《民主國家的憲法及其守護者》（台北：元照出版公司，2009）。作者為台灣中央研究院副研究員。

9. 湯德宗：《權力分立新論》（台北：三民書局，1998）。作者為台灣司法院大法官。

10. 蕭高彥（主編）：《西方憲政體系》（台北：中央研究院人文社會科

學研究中心，2009）。本書收錄了多篇與憲政理論相關的學術論文。

11. Currie, David P., *The Constitution of the United States: A Primer for the People,* 2nd ed., （Chicago: University of Chicago Press, 2000）。由一位著名學者為非法律專業人士所寫的美國憲法的入門書。

12. Finer, S. E., *Five Constitutions*（Harmondsworth: Penguin Books, 1979）。作者為英國憲法和政治學泰斗，本書介紹和比較了英、美、法、德和蘇聯五國的憲法。

13. Friedrich, Carl J., *Constitutional Government and Democracy: Theory and Practice in Europe and America*, revised ed.,（Boston: Ginn & Co, 1950）。作者為美國憲法和政治學大師，本書介紹了歐美憲政制度的背景和基本狀況。

14. Ishay, Micheline R., *The Human Rights Reader: Major Political Essays, Speeches, and Documents from the Bible to the Present*（New York: Routledge, 1997）。本書輯錄了世界史上與人權思想有關的文獻。

15. Jennings, Sir Ivor, *The Law and the Constitution,* 5th ed., first published 1933（London: English Language Book Society, 1979）。這是一部關於英國法治和憲法理論的經典著作。

16. Ravitch, Diane and Abigail Thernstrom, *The Democracy Reader: Classic and Modern Speeches, Essays, Poems, Declarations, and Documents on Freedom and Human Rights Worldwide* (New York: HarperCollins Publishers 1992)。本書輯錄了西方歷史以至當代世界中與自由、民主、憲政和人權有關的文獻。

17. Wheare, K. C., *Modern Constitutions* (Oxford: Oxford University Press, 1966)。作者是英國憲法和政治學大師，這是一部關於現代憲法理論和實踐的經典之作。

西方人文思想與現代法的精神

在中國法制正全速邁向全面現代化的今天，對於“現代法”的概念、性質、特點、形式、內容以至價值取向的探討，是 21 世紀的中國法理學的其中一個主要研究課題。“現代法”這一概念甚至有可能成為中國法理學發展中的一個可供採納的新範式（或稱規範認識架構，即 paradigm）的核心範疇。張文顯教授在《中國法學》發表“市場經濟與現代法的精神論略”一文，[1] 建構了“現代法的精神”的概念，我認為這有很大的啟發性。張教授的文章，主要是從市場經濟的角度探討現代法的精神。本文則從當代西方人文及社會科學思想的角度思考此一問題。

本文將以八位現代西方思想家的學說為出發點，嘗試勾畫出現代法的精神和價值取向的其中八個向度。

一、現代法的自主性原則

現代法精神的第一個向度便是它的自主性（ autonomy ），這是韋伯的法律社會學所論證的。[2] 韋伯曾對世界史中不同文明的法制的形式結構進行分析比較，從而發現在現代的西歐興起的現代法制形態的與眾不同之處，並指出這些特點是有利於經濟發展的，促成了資本主義市場經濟的蓬勃和產業革命的發生。

現代法制形態的獨特之處在於，它作為一個獨立體系的自主性，即法

1　《中國法學》，1994 年第 6 期，第 5 頁。

2　參見王晨光：〈韋伯的法律社會學思想〉，《中外法學》，1992 年第 3 期，第 7 頁；蘇力：〈關於市場經濟和法律文化的一點思考〉，《北京大學學報（哲社版）》，1993 年第 4 期，第 8 頁；D. M. Trubek, "Max Weber on Law and the Rise of Capitalism" *Wisconsin Law Review*, 1972, pp. 720; M. Rheinstein（Ed.）, *Max Weber on Law in Economy and Society*, (Cambridge, Mass.: Harvard University Press, 1954)。

律規範有別於倫理道德規範、宗教教條和政治原則，法律的運作和執行是專業化的，由受過專業法學教育的律師、法官負責，而不受宗教或政治的權威機關或人士所操縱或左右。現代法的自主性可分析為四個方面：實體內容上的自主性(即有別於、獨立於其他非法律性的規範)、機制架構上的自主性(由專門的司法審判機關執行)、方法上的自主性(法學思維和論辯的方法有其獨特性)、職業上的自主性(律師資格是一種經嚴格考核取得的專業資格)。[3]

　　自成一體的現代法規範是條理井然、包羅萬有、結構嚴謹、內容精密、清晰明確，並無內在矛盾，由具有高度抽象性、概括性、普遍性的規則組成，這些規範是公之於世的，並由法學家以邏輯推理方法把它們適用於各具體的個案之中；用韋伯的語言來說，這是一個“理性”的法制。此外，這些規範並不是一成不變的，它們既是由專家刻意創建，使可根據客觀形勢的需要而修訂、改良。韋伯認為現代法的這兩個特點，使它特別能滿足經濟發展的需要：

　　1. 在市場經濟的無數交易活動中，參與者、投資者必須事先能預測到自己和對方的行為的後果；如果對方違約的後果是難以估計的、如果在交易中己方的財產權益無法予以有效保障、如果自己在這宗交易中的獲益數額和風險是難以計算的話，投資者便會裹足不前。由於現代法的“理性”特徵，它的運作有很高的可預測性、可計算性，所以它能提供一個穩定、安全的環境，讓人們安心地生產財富，進行各式各樣的商業活動，並就自己長遠的經濟利益作出精心的規劃和打算。

　　2. 經濟發展中的情況是不斷變化的，對於新的法律的需求也不斷產

3　昂格爾(R. M. Unger)著，吳玉章、周漢華譯：《現代社會中的法律》(北京：中國政法大學出版社，1994 年版)，第 46-47 頁。上述自主性的觀點源於韋伯，昂格爾則進一步把它分為這四方面。

生。由於現代法有其自主性，並且是專家們以理性思維刻意創建的，所以
它有很大的靈活性，可以迅速發展以適應環境變遷的需要。

二、現代法的法治原則

　　現代法精神的第二個向度是備受推崇的法治原則。關於"法治"究竟
是怎麼一回事，眾說紛紜，筆者認為哈耶克在這方面的見解最為精闢。[4]
一般的理解是，法治便是一切均由法律管治，法律有最高的權威，法律高
於政府和政府的領導人，不單人民受法律統治，而且政府也受法律統治。
從這角度看，被統治者與統治者的區分在一定意義上已經消失了，因為大
家服從的只是法律，而所謂"被統治者"之所以願意服從某政府官員的指
令，唯一原因是前者願意服從法律，而有關法律則授權該政府官員發出這
指示。但如果這指示從法律觀點來說是越權，因而是缺乏法律效力的，人
們便毋須服從它。

　　但我們可以想像以下這種情況：法律授予某些人（即"統治者"或"政
府官員"）非常廣泛的、近乎絕對的權力，他們可以為所欲為，恣意運用其
手上的權力，其他人完全受他們控制、擺佈。這樣的情況，很明顯是違反
法治精神的。因此，哈耶克就"形式意義上的法律"和"實質意義上的法
律"作出區分。上述情況中的法律只是形式意義上的法律，即表示它是由
立法機關通過、行政和司法機關執行的，但它不是實質意義上的法律，因
為它不符合法治精神，不是真正的法律，即哈耶克所說的"法治之法"。
由此可見，哈耶克的觀點有點類似自然法之說，對法律實證主義持批判立
場。

4　參見何信全：《海耶克自由理論研究》（台北：聯經出版社，1988 年）；F. A. Hayek,
　　The Constitution of Liberty (London: Routledge & Kegan Paul, 1960); F. A. Hayek,
　　Law, Legislation and Liberty (London: Routledge & Kegan Paul, 1982)。

　　但由於古典的自然法學說有其神學和形而上學的背景，哈耶克並沒有全面採納它。他所提出的"法治之法"，建基於一些超立法原理(又稱"法後的原理"，即 meta-legal doctrine)，這些原理不是神的創造，也不是人刻意的創造或理性的設計，而是與長期以來人類社會演化過程中逐漸形成的習慣、道德和規則相對應的。

　　在這一社會演化過程中，在某些有利的環境下，出現了自發的秩序，市場經濟便是典型的例子。自發秩序並不是某些人憑其理性思維有意創造和設計的，而是無數的個人行為的綜合結果；這種秩序容許他們在不知不覺中互相合作、協調，整合而成一個有效率的社會體系。超立法原理可說是這種自發秩序背後的組織原則，人可以發現它，但它並不是人自己設計出來的。

　　合乎超立法原理的法是法治之法，也是自由之法。自發秩序之所以成為可能，其中一個先決條件是作為社會成員的個人享有自由。自由是不受他人強制干預、擺佈，不生活於他人的專斷、任意的權力意志之下。所以自由是只需要服從法治之法，毋須服從任何個人的意志。法治之法是維護和保障個人的自由和尊嚴的法，它是普遍、抽象、有一般適用性的法則，平等地應用於人們，避免不合理的差別對待，而且不能是為了特別的、個別的利益或目的而制定的，即：它的內容應是"盲目"的(不特別針對某個案、某對象、某利益的)、非個人化(impersonal)的。

三、現代法的產權原則

　　現代法精神的第三個向度是產權原則，即現代法是明確界定和有效保障財產權的法。這是源於新古典經濟學派的新制度經濟學的洞見，在這方面，1993 年獲諾貝爾獎的諾思的研究，是特別值得留意的。[5] 諾思對西方經濟史進行了細緻、深入的分析研究，發現近代、現代西方經濟的突飛猛進，不但是技術發明的成果，更重要的是由於制度、法律、產權結構等因素。

產權是社會的成員對經濟資源和生產要素的佔有、使用、收益、轉讓等權利。這些權利可能由社會的風俗、習慣、道德等傳統所形成的不成文規範所決定，在有國家政府的社會裏，由於政府獨佔行使強制力的合法權力，並就法律的制定享有壟斷權，所以其統治的社會裏的產權結構，大致是由政府以法律形式決定的。

諾思指出，不同的產權結構對於經濟生產力有不同的作用；從是否有利於經濟發展的角度看，有些產權結構是高效率的，有些是低效率的。考察不同的在歷史上曾存在的產權結構的運作，便可理解它們對經濟增長的積極或消極作用。諾思考證了西方中世紀以來經濟情況的變遷，包括不同時期不同地區經濟上的表現，尤其是導致經濟上的躍進的農業、商業和產業革命的歷史背景，發現促進經濟增長的其中一個重要因素，甚至是近乎決定性的因素，便是一種高效率的，並受法律保護的產權結構的出現。

在對這種現象作出解釋時，諾思沿用了高斯等經濟學家關於產權和交易成本的理論，而他的歷史研究也可理解為這一理論的實證。該理論的要點，可以簡化地綜合如下：

1. 由當事人自願參與的、互利的市場交易行為，是促進經濟增長的重

5　參見道格拉斯・諾思等著，張炳九譯：《西方世界的興起》（北京：學苑出版社，1988年版）；諾思著，陳鬱、羅華平等譯：《經濟史中的結構與變遷》（上海：三聯書店，1991 年版）；李甫基著，夏道平等譯：《自由經濟的魅力》（台北：天下文化，1988年版）；T. Eggertson, *Economic Behavior and Institutions* (Cambridge: Cambridge University Press, 1990)；香港中文大學：《二十一世紀》，1992 年 10 月號和《信報財經月刊》（香港），1993 年 11 月號部分刊登了數篇介紹諾思學說的文章。

要因素，有利於社會上的分工、專業化，從而提高社會生產總額。市場交易是社會資源配置的有效方法，可促使物盡其用，人盡其才，減少浪費，用最划算的方法生產社會所需。

2. 因此，如果一個社會的制度和產權結構是方便和鼓勵市場交易的，這便有利於經濟的發展。

3. 人們是否參與市場交易，視乎交易的成本和完成交易的收益。經濟學的一個基本假設是，人們希望為自己謀取最大的收益。如果某制度能降低交易成本，或增加將獲收益的機會或可能性（減低收益的不確定性或虧損的風險），這便有利於經濟活動。

4. 交易成本的概念，包括在交易前找尋有關資料的費用、談判以達成合同的費用、監督合同的實施、保障自己的有關權益的費用，以至在對方違約時強制執行或追討補償的費用。

5. 一個有效率的產權結構，必須能降低交易成本。其方法是以法律對產權進行清晰明確的界定，訂明財產轉移的規則，有效地保護財產權，有效地執行合同，並激勵經濟上的經營、投資、進取、創新、發明，盡量確保從事這些活動的人能得到預期的收益，從而使整個社會也因經濟的繁榮和技術發明的日新月異而得益。

四、現代法的人權原則

現代法精神的第四個向度是人權原則，即現代法是維護人的尊嚴、尊重人的價值、保障人的權利的法。近年來國內法學界對人權的研究漸趨豐富，在這裏筆者只希望帶出當代著名西方哲人查爾斯・泰勒（Charles Taylor）關於人權在現代的崛起的一些發人深省的反思。[6]

6　參見 C. Taylor, *Sources of the Self*（Cambridge, Mass.: Harvard University Press, 1989）; J. Tully（ed.）, *Philosophy in an Age of Pluralism: The Philosophy of Charles Taylor in Question*（Cambridge: Cambridge University Press, 1994）。

　　在人類歷史長河中，不少偉大的文明都孕育了高層次、精深和成熟的倫理道德宗教思想，創造了永垂不朽的精神文明，其光輝仍照耀着現代世界。"人權"這個詞語（無論在西方或東方），卻是到了現代才出現的，它是否有甚麼獨特之處？根據泰勒的觀點，人權概念確是人類精神文明的一個新的突破，含有積極的進步意義。

　　泰勒指出，雖然在不少傳統文明中都有"人應被尊重"的道德信念，但現代人權的概念，使"尊重人"的原則更加深化、更加廣泛。人權是現代法制以至道德倫理思想的核心。現代人權是所有個人平等地、普遍地享有的道義上的權利，並應由法律予以確認，不分貧賤富貴，不分階級、種族、性別，不論其是否曾對社會作出貢獻，只因為他是人，有人的尊嚴和無上的價值。承認個人有人權，不單是説根據天理和正義的要求，他應享有某些利益或應得到某些待遇，而且是説他自己（作為權益的擁有者）可以主張這些利益，他自己可以伸張正義，向他人和社會爭取他作為人應得的東西。換句話説，人權概念賦予其享有者在這權利的確認、執行和實施方面一個積極的、主動的角色。所以，人權的理念比其他關於尊重人的原則（如通過正義概念、上帝的律法、自然法或社會的傳統道德標準所表述的關於人的尊嚴和價值應受尊重的原則）更能強調人作為道德主體的主體性、自主性和他的人格尊嚴。

　　其實泰勒的這種看法也和若干其他深入分析權利觀念的哲學家的研究心得不謀而合。[7] 雖然各大文明的傳統道德思想體系裏一般缺乏"人權"的話語，但它們仍能發揮保護人的尊嚴、價值和福祉的作用。其方法是透

7　這些其他的研究見於 J, Finnis, *Natural Law and Natural Rights*（Oxford: Clarendon Press, 1980）, pp. 198-210; J. Feinberg, "The Nature and Value of Rights", *Journal of Value Inquiry*, 4（1970）, pp. 243; A. I. Melden, *Rights in Moral Lives*（Berkeley: University of California Press, 1988）, chs. 7, 8, 10。

過關於天理、上帝的道、正義等概念的話語(以下統稱"公義的話語"):侵犯、踐踏人的尊嚴,便是不義的行為,應遭天譴。傳統的公義的話語與現代人權的話語,同樣可以用來表述一些關於人作為有人格尊嚴的人所應得的待遇,只不過兩種話語的出發點、觀點和角度不同。公義的話語從天道、上帝或社會整體的傳統價值標準來看這一問題,人權的話語則從人權的擁有者(即有關的個別的人)的角度去看同一問題 —— 即這人應得到怎樣的待遇。傳統的考慮角度是看社會應給予這人怎樣的待遇(以符合公義的要求),現代的關注是這人可向社會要求怎樣的待遇(即他可堅持的人權主張)。當這人的尊嚴受到踐踏時,傳統公義的話語說這是傷天害理的、不義的事,現代人權的話語則說這是對人權的嚴重侵害。傳統的思維強調侵權人要對上帝、天道負責,需要祈求上帝的饒恕。現代人權思維則強調他須向受害者負責,乞求受害者的寬恕。人權的話語的出現之所以可被理解為一種道德意識上的進步,其中一個主要原因是它更為強化享有人格尊嚴的人作為道德主體的地位,並強化人理直氣壯地提出正義的訴求的道德能力。

從現代史的角度看,人權思潮的興起,的確推動了某些方面的道德進步。廢除酷刑、禁止販賣奴隸、在國際上立法規定人道地對待戰俘,便是一些例子。在世紀之交的今天,國際人權法的發展已使人權的話語成為一套跨文化的道德和法律標準、人類精神文明的共同財富,它反映着不同國家和民族的人民所共同嚮往和願意努力實踐的社會理想。[8]

---

8   參見徐炳:〈人權理論的產生和歷史發展〉,《法學研究》,1989 年第 3 期,第 1 頁;國務院新聞辦公室:《中國的人權狀況》,中央文獻出版社,1991 年版;陳弘毅:〈人權、啟蒙與進步〉,《當代》(台北),第 88 期(1993 年 8 月),第 124 頁。

五、現代法的開放社會性

　　現代法的第五個向度可稱為它的開放社會性，這是指現代法與"開放社會"有同構性，現代法是開放社會的基石，反過來說，開放社會又是現代法成長的土壤。這裏所說的開放社會的概念，主要源於卡爾·波普的政治哲學。[9]

　　波普對於人類社會問題的看法，建基於他的科學哲學和他對科學知識的發展過程的研究。科學是現代文明最偉大的貢獻之一，科學的崛起，與在近代西方興起的理性批判精神有千絲萬縷的關係。理性批判精神，就是對傳統上被奉為金科玉律、天經地義、無可置疑的觀念、信條和思想敢於懷疑、質詢、批判，從而謀求新的突破，在真理的追求上得以躍進。

　　但人類是沒有可能掌握絕對的、完全的知識的，任何現有知識只能是暫時性的，只代表人們在現階段的認識水平，不排除在日後(當人類的認識水平進一步提高時)被修正、甚至被推翻。波普指出，任何科學知識其實不外是一些假設，一些可以在日後通過觀察、實驗等方法予以驗證的理論，它之所以是科學知識，正是由於它可能通過試驗而被否證。經得起事實考驗的理論，便是(暫時性的)知識。知識的增長，是一個不斷對現有理論考證、否證、從而不斷改正、修正、創立新理論，然後周而復始的新陳代謝、生生不息的過程。在這個過程中，人類有可能逐漸靠近客觀的真理。

　　這種謙虛而認真的理性態度，不但適用於科學問題，也適用於社會問

9　參見趙敦華：《卡爾·波普》(香港：三聯書店，1991 年版)；Bryan Magee, *Popper* (Fontana Paperbacks, 1973)；葉保強：《開放社會的知性基礎》，載於何宇澄、李紹強合編：《皓哲璿先：波柏爵士九十大壽慶祝文集》(香港：田園書屋，1992 年版)；K. Popper, *The Open Society and Its Enemies,* 5th ed, Vols. I & II(London: Routledge & Kegan Paul, 1966)。

題。波普關心社會，認為社會和政治哲學應着意於減少人們的痛苦，這些痛苦很多時候是源於思想上的謬誤、政策上的錯漏、制度上的缺陷以至政治權力的濫用。在一個開放社會裏，這各種錯誤被減少和糾正的可能性最大。開放的社會就是一個洋溢着批判理性精神的社會。開放的社會的對立面是封閉的社會，後者要求所有成員對某些權威性的教條、信念絕對地忠誠和服從，不容置疑。波普認為，從封閉社會到開放社會的過渡，是人類歷史上最偉大的革命。在開放社會裏，大家對各種不同的思想和看法持寬容的態度，百花齊放、百家爭鳴，不同觀點在互相尊重的基礎上，互相對話、討論、爭辯、批評；只有這樣的環境，才能保證錯誤有最大機會被發現，社會總體的認識水平能不斷提高，政府的行為和政策也將受到監督。

　　在維持現代開放社會的生命和活力方面，現代法有其不可或缺的、關鍵性的角色，因為現代法是法治、憲政、民主的法，保障人們思想、信仰、言論等自由，這些自由正是開放社會的命脈。反過來説，開放社會的活力，也能促使這些自由開花結果，花果便是不斷批判和改正過程所能導致的痛苦的減少和人類在掌握客觀真理上的進步。

六、現代法的溝通理性

現代法的第六個向度是它的溝通理性，溝通理性的概念，源於現在西方極負盛名的社會思想家哈貝馬斯的溝通行為理論。[10] 溝通行為又可譯為交往行為，是形成社會中人際關係的途徑之一。溝通或交往是指人們通過語言媒介進行交談、協商、對話。溝通不完全等於"溝通行為"，後者是指人們通過溝通、協商來建立和調整他們的相互關係、作出社會裏的種種安排和解決他們之間的矛盾和衝突。

溝通行為是人類的"溝通理性"的表現。溝通理性和目的理性（亦即工具理性）是理性概念的不同方面。目的理性適用於主體與客體之間，溝通理性則適用於主體與主體之間，當主體把客體作為達成主體的目的之手段或工具時，主體所體現的是目的理性。例如，人類以科技駕馭大自然，從而創造出豐富的物質文明，這是目的理性的表現。溝通理性的體現，則在於人們在自由開放的、不受權力關係宰制的情況下，誠意地進行討論協商，互相交換意見，尊重並全心全意地嘗試了解對方的觀點，大家都遵守以理服人的原則，擺事實、講道理，唯"理"是從，不固執己見，從善如流，以達成共同的認識（共識），並根據此共識來治理社會問題，或以此共

10　參見 J. Habermas, *The Theory of Communicative Action*, Vols. 1 & 2,（Boston: Beacon Press, 1984, 1987）; J. Habermas, *The Structural Transformation of the Public Sphere*（Cambridge, Mass.: MIT Press, 1989）; J·哈貝馬斯：《交往與社會進化》（中譯本）（重慶：重慶出版社，1989 年版）；孫善豪：〈哈伯瑪斯〉，載於沈清松編：《時代心靈之鑰：當代哲學思想家》（台北：正中書局，1991 年版）；高宣揚：《哈伯瑪斯論》（台北：遠流，1991 年版）；W. Outhwaite, *Habermas*（Cambridge: Polity Press, 1994）; L. J. Ray, *Rethinking Critical Theory*（London: Sage Publications, 1993）; S. Best and D. Kellner, *Postmodern Theory*（New York: Guilford Press, 1991）；尤根・哈貝馬斯：〈法治與民主的內在關係〉，《中國社會科學季刊》第 9 期（1994 年秋季卷），第 139 頁；童世駿：〈填補空區：從"人學"到"法學"——讀哈貝馬斯的《在事實和規範之間》〉，《中國書評》，第 2 期（1994 年 11 月），第 29 頁。

識為有關社會政策或安排的基礎。

　　哈貝馬斯認為，社會的演化、現代化帶來了一定的進步，雖然現代化也有其陰暗面，溝通理性的成長，便是現代化過程中最光明的一面。現代化主要是社會漸趨分化（ differentiation ）、複雜化的過程，其中包括知識和文化價值領域分化成科學（對於客觀世界的認識）、道德（包括法律，即人類行為的規範）和藝術，亦即真、善、美三範疇，也包括一些複雜的系統的出現，如市場經濟（資本或金錢的系統）、國家行政官僚體制（權力的系統）。這些系統從人類原來的“生活世界”分化出來，它們有其內在的自動運作規則，而導引其運作的媒介主要不是語言（人類本來的交往溝通媒介），而是金錢、權力等非人格化的東西。

　　現代人的“生活世界”包括社會、文化、個人個性等部分，人文價值存在於其中。現代化帶來的威脅，便是上述複雜的“系統”過分膨脹，導致生活世界的萎縮，系統裏的媒介和邏輯（如金錢、權力）滲透入生活世界，越俎代庖，佔領了原應適用溝通理性的範圍，這便是所謂“生活世界的被殖民化”。其造成的危機，便是人的自由和生存意義的喪失。面對這種挑戰，人應該重新認識、維護和發揚溝通理性，避免成為工具理性和複雜的、非人性的系統的奴隸。

　　在哈貝馬斯那裏，現代法有一種雙面性。一方面，現代法是為系統服務的，它是系統運作的機制和規範，是系統的組成部分之一。另一方面，現代法也和生活世界中的溝通理性一脈相連。現代法與傳統法的認受性（或譯作合法性，即可被接受認同性 legitimacy）的基礎截然不同，傳統法的權威來自宗教或人們不假思索地接受的傳統習慣，而現代法則是主權國家中人民的公共意志透過立法議會的表現。換句話說，現代法的被認受性是由民主立法的程序所證成的。

　　哈貝馬斯十分重視民主立法的程序，即人民集體意願的形成過程，

這也是溝通理性的哲學在政治社會層次的最高體現。民主的立法程序包括
"正式"的和"非正式"的部分，前者是立法議會中的辯論和投票，後者則
是在此以前在"政治公共領域"中公眾的意見(即輿論)的形成。政治公共
領域是公民議論社會事務的空間，是一個複雜的溝通網絡，任何論政的媒
介、刊物、場所和團體都是它的一部分。公共領域的基礎是市民社會，即
有別於金錢、權力等系統的社會力量。

　　在市民社會、公共領域和民主的立法程序中誕生的現代法將是溝通理
性的活動的成果，但它同時也是管制社會的複雜系統的規範。從這個角度
看，現代法可以扮演溝通理性的捍衛者、系統的監察者的角色。

七、現代法的傳統性

　　現代法的第七個向度涉及的是它與傳統的關係，這是個十分複雜的
問題，例如我們關注的中國傳統法文化及其現代化的課題，並不是容易
處理的。關於如何看待傳統方面，筆者認為亞拉斯特・麥英泰(Alasdair
MacIntyre)的研究很有啟發性。[11]

　　不少現代思想家嘗試論證和確立一些對全人類普遍適用的、"理性"
的道德、法律原理和正義的標準，麥英泰卻指出，所謂純粹的、抽象的、
超然獨立於個別具體的歷史文化傳統的理性標準是並不存在的。所有我們
所能採用的理性標準，都源於某傳統，與此傳統的社會文化、生活方式有
不可分割的關係。我們用以思考道德、法律問題的思想性、觀念性的資
源，都是由傳統提供給我們的，沒有這些資源或不使用這些資源，我們便
根本無法進行關於這些問題的思考。

　　但這並不表示我們就是傳統的囚犯，不可以就傳統的事物和思想進行

11　參見 A. MacIntyre , *Whose Justice? Which Rationality?* (London: Duckworth, 1988); J.
　　Horton and S. Mendus (eds.), *After MacIntyre* (Cambridge: Polity Press, 1994)。

反省、批判，甚至予以創新。恰恰相反，我們正可以利用傳統所提供的理性標準和用以思維的資源來做這些工作。每種歷史文化的傳統都是在歷史中動態地存在的，有其興衰的過程，也可以經歷蛻變和更新。在歷史的發展中，一個傳統可能發現自己面對一些挑戰，這些挑戰可以來自傳統的本身（例如出現了一些問題、困難、盲點、死結，用傳統現有的資源難以解決），也可來自外面的另一傳統的衝擊。

如果一個傳統發現自己遇上一些用自己原有的資源難以解決的問題（這問題之所以被認為是難題，是以這傳統自己所建立的理性標準所量度的），同時它認識到另一傳統的存在，在對這傳統進行研究後，發覺這外面的傳統能提供一些思想觀念上的資源，可用以解決上述的問題，那麼便出現了一個傳統向另一傳統借鑒吸收、藉以自我更新的情況。根據這個分析，一個傳統可向另一傳統借鑒、學習，這並不表示有超傳統的理性標準的存在；這是傳統間理性的、良性的接觸和互動的表現，而導致第一個傳統向他人學習、吸收，以完成蛻變和更新的理性標準，仍是植根於這個傳統本身的。

雖然麥英泰沒有把他的理論直接引用到法律的領域，但我們受其啟發後，或許可作這樣的分析：現代法誕生於現代西方世界，它與西方傳統文化的關係非常密切，甚至可被理解為西方文明的傳統在歷史發展中的最新階段，因而是西方傳統的一部分。在面對現代化的挑戰的非西方地區，例如在有極深厚歷史文化傳統的中國，我們要處理的是如何繼承和發揚中國自己的傳統的問題，即：根據我們自己的理性標準，根據我們在具體歷史社會文化環境中的反省、反思，我們的傳統法文化有何不足之處，而現代化西方法能提供甚麼資源，可用以彌補這些不足之處，使我們的傳統得以更新，在未來更加發揚光大。

八、現代法的世界和平原則

　　筆者希望在本文討論的現代法精神的最後一個向度，是可稱為現代法的世界和平原則，它取材自康德的哲學。[12] 眾所周知，康德是近代西方思想界巨擘，他的純粹理性批判和實踐理性批判，舉世聞名，然而他的政治、法律和歷史哲學，對於現代法精神的研究，也有永垂不朽的貢獻。

　　以民族為單位組成的主權國家是現代法的濫觴，但現代法的精神不單適用於一國之內，而是面向世界的，有其國際性的向度。關於國家範圍內的法律和政治，康德對於實行法治、憲政、保障公民權利的共和政體推崇備至，認為這最能體現倫理道德的要求，即對人的尊重，每個人都應被視為目的而非手段，並在不違反他人自由和權利的前提下享受最大的自由，從而盡量發揮其天賦潛能，實現做人的理想。在國家範圍內，現代法對人我之間的權利和自由，作出公正的界定，人們之間的衝突、糾紛，和平地通過司法途徑解決，因為國家掌握着執行法律和司法判決的強制力，人民之間以暴力解決紛爭便是違法的、不道德的。

　　以法律公正地界定不同主體的權益、在尊重他人權益的前提下保障每個主體的權利和自由、以和平的法制途徑來解決爭端，這些法理和道德原則不只適用於一國之內的人民，也適用於普世的人。因此，康德認為國與國之間以戰爭方式來爭權奪利是不道德的，是野蠻而非文明的表現。人類的道德理性賦予我們一個神聖嚴肅的道德責任，就是努力建設一個能確立世界長久和平的法治秩序。這秩序是國際性的世界性的，但它的基本原則和精神，與我們熟悉的國家體制內的現代法並無根本上的差異。

　　在這方面，康德的眼光是遠大的，高瞻遠矚，看到人類歷史長河的總

12　參見 H. Reiss (ed.), *Kant's Political Writings,* 2nd ed. (Cambridge: Cambridge University Press, 1991)；康德：《法的形而上學原理》（中譯本），商務印書館，1991 年版。

方向。他是 18 世紀啟蒙時代的人物，他相信"啟蒙"的進步意義。以他的話來說，啟蒙是人類從不成熟的階段過渡到一種以理性為基礎的生活，人類有了使用理性的勇氣，願意在理智的指導下生活。他相信大自然不會白白浪費資源，她既賦予人類發揮理性的潛力和在自由中承擔自己的命運的機會，在時間的長流中，人類必能完成他的使命。在血跡斑斑的人類歷史的背景之前，法治下的世界和平，是最崇高的政治理想，最終極的政治難題的解決。對於這一理想的實現和人類的未來，康德持有審慎的樂觀的態度。他明白人類在成全自己的命運的過程中，會遇到許多暫時性的挫折、無數的障礙，要經歷很多、很多的世代。他承認人性黑暗一面的存在，但他相信總體來說，進步不會完全停止，已經取得的進步和成績不會完全被磨滅。大自然甚至可以從罪惡中帶出美善，歷史中個別人物的道德過錯，最終來說可能反而增加了全人類的道德上的進步。

九、結語

　　上述現代法精神的八個向度，可以作以下的分類。第一、二向度(自主性原則、法治原則)主要是關於現代法的形式的，第三、四向度(產權原則、人權原則)則關乎現代法的內容和價值取向，第五、六向度(開放社會性、溝通理性)涉及的是現代的社會、文化和生活態度的基礎，而最後兩個向度(傳統性、世界和平原則)則就現代法與個別歷史文化傳統和整個人類國際世界的關係，作出定位。

　　現代法精神理論的目的，是對現代法的現象作出一種描述性、同時是詮釋性的理解。現代法的出現，正如現代科學，對於全人類是有普遍意義的，是人類文明的共同財富、遺產，雖然由於歷史上種種偶然因素，現代法首先出現於近代西方。西方文明是第一個實現了現代化的文明，西方思想家對現代法精神的觸覺，也是比較敏銳的，所以本文引用的都是西方思想界的研究成果。

　　本文所勾畫的現代法精神只是對現代法現象的其中一種詮釋，當然並不排除其他不同的詮釋。在學術領域內，不同詮釋、學說的共同存在、互相對話是健康的、值得歡迎的現象，有助於我們對客觀真理的理解的深化和全面化。正如很多在非自然科學界的理論一樣，現代法精神的理論是無法以實證方法予以證明或否證的，我們是否接受這一理論，完全決定於它本身的說服力以及該理論相對於其他關於同樣問題的不同理論的競爭能力。

　　現代法精神的概念既可以成為 21 世紀中國法理學研究的其中一個基本範疇，也可以用作一個參照性的坐標，以此來量度當代中國法制和法文化現代化的進程。正如現代科學技術的突飛猛進，使我們無法再接受科學革命和產業革命之前的清貧的生活條件，現代法精神的崛起，使所有前現代的法、法制和法文化，都變得相形見絀。現代法精神的優越性、理性和進步意義，是有目共睹、無可置疑的，因此現代法精神在中國的廣泛而深入的傳播與發揚光大，成了當代中國法理學界的義不容辭的責任和神聖莊嚴的使命。

4 論中國的法治

中國法制現代化的道路

自從 20 世紀初，中國法制開始了她的現代化歷程。這是一條多麼迂迴曲折、崎嶇不平的道路，其間經歷了多少困境、倒退和步履維艱的情況。可幸的是，到了 21 世紀，我們已逐漸摸索到如何步入康莊大道的途徑，正在邁向前面的光陰。20 世紀的苦難的中國，現在可以懷着信心和希望去迎接她的未來。

中華文明歷史悠久，傳統深厚，其文化是何等博大精深。中華法系巍然屹立於世界各大主要法系之林，氣象雄偉，在人類法律文明史上，可與西方文明的法系分庭抗禮，互相輝映。中華民族開始制定成文法典的歷史淵源，可追溯至 2300 多年前戰國時代魏國的李悝所編纂的《法經》六篇，後來經改編後成為大一統帝國的《秦律》，從世界史的角度來看，這是古代法制的重大成就。先秦時期儒家、法家等代表人物就法治、禮治等法理學問題的思考，到了今天我們仍能感到其洞察力和啟發性。漢代產生了關於法律的解說和註釋的 "律學"，這是一門精確細緻的學問。公元 7 世紀的《唐律》，以及唐代的《唐律疏議》，舉世聞名，標誌着中華法律文明的高峰。在漫長的中國歷史中，我們可以看到中華法系頑強的生命力，它的綿延不絕、歷久不衰。它的光芒甚至照耀到中華文明的近鄰，例如日本、朝鮮和越南的法制史都深受中國影響，在以西方文明為主導的近代史出現之前，她們已繼受了中華法系的傳統，成為中華法系的構成部分。

中華文明和西方文明的法律有不少差異，各有千秋。塑造西方法律傳統的主要力量是古代的羅馬法。羅馬文明承接了希臘文明的理性思辨方法，建構了一套精微縝密而包羅萬有的法律概念、原則和規範，有高度的系統性、抽象性、概括性、普遍性和分析性，對於諸如財產權、契約、買賣、借貸、繼承等人際間物質生活上的關係和交易，作出了明確和詳細的規定，並且精心設計訴訟程序，用以解決人與人之間物質利益上的糾紛。對於羅馬法學家來說，法學是關於正義的學問，而正義便是給予每人其應得的東西。

一、中國傳統的價值取向

對於法律、訴訟和私人的物質利益等問題，中國傳統文化的態度和價值取向，與西方截然不同。在西方，例如在古羅馬文明，關於爭取或維護某些私人物質利益的"爭權奪利"，本身沒有甚麼不妥，只要通過司法程序，公正地應用有關法律，便可解決。儒家思想孕育和薰陶的中國文化，卻對這樣的"爭權奪利"給予嚴厲的否定性評價，並希望減少訴訟，崇尚"無訟"的、和諧的社會狀態。在這個價值體系中，人類羣體社會生活的基礎不在於強制性執行的法律，而是倫理、道德、禮教，也就是人倫的秩序，包括五倫（君臣、父子、夫婦、兄弟、朋友）、三綱（君為臣綱、父為子綱、夫為婦綱）、五常（仁、義、禮、智、信）。根據倫理道德的思想，追求一己私利的人生是低下的、醜陋的，高尚、美善的價值在於孝悌、仁義、忠恕、克己復禮，對自己自律，對他人寬容、禮讓，而人格的實現則在於承擔責任、履行義務，甚至捨生取義、殺身成仁、犧牲小我以成全大我。

在這種文化格局中，法律、司法、訴訟只是一些"必要之惡"（necessary evil），它們在禮教未能完全成功地發揮和完成其道德教化的作用時，扮演一種輔助性、補救性的角色，以儆惡懲奸，維持社會的秩序。所以中國古代的法律，主要是一套就各種不當行為設定刑罰的規範，而不是像古羅馬的私法那樣，對個人之間與財產有關的利益予以界定、規劃和調整。

中華法系的綿延經久，證明它是合乎傳統中華文明在政治、經濟、社會和文化上的需要的，換句話說，傳統法制與傳統社會的其他元素和層面，是一個有機的整體系統。中國傳統社會以農業為經濟命脈，以家庭和宗法家族制度為社會的基本單位和結構，家庭以父家長為中心，在政治上則是以皇權為中心的大一統共同體。

歷史的變遷是不斷進行的，時大時小，時快時慢；不同文明在廣大的歷史時空的競逐，不斷有新的結果。在不少的世紀和歲月，中華文明曾領先於西方文明，在有些時候，它們則不相伯仲，平分秋色。但自從 16 世紀以來，西方文明出現了翻天覆地的變化，突然加速前進，經歷了文藝復興、地理大發現、宗教改革運動、資本主義的興起、科學革命、啟蒙運動、民主憲政共和的誕生、工業革命等一系列影響異常深遠的事件。在這個過程中，一種在地球上前所未有的嶄新的文明形態逐漸形成，並且循不同方向擴展至世界的每一個角落。作為西方文明要素之一的西方法系，也自然地參與了這一擴展歷程。

二、中國法制現代化的道路

在 19 世紀，大清皇朝統治下的中華文明受到嚴峻的挑戰，接二連三的內憂外患，局勢每況愈下。在船堅炮利的西方列強的壓力下，政府改變了 18 世紀時閉關自守的政策，准許外國人來華通商和傳教。於是中華傳統文化和近代西方文化開始了全面性和多層次的接觸，以往以天朝大國自居、輕視外國的 “蠻夷戎狄” 的世界觀在西方的衝擊下漸漸瓦解。中國的有識之士開始察覺到，近代西方文明在很多方面 —— 包括器物科學技術、政法經濟制度，以至思想價值觀念等方面 —— 確實有非凡的成就，在某些方面，中華文化可說是相形見絀。中國的近鄰日本，在明治維新期間全面引進和模仿西方的事物，國家變得富強，甚至在甲午戰爭中擊敗中國，這在當時中國政界和知識界帶來莫大的震動。

三、法制現代化的開始

　　清末的修律運動 —— 中國法制現代化的故事的起始，便是在這樣的背景下形成的。在歷史長河中，神州大地出現過不少變法運動，清末的變法運動卻有其獨特的因子。作為近代西方文明的產物，西方法系在不少方面有其自身的優越性，如在刑罰上較為人道，在訴訟程序上較為合理，在民事法規上適應現代經濟和社會結構的需要，此其一。對中國極具吸引力的日本現代化成功的例子，其中一個元素是她繼承了歐洲大陸法系的法典、憲政和司法制度，此其二。應當指出的第三點是，中國希望終止西方列強在中國領土上的領事裁判權(或稱治外法權)。19 世紀西方各國加諸中國的不平等條約的其中一種安排，便是規定中國司法機關就着對外國人的刑事檢控或民事控訴並無管轄權，這些訴訟由有關的外國政府派駐中國的領事設立法庭，依據該外國的法律來審判。即使在當時的國際標準來說，這也是對中國主權的嚴重侵犯，因為這種領事裁判權絕不是對等的：身在外國的華人如涉及官司，一定是由該外國的司法機關根據當地法律處理，而一國的公民在別國須受當地的法律約束、接受當地法院的管轄，這才是通用的國際慣例。日本原來也受到西方領事裁判權的恥辱，但在其法制改革之後，有關國家便同意了放棄領事裁判權。清末法制改革的其中一個動機，也是尋求從這種喪權辱國的標誌中的釋放。

　　1902 年，清廷任命沈家本和伍廷芳為修訂法律大臣，主持修律運動。沈家本曾在清政府從事法律工作數十年，深諳中華法系傳統，而且對西方和日本的法律有極高的造詣，學貫中西，可算是現代中國法學的鼻祖。伍廷芳曾在英國修讀法律，並在當地取得執業大律師資格，亦曾被香港政府委任為香港立法局議員。這兩人在中國傳統法制的歷史轉折時刻，扮演了關鍵的角色。參與中國法制現代化早期工作的也包括一些歐美、日本的留學生以及從日本聘請來華的法學專家，如岡田朝太郎(協助起草《新刑律》)、松岡義正(起草《民律草案》的前三編)和志田鉀太郎(起草《商律草案》)。

　　從較廣闊的歷史視野看,清末修律運動的重要性是不容低估的,它為整個 20 世紀中國法制現代化的事業奠定了根基。在任命修訂法律大臣之後,清政府在 1904 年開設"修訂法律館",1906 年創辦"法律學堂",1908 年,在立憲運動的壓力下,頒佈《欽定憲法大綱》,作為起草憲法的準備。1910 年,經過主張改革的"法理派"和保守的"禮教派"多年的激烈爭持後,頒行《大清新刑律》,採納了近代西方的罪刑法定原則,並廢除酷刑。此外,把大量的外國法律翻譯成中文,以供參考借鑒之用,包括日本、德國、法國、意大利、荷蘭、比利時、美國等國的主要法規。在起草體現現代法原則的法律的工作上,也取得不少進展。例如關於民事、商事、訴訟等方面的法典,在 1911 年以前都相繼草擬而成,儘管由於清朝的覆亡,這些新法並未有機會予以實施。

四、民主憲政的實驗

　　1911 年,辛亥革命爆發,成立了由孫中山先生領導的南京臨時政府,中國成為亞洲第一個以現代立憲共和制代替傳統君主制(帝制)的國家。清末的預備立憲工作本以日本、德國的君主立憲模式為典範,民國成立後頒佈的《中華民國臨時約法》,卻深受美國和法國的共和國憲制的影響。稚嫩的中華民國開始了民主憲政的實驗,通過選舉產生了立法議會(國會),並仿效西方的多政黨競爭和立法、行政與司法三權分立等設置。

　　這個實驗以徹底的失敗而告終。首先是袁世凱的專制獨裁統治,以及他復辟帝制的企圖。1916 年袁世凱去世,中國很快陷入了四分五裂、軍閥割據的局面。多部新憲法的起草和制定,淪為軍閥賦予其政權合法地位的權宜之計,所以,1914 年的《中華民國約法》被人們稱為"袁記約法",

1923 年的《中華民國憲法》被稱為"曹錕憲法"或"賄選憲法"。

雖然如此，但平心而論，北洋軍閥政府統治下的立法和法制現代化工作，也並非一無是處。例如在刑事立法方面，1912 年頒佈的《暫行新刑律》決定大體上援用《大清新刑律》後，在 1915 年和 1918 年分別起草了《第一次刑法修正案》和《第二次刑法修定案》，後者對後來刑法的發展尤為顯著。在民法方面，經過多年的起草工作，在 1925 年完成了《第二次民法草案》（第一次草案即 1911 年的《大清民律草案》），這不但參考了第一次草案，還吸收了歷年來大理院(當時的最高司法審判機關)的判例。在商法方面，北洋政府在較早期便公佈了《公司條例》和《商人通例》（都是在 1914 年），《票據法》的編纂也在進行，至 1925 年完成了第五次草案。在訴訟法方面，北洋政府在清末的訴訟法草案的基礎上作出修改，在 1921年頒行了《刑事訴訟條例》和《民事訴訟條例》。此外，北洋政府還制定了不少關於政府官員體制的行政法規。

五、加速法制建設

1927 年，國民黨的軍事行動結束了軍閥割據和混戰的局面，成立了南京國民政府，法制建設工作的步伐加速。現在仍適用於台灣地區的 "中華民國法制" 架構及其 "根本法典"，就是 1927 年後的數年間締造和制定的。該法律體制屬歐洲大陸法系的模式，法律部門完備，有關法律概念、原則和規範以成文法典的形式，有條有理地羅列出來，結構嚴謹，層次分明。這些法典包括《民法》（分為五篇，在 1929 年至 1931 年間陸續頒佈）、《刑法》（1928 年頒佈，1935 年修正）、《民事訴訟法》（1931 年頒佈，1935年修正）、《刑事訴訟法》（1928 年頒佈，1935 年修正），此外還有單行商事法規和行政法規，這些法典和法規的彙編，合稱《六法全書》。在公法方面，1928 年的《訓政綱領》，表示國家由"軍政"進入"訓政"階段（"訓政"

是 "憲政" 的準備），此後並有 1931 年的《中華民國訓政時期約法》，1936 年的《中華民國憲法草案》（正式的《中華民國憲法》則通過於 1946 年，現在仍然大致上在台灣地區實施）。在法學教育和司法、律師體制方面，南京國民政府時期也取得一定的成績。

然而南京政府並沒有在整個中國的範圍行使其管轄權。西方列強仍在中國享有租界和領事裁判權（此裁判權到了 1943 年終於得以廢除），日本對華的侵略，也在變本加厲。另一方面，中國共產黨在它控制範圍內的 "新民主主義時期革命根據地"（最初是江西的中華蘇維埃共和國，後來是陝甘寧邊區），開始建立革命政權和法制。這段經驗構成了後來中華人民共和國法制史的起點。

1949 年，中華人民共和國成立。中國共產黨領導下的中國人民政治協商會議，作為臨時性的國家最高權力機關，通過了一份《共同綱領》，作為臨時憲法文件。中華人民共和國成立時，國民黨政府制定的法律，全部廢除。1949 年至 1956 年是中華人民共和國法制創建和初步發展的階段，一方面頒行了一些符合社會主義革命形勢需要的法規，另一方面積極引進蘇聯的政制和法制架構、立法模式、法學理論以至法學教材。在這一階段，最初期的主要立法包括 1950 年的《婚姻法》、《工會法》和《土地改革法》，及 1951 年的《懲治反革命條例》。1954 年，第一屆全國人民代表大會第一次會議通過了第一部《中華人民共和國憲法》和有關全國人大、國務院、人民法院、人民檢察院及地方各級人民大會的組織法，大致上確立了中國的立法、司法、行政等制度的法律基礎。國家的司法部和國務院的法制局相繼建立。法學教育和律師體制的發展，逐漸達到一定的規模。除了各種類法規的頒佈外，基本法律的起草工作也積極進行，尤其是刑法和刑事訴訟法的法典的起草。1956 年中共第八次全國代表大會提出了加強和健全社會主義法制的方針，這可算是 50 年代中華人民共和國法制創建過程的高潮。

六、法制建設的低潮

　　1957 年反右運動對法制工作是重大的挫折。從此開始，法制建設陷入停滯不前的境況。在反右運動中，很多曾主張健全法制的法學界人士，被冠以反抗黨的罪名，打成反動的“資產階級右派份子”，因而失去了他們原來的工作，被下放到農村。律師停止了他們的工作，因為為被告人辯護的律師，被指為“幫壞人說話”、“敵我不分”。很多在其他現代國家被接受為理所當然、天經地義的法治原則，如法律之下人人平等、法院獨立進行審判（司法獨立）、被告人有權聘請律師幫助自己對控罪提出辯護等，都在這一時期的中國受到嚴厲的批判，被認為是與階級鬥爭和黨的領導不符。在這種政治和思想氣候下，原來的法律院校不再講授法學，國務院的法制局和司法部，也在 1957 年和 1959 年相繼撤銷。

　　雖然在 60 年代初期，情況曾經一度好轉，尤其在重要法典的起草方面，出現一線生機，但不久，“文化大革命”便在 1966 年爆發。文革對於法制以至整個社會秩序帶來的浩劫，是筆墨難以形容的。本來任何一個文明社會，都需要一套法律規範和一些執法的機制，使人們的生命和財產的安全得到保障，從而安居樂業，創造物質和精神的財富。文革的推動者卻要“砸爛公檢法”（即公安機關、檢察機關和法院，它們是中國的司法機關）、“打破條條框框”，進入無法無天的境界。其結果是慘不忍睹的。正如多年後的一篇《人民日報》社論指出，“我們上了一堂應該說是終身難忘的法制課，……不講法制，有法不依，無法無天，……不利於人民。這個沉痛的教訓，是我們要永遠記取的。”

　　1969 年後，內亂逐漸平息，社會秩序重新建立，法院也在 1972 年開始逐漸恢復工作，但荒廢法制建設的局面在根本上未有改變。直至 1976 年“四人幫”倒台，黨和政府對法制的態度和政策，才出現了轉機。1977 年 8 月的中共第十一次全國代表大會提出了已沉寂 20 年的“加強社會主義法制"的口號。1978年2月,第五屆全國人民代表大會第一次會議通過了中華人民共和國的第三部憲法,以取代"四人幫"當權時期的1975年憲法,在會上領導人也發出加強法制的呼籲。1978年12月,鄧小平的政治路線取得主導地位,其標誌是當時的中共第十一屆中央委員會第三次全體會議(即十一屆三中全會)。會議訂定了從以"階級鬥爭為綱"轉移到以經濟建設為中心、實行改革開放的基本國策,在中國歷史、包括法律史上,具有劃時代的意義。關於法制建設方面,會議決定:"為了保障人民民主,必須加強社會主義法制,使民主制度化、法律化,使這種制度和法律具有穩定性、連續性和極大的權威,做到有法可依,有法必依,執法必嚴,違法必究。"

從這時開始,中國法制現代化的事業走上了較為平坦寬闊的道路,法律界出現了中華人民共和國歷史上從未有過的生機勃勃的景象,立法活動活躍,司法體制迅速成長,黨和政府全力以赴地推行法律知識的宣傳教育,法學院校、法學團體和法學書刊的發展,如雨後春筍,律師和法律工作者的培訓極受重視,人數與日俱增。1979年後中國法制的情況,與以前的20多年比較,真有天淵之別,令人有恍如隔世、滄海桑田之感。在這個新的大時代,神州大地改革開放的浪潮波瀾壯闊,就法制的建設來說,論者把它形容為"中國法制的山花爛漫時期"。

七、積極重建法制

80年代以來中國法制的發展,有其深厚和穩固的思想、經濟和社會基礎。1957年後,輕視、忽視法制的態度開始蔓延。到了"文革"時期,法制更受到沉重的打擊和踐踏,中國人民飽嘗無法無天的苦果。70年代後期,新的領導人痛定思痛,反省歷史的經驗和教訓,下定決心重建荒廢了20年的法制,這也是民心所向,大勢所趨。正如主管政法工作的彭真於 1979 年人大會議時所説，"'人心思法'，全國人民都迫切要求有健全的法制"。

其次，80 年代以來中國經濟體制改革的進程，間接但有力地推動了法制建設，使它的深度和廣度不斷增加。西方社會學大師韋伯曾經指出，經濟現代化的其中一個先決條件，是一套清晰明確、結構精密嚴謹、內容完善周全的、在運作上有可預測性的法律規範的建立，並有獨立於政治、道德和宗教的地位，由法律專業人士操作。在這種安穩的環境下，人們可以放心工作和投資，累積財富，進行市場交易，財產權益得到保護，契約得以執行。中國的民事、商事、經濟法的迅速發展，一定程度上為這一理論提供了引證。

中國的經濟體制改革在 70 年代末期從農村開始，即在農業生產上實行"家庭聯產承包責任制"。1984 年的中共十二屆三中全會，則決定加快以城市為重點的經濟體制改革，尤其是國營企業的改革。同時可以看到的是大量外資的引入和非國營企業的出現和增加。1988 年，中共中央政治局提出要"逐步建立社會主義商品經濟新秩序"，1992 年的中共第十四次全國代表大會，更把建立"社會主義市場經濟體制"確定為中國經濟改革的總目標。市場經濟目標模式的訂立，大力推動了法制的繁榮。國內法學界提出一個有深遠意義的論點：市場經濟就是法制經濟，法律規則是市場運作的根基。他們指出，中國應從速建立適應社會主義市場經濟體制需要的法律體系，在這方面工作上，可大膽借鑒和吸收國外的法律經驗。

八、結語

法律是構成文明的要素之一，西方法律的精神和實踐，作為起源於西方的現代文明的產品，對於全人類來說都有普遍的意義，是人類文化的共有財富。追求更豐盛的物質生活，嚮往一個更能實現人的價值和尊嚴的社會，這是不同國家、民族人民的共同願望。法律工作者的職志，是貢獻出他們的所長，為這些目標奮鬥。正如科學一樣，法學也是無分國界的。西方哲人康德曾想像一個永遠地世界和平的未來，所有國家和民族都實行法治、憲政和民主，所有人的尊嚴、價值和權利都得到尊重和承認。中國近代思想家康有為也提出"大同世界"的理想。在世界不同文化交流日益密切、認識日益加深的今天，在法律標準上(包括商貿方面和人權方面)逐漸出現國際性共識的世紀之交，這構想不應是遙遠的烏托邦。

我們立足中國，放眼世界，認識到中華的振興也將使中國人民對 21世紀的世界文明作出更大的貢獻。在這一偉大的事業中，中華法系現代化的建樹，將扮演不可或缺的角色。正如當代歷史學家黃仁宇在《中國大歷史》一書中提到的，"我們想見今後幾十年內是從事中國法制生活人士的黃金時代。他們有極多機會接受挑戰，盡量創造。"

中國法制現代化的歷史哲學反思

司馬遷作《史記》，"欲以究天人之際，通古今之變"。究竟歷史的意義何在？除了是個別人物和事件的記載外，歷史還是甚麼？歷史是否不外是無數歷史現象的偶然的、雜亂無章的結合？還是歷史背後有其規律、邏輯或隱藏着的目的？歷史中充滿苦難，也有光明，然而，我們過去的歷史，是否可以作為我們對未來的希望的憑藉？人類在其歷史中有沒有進步？這些都是歷史哲學的中心課題。

上述的問題，不但可就一般的歷史而提出，也可就法制史提出。法制史與歷史的其他方面有共通性，也有其特殊性。例如就"歷史中是否有進步"這個問題來說，如果我們把焦點放在人類的物質和科技文明方面，答案是十分明顯的：綜觀過去數千年的物質和科技文明史，人類的確取得了巨大的進步，尤其是 17 世紀科學革命以來，科技的發展更是一日千里。但是，如果我們關注的是法制史，並提出同類型的問題：在法制史中我們是否可以看到進步？這便帶出了在法制史中如何量度"進步"的標準問題。在物質和科技文明的範疇，"進步"的標準是較為容易確立的，例如我們可注意人類通過科技去實現自己的意願的能力的提升：以前人類不能飛上天空，現在不但飛翔於天空，更能飛上月球。那麼，在法制史的範疇，"進步"的標準是怎樣的呢？

"法制現代化"的問題也是與法制史中的"進步"問題息息相關的。當我們談到中國法制的現代化，通常我們已經假定法制現代化是一件好事、是應該爭取實現的一個目標或理想。這樣，我們其實已經預設這樣的一個命題：從尚未完全現代化的法制過渡到一個現代化的法制，這是一種進步，亦即是說，追求法制現代化便是追求法制的進步。於是，我們回到上面的問題：法制史中的進步是可能的嗎？進步的標準何在？

一、康德的歷史哲學

　　在近現代思想界大師之中，對於人類歷史中的"進步"以至法制史中的"進步"思考比較深刻和對今天的我們仍有啟發性的，便是康德。[1] 康德認為，在充滿苦難、鬥爭、犧牲和罪惡的人類歷史的背後，其實可以發現一個由大自然或天意所設定的目的。對康德來說，這個歷史的自然目的論並不是從史實中可以論證的(況且人類至今的歷史還短，未足以驗證此目的論)，而是一個先驗的、規範性的觀念，我們可透過這個觀念去理解歷史(就如近視的人要戴眼鏡才能看東西一樣)，而沒有這樣的觀念，便難於理解歷史。

　　康德的這個觀念的基本前提是，"一個被創造物的全部自然稟賦都注定了終究是要充分地並且合目的地發展出來的"，[2] 因為"大自然決不做徒勞而無功的事，並且決不會浪費自己的手段以達到自己的目的"。[3] 把這個觀點應用到人類和人類歷史時，推論便是人類歷史是人類的天賦秉性逐步得以充分發揮和實現的歷程。

　　康德說："人類的歷史大體上可以看作是大自然的一項隱蔽的計劃的實現。"[4] 這個"隱蔽的計畫"，便是演化一種政治和法律制度，在這種制度裏，人的天賦秉性能得以最大程度的發揮和實現。對於康德來說，人的天賦秉性的最重要特點，便是人的自由意志、理性和道德實踐的能力：大

1　關於康德的歷史哲學，可參見康德著、何兆武譯：《歷史理性批判文集》(北京：商務印書館，1991)；何兆武：《歷史理性批判散論》(長沙：湖南教育出版社，1994)，頁 41-104；何兆武：《歷史與歷史學》(香港：牛津大學出版社，1995)，頁 17-36；李澤厚：《批判哲學的批判——康德述評》(台北：三民書局，1996)，頁 361-376。

2　康德：《歷史理性批判文集》，同上註，頁 3。

3　同上註，頁 5。

4　同上註，頁 15。

自然 "把理性和以理性為基礎的意志自由賦給了人類"，[5] 這便是人的最可貴的天賦秉性。而最能促進人性的實現的政治和法律制度，便是法治的、保障公民權利的立憲共和政體。這只是就每個國家的國內而言；至於國與國的關係來說，康德則主張維持世界和平的國際秩序：

"要奠定一種對內的、並且為此目的同時也就是對外的完美的國家憲法，作為大自然得以在人類的身上充分發展其全部稟賦的唯一狀態。"[6]

"從理性範圍之內來看，建立普遍的和持久的和平，是構成權利科學的整個的(不僅僅是一部分)最終的意圖和目的。"[7]

"由一個民族全部合法的立法所必須依據的原始契約的觀念而得出的唯一體制就是共和制。這首先是根據一個社會的成員(作為人)的自由原則，其次是根據所有的人(作為臣民)對於唯一共同的立法的依賴原則，第三是根據他們(作為國家公民)的平等法則而奠定的。因此它本身就權利而論便是構成各種公民憲法的原始基礎的體制。"[8]

由此可見，康德心目中的共和制，便是一個尊重和保障社會各成員的自由和平等的法治國。在康德的理論裏，共和制和專制是對立的，他反對任何形式的專制，包括柏拉圖提倡的 "哲人王"[9] 和任何以統治者的仁慈為基礎的家長式統治，因為它們都和公民的自由互不相容。康德認為，共

5　同上註，頁 5。

6　同上註，頁 15。

7　康德著，沈叔平譯：《法的形而上學原理 —— 權利的科學》(北京：商務印書館，1991)，頁 192。

8　康德，同註 2，頁 105–106。

9　同上註，頁 129。

和制在各國的建立，不但能造福其本國的人民，使他們的理性得以充分發展，而且能促進一個能維持世界和平的國際秩序的最終實現，因為理性的充分發展就是人類永久和平的最佳保證。

人類歷史與進步

康德的歷史哲學、政治哲學和他的道德哲學是一脈相連、相輔相成的。在他的道德哲學裏，他指出合乎道德(即"實踐理性")的行為，是可普遍化為一普遍法則的行為(類似孔子説的"己所不欲，勿施於人"，或耶穌説的"向他人作出你希望他人向你作出的行為")，每個人都有平等的尊嚴、價值和自主性，每個人均應被視為"目的"，而不應被利用作為達至他人追求其目的的"工具"或"手段"。在康德那裏，共和政體便是最能在社會政治制度的層次體現這個道德原則的政體。這種政體的建立，便是歷史和法制史中的進步，而促進這種進步，則為人的道德上的責任：

> "人類的天職在整體上就是永久不中止的進步"[10]；人類歷史的"過程並不是由善開始而走向惡，而是從壞逐步地發展到好；對於這一進步，每個人都受到大自然本身的召喚來盡自己最大的努力作出自己的一份貢獻。"[11]

由此可見，康德不但相信人類歷史中的進步是可能的，更相信進步會真正發生。可是，他沒有忽視，在歷史中進步的道路是崎嶇的、迂迴曲折的、充滿困難險阻的，在這條漫漫長路中，有時為了向前走一步，便要付出沉重的代價。這條道路上，人的劣根性(康德稱為"非社會的本性"或

---

10 同上註，頁 58。

11 同上註，頁 78。

"非社會的社會性"[12])將表露無遺,包括他們的自私、貪慾、損人利己的
行為、對財富、權力和名位的追逐,也包括無情的競爭、惡性的鬥爭以至
殘酷的戰爭。康德說:"大自然的歷史是由善而開始的,因為它是上帝的
創作;自由的歷史則是由惡而開始的,因為它是人的創作。"[13]

　　然而,弔詭的是,人類的性惡,卻是推動歷史向前邁進、促進社會體
制進步的動力,這便是康德看到的"理性的狡獪"。[14]這樣,人便不自覺地
體現了天意,參與了歷史的進步工程(這有點類似亞當·斯密說的"無形
之手":在市場體制裏,不同個別人士追逐私利的行為的總效果是公眾利
益的促進):

> "個別的人,甚至於整個的民族,很少想得到:當每一個人
> 都根據自己的心意並且往往是彼此互相衝突地在追求着自己的目
> 標時,他們卻不知不覺地是朝着他們自己所不認識的自然目標作
> 為一個引導而在前進着,是為了推進它而在努力着;而且這個自
> 然的目標即使是為他們所認識,也對他們會是無足輕重的。"[15]

　　這個目標的其中一個重要部分,便是法治制度和公民社會的建立。康
德說:"大自然迫使人類去加以解決的最大問題,就是建立起一個普遍法
治的公民社會",[16]這是人類社會共同體的理性要求。康德指出,法治國的
建立並不假定其成員為好人或天使,"即使是一羣魔鬼,只要是有'保存自
己'的理性,必然也會'在一起要求普遍的法律',建立起一個普遍法制的

12　同上註,頁 6。

13　同上註,頁 68。

14　參見何兆武:《歷史與歷史學》,同註 1,頁 30。

15　康德,同註 2,頁 2。

16　同上註,頁 8。

社會。天使和魔鬼在理性面前是等值的；……大自然給予人類的最高任務就是在法律之下的自由與不可抗拒的權力這兩者能夠最大限度地結合在一起，那也就是一個完全正義的公民憲法(體制)。"[17]

歷史既然有這樣的崇高目標，人類既然有這樣的偉大使命，所以人類歷史並非一場荒謬的鬧劇，儘管每個個人的一生仍然可能是悲慘的：

> "歷史學卻能使人希望：當它考察人類意志自由的作用的整
> 體時，它可以揭示出它們有一種合乎規律的進程，並且就以這種
> 方式而把從個別主體上看來顯得是雜亂無章的東西，在全體的物
> 種上卻能夠認為是人類原始的稟賦之不斷前進的、雖則是漫長的
> 發展。"[18]

康德是 18 世紀歐洲啟蒙運動的健將，他的歷史哲學與後來的黑格爾和馬克思有相似之處，也有截然不同的地方。在 21 世紀的今天，康德的歷史哲學能對我們有甚麼啟發？

康德歷史哲學的啟發

首先，必須承認，康德關於"自然"和"天意"的論述，包括自然為人類歷史所預設的目的、歷史是天意設定的隱蔽的計劃的展現等說法，在今天是難以獲得普遍接受的。對於很多人來說，像"上帝"一樣，"自然"和"天意"是過於形而上的概念，難以捉摸。在後現代思潮的影響下，關於歷史的大型論述或以英文大寫起頭的"歷史"(History)概念，其可信性已大打折扣。

17　引自何兆武：《歷史與歷史學》，同註 1，頁 27；此引文中的引文來自康德，同註 2，
　　頁 125。

18　康德，同註 2，頁 1。

但是，第二點應當指出的是，放棄了歷史中存在着由大自然所預定的目的這個信念，並不一定導致歷史變成毫無意義的荒謬劇。即使正如存在主義所說的，人是被投擲到這個世界的，人仍可以運用他的自由，去積極生活和創造。從這個角度看，歷史的意義是由人所賦予的，人可以選擇怎樣理解他自己的歷史，人可以從中發掘其意義。人無需要停留於擔當歷史故事中的受害者的角色，人還可以成為創造歷史故事的主人。於是康德的歷史目的論便可從一個由大自然設定目的的目的論，轉換為一個由人類自己設定目的的目的論，如果人類願意認同康德所說的自然目的的話。

這便帶我們進入第三點。康德提出歷史的自然方向是趨向進步，而人有道德上的責任去為求這種進步而努力。我們是否認同"進步"的概念？我們是否接受我們有責任參與推動進步？對於這兩個問題，我們直覺上都會給予正面的回覆。明天可以更美好，我們應該為美好的明天而奮鬥。相信對於絕大多數人來說，這是不證自明的。

第四，甚麼才是"進步"？"進步"的標準在那裏？我們在這裏談的當然不只是科技的進步，而主要是文明整體的進步，尤其是社會、道德、政治和法律的進步。在這方面，康德給我們的啟示是，衡量進步的標準在於人類的天賦秉性——尤其是人的理性——是否得以更充分地發揮和實現出來。人有異於禽獸，乃在於人有理性，正因為人有理性，所以人便會運用他的自由意志，去追求真、善、美。其實康德對於人性的這個理解，與中國傳統思想——尤其是儒家思想——是不謀而合的，反映着一個歷久彌新的真理。

第五，康德指出，就政治和法律制度的歷史演化來說，實行法治、保障公民權利、崇尚自由和平等的立憲共和政體，和國與國之間的永久和平，是最能體現人的理性的制度性安排。在康德的政治和法律哲學裏，他為這些觀點提供了詳細的論證。他的歷史哲學則指出，這種制度性的安排在人類歷史中出現，是人類進步的標誌。相信人類在經歷了 20 世紀史的各大浩劫後，在今天對康德在 200 多年前提出的這個觀點是能心領神會的。

最後，康德提醒我們，歷史中的進步絕非是輕而易舉、一蹴而就的，人必須在困境中進行反思，從苦難中吸取教訓，並為進步付出昂貴的代價。正如屈原所說：＂路曼曼其修遠兮，吾將上下而求索。＂在這個過程中，善與惡是共存的，惡的存在和活動甚至是善的發揚光大的必要條件，正如學者何兆武在評述康德的歷史哲學時指出：

> ＂人類歷史並不能簡單地劃分為好和壞、精華與糟粕兩個截然對立的方面；雙方對於歷史都是不可或缺的。有利就有弊，有弊就有利；好壞、利弊總是結合在一起的＂。[19]

以上介紹的一些歷史哲學的觀點，希望能有助於中國法制現代化這個歷史課題的研究。現在，讓我們更直接地思考中國法制現代化的歷史現象。它究竟是怎樣的一回事？它是否代表着中國法制史中的進步？

二、中國法制現代化的歷程

自從 19 世紀 90 年代的維新變法運動，直至 20 世紀 90 年代的發展與社會主義市場經濟相適應的法制、依法治國、建設社會主義法治國家的努力，中國法制現代化的嘗試，已經有超過一世紀的歷史。張晉藩教授指出：

> ＂從 19 世紀下半葉開始，中國的志士仁人便為法制的近代化而嘔心瀝血，不畏犧牲，奔走呼號。[20]……從表面上看中華法

---

19 何兆武：《歷史理性批判散論》，同註 1，頁 77。

20 張晉藩：〈法觀念的更新與晚清法制的近代化〉，於張晉藩編：《二十世紀中國法治回眸》（北京：法律出版社，1998），頁 1–22。

系的解體，是沈家本主持下的十年修律之功。然而事實上中華法
系的解體與轉型不是十年時間而是半個多世紀之久；不是沈家本
一人之功，而是從林則徐到孫中山幾代人的努力；不是簡單地法
律條文上的移殖，而是先進的中國人不斷思考、探索以至流血鬥
爭的結果。正是他們在掌握了西方法文化之後，才繪製了中國未
來法制的藍圖，並且組織力量加以實施。"[21]

遺憾的是，這些中國未來法制的偉大藍圖，始終都未能付諸實踐，中
國法制現代化的嘗試，一波三折。19 世紀 90 年代的維新運動以戊戌變法
的失敗而告終；清末的修律和立憲運動因辛亥革命而胎死腹中。民國成立
後，立憲共和政體始終未能建立，先有袁世凱的專制，後有軍閥的割據。
南京國民黨政府成立後，雖然根據歐陸法制模式制定了《六法全書》，但這
些法典未能在全國範圍內和鄉鎮的基層實施，加上日本的侵略、國共兩黨
的對抗，中國法制的現代化更是步履維艱。中華人民共和國成立後，雖然
在 50 年代仿效蘇聯模式建立了社會主義法制的雛型，但是 1957 年"反右"
運動以後，尤其是"文革"十年浩劫中，這個幼嫩的法制受到了嚴重的破
壞。1978 年實行改革開放政策以來，中國法制現代化的事業才再現生機。

法制現代化與西方化

從歷史中可以清楚看到，中國法制現代化的歷程與外來的影響是密不
可分的。19 世紀以來，中華文明與西方文明的接觸和碰撞，使國人逐漸了
解到如要挽救中華民族亡國的厄運，就必須讓中華文明脫胎換骨地重生。
中華文明要向西方學習，不只是因為西方的船堅炮利，也是因為與西方的
政治、經濟和法律體制相比較，中國傳統的體制相形見絀。在法制的範

21　同上註，頁 21。

疇，中國法制現代化註定為西化，大幅度"移植"西方的法律概念、原則和規範，不只是因國人渴望喪權辱國的領事裁判權得以早日廢除，更是因為西方現代法制的相對優越性和進步性。

主持晚清修律的沈家本對這點有明確的認識。沈家本是中國傳統法律和法文化的繼承者，對於西方法制又有一定的認識。在對比兩個法傳統之後，他意識到中國法制的缺陷。因此，他主張對待"西人之學"，應"棄其糟粕，而擷其精華"，"取人之長，以補吾之短"；"彼法之善者，當取之，當取而不取是之為愚"。[22]

這樣的話，在今天看來似是老生常談，但其實蘊含着發人深省的歷史哲學的內容。孔子說："三人行，必有我師焉。擇其善者而從之，其不善者而改之。"[23]這個原則的應用，可從個人之間的道德修養範疇，擴展至不同文化、制度和傳統之間的優劣或"進步性"的比較範疇。對自己的言行進行反省，取他人之長以補自己之短，這是理性在個人層面的功能。同樣地，當一個文化傳統認識到另一個文化傳統時，前者進行自我檢討、反思和批評，了解到自己的不足之處，明白到自己在甚麼方面需要向那外面的文化傳統學習、借鑒和吸收，這便是理性在社會文化層面的一種體現。

人類具有理性，所以我們對自己的經驗進行反思，在反思的過程中，我們會修正一些原有的觀點，從而取得進步。因此，一個文化傳統不會是一成不變的，通過理性的運用，它可以不斷自我成長、推陳出新。即使沒有外來的衝擊，一個文化傳統憑藉其內在的理性資源也有可能創新、更新和進步。但從歷史中我們可以看到，不同文化傳統之間的互動和交流，往往是推動自我反思和帶來進步的重要動力。從這個角度看，中華民族在過

22　原文見於沈家本：《寄簃文存六・監獄訪問錄序》，現轉引自張晉藩，同上註，頁2。
23　《論語・述而篇第七》。

去兩個世紀因外來文明的入侵而受盡屈辱和苦難，這對於中國的現代化，
包括中國法制的現代化，畢竟是有積極作用的。

　　上面已經提到，中國法制現代化的具體表現主要是西化，即全面引進
西方的法律和政治理念、制度、程式、法律部門、立法框架以至實體法的
規範，不惜與二千年的中華法系傳統斷裂。為甚麼是這樣？是否應該是這
樣？這樣的法制現代化是不是法制的一種進步？讓我們在這裏對這些問題
稍作思考。

三、中國法制現代化的價值

　　19 世紀 90 年代，康有為在《公車上書》中建議制訂商法、市則和舶
則。他指出西方國家：

> 　　"其民法、民律、商法、市則、舶則、訟律、軍律、國際公
> 法，西方皆極詳明，既不能閉關絕市，則通商交際，勢不能不概
> 予通行。然既無律法，吏民無所率從，必致更滋百弊。且各種新
> 法，皆我夙無，而事勢所宜，可補我所未備。故宜有專司，采
> 定各律以定率從。" [24]

　　康有為這段話給我們的啟示是，法制現代化的其中一個目的，便是要
制定能配合現代社會的運作的實際需要的法律規範。中國以農立國，但現
代社會是以科技發展為動力的工商業社會，新的社會形態產生了對新內容
的法律的需求。20 世紀 90 年代，中國法學界盛行"市場經濟即法制經濟"
的觀點，這也是從經濟體制運作上需要的角度，去論證法制現代化的要
求。

24　原文見於康有為：《上清帝第六書》，《戊戌變法》第二冊，現轉引自張晉藩，同註
　　20，頁 11。

西方社會學大師韋伯關於“理性法”的理論，可以理解為上述觀點的更深入的論證。韋伯指出，“理性法”的存在是現代市場經濟的崛起的必要條件。在現代市場經濟中，經營者和投資者的積極參與的前提是，他們的權益必須得到有效的保障：財產權得到法律的保護、合同得到法院的執行，而整個法律和司法制度的運作是有高度的“可預測性”和“可計算性”的。“理性法”正是能滿足這種需要的法制類型，在韋伯的理論裏，理性法是精心設計、條理井然的法律規範體系，這些規範有普遍的適用性，並且由專業的法律工作者負責操作，不受法律體系以外的政治或其他社會力量的干預。[25]

無可置疑，建設一個與現代經濟和社會形態相適應的法制，確是中國法制現代化的不可或缺的內容。但是，這就是法制現代化的全部內容嗎？讓我們再次回到法制史裏思考。

晚清修律的意義

沈家本主持晚清修律，其中兩項有重大歷史意義的內容，在當時卻沒有遇到明顯的爭議和阻力。一是酷刑的廢除，二是對奴婢的買賣和畜養的否定。他直接批評《大清律例》“以奴婢與財物同論，不以人類視之”，並指出：“奴亦人也，豈容任意殘害。生命固亦重，人格尤宜尊，正未可因仍故習，等人類於畜產也。”[26]

沈家本在修律時廢除酷刑和奴婢制給我們的啟示是，法制現代化不單是因應世界在現代的經濟和社會轉變而作出相應的法律調整，法制現代化

25　見拙作：〈理性法、經濟發展與中國之實例〉，於拙作：《法治、啟蒙與現代法的精神》（北京：中國政法大學出版社，1998），頁 193–214。

26　原文見於沈本本的《禁革買賣人口變通舊例議》和《刪除奴婢律例議》，現轉引自張晉藩，同註 20，頁 15。

更是人類對其傳統制度和實踐進行理性反省的過程、是人類通過法制改革謀求其道德進步的事業。酷刑在中外文明古而有之，奴隸制度在人類歷史中和世界範圍內也曾長期存在，今天，在國際間卻取得了共識：酷刑的使用和奴隸制度是絕對不道德的和違反國際人權法的。對於這種道德上的進步，康德的歷史哲學提供了有力的論證：人類歷史中道德上的進步就是人類理性的更充分的體現，進步就是更多人的價值、尊嚴和權利得到法制的保障，進步就是更多人有機會發揮和實現人之所以為人的天賦秉性。

康德的歷史哲學又指出，人類經歷的每一場災難，都可被理解為人類為了進步所必須付出的代價。中國的"文革"，便是一場這樣的災難。在"文革"中，所有現代法制的基本的、具有進步意義的原則都受到無情的批判、無理的否定，例如法治、法律之下人人平等、法院獨立行使審判權、罪刑法定、刑事案件的被告人的辯護權和得到律師的協助的權利等（其實這些原則在 50 年代"反右"時已經受到批判）。在那個無法無天的年代，中國人民所蒙受的苦難是筆墨所難以形容的。

20 世紀 70 年代末期是鄧小平時代的開始，新的領導層痛定思痛，決心重建社會主義法制。1979 年，彭真在人大通過一系列重要立法時指出："'人心思法'，全國人民都迫切要求有健全的法制。"[27]1982 年，人大制定新憲法，重新肯定了現代法制的基本原則，當時，《人民日報》社論回顧了"文革"的慘痛經驗，指出"我們上了一堂應該説是終身難忘的法制課，……不講法制，有法不依，無法無天，……不利於人民。這個沉痛的教訓，是我們要永遠記取的。"[28]

27　彭真於 1979 年 6 月 26 日在第五屆人大二次會議上的發言。

28　《人民日報》，1982 年 12 月 5 日。

四、結語

　　進步在人類歷史中之所以有可能，乃因為人有理性反省的能力，人可以從歷史中吸取教訓，在苦難中接受磨練，從而成長起來。二次大戰後，國際人權運動的興起和在世界範圍內廣泛發揚光大，便是就二次大戰中慘絕人寰的暴行的反省而獲得的進步。"文革"之後，中國法制現代化事業的中興，也是建基於對歷史經驗的反省的。八二憲法肯定了現代法制的若干基本原則，無疑是一種進步。同樣地，在 90 年代，人權原則得到確認，依法治國、建設社會主義法治國家的原則寫進憲法，也是中國法制進步和現代化的里程碑。正如張晉藩教授指出：

> "回顧百年中國法制，使我們深感中國人在正反兩方面的教育下，法律意識的空前覺醒。雖然中國法制的現代化問題還沒有最終解決，但是航標已經確立，基礎已經奠定，這個跨世紀的任務，必定能夠實現。"[29]

　　歷史告訴我們，進步是來得不易的，是通過大量的犧牲才辛苦換取的。然而，退步卻是隨時可能的，輕而易舉的，文明與野蠻只是一線之隔，人性中的惡，使文明隨時可以倒退至野蠻。但是，人也是萬物之靈，人有理性，人有自由，人的內心中存在着真、善、美的呼喚。因此，我們必須珍惜人類文明的寶貴的共同遺產，我們必須相信進步，我們必須認清進步的標準和途徑。我們必須為創造更美好的明天而奮鬥：這不單是我們的情意所趨，更是我們神聖的道德責任。

29　張晉藩：〈緒言〉，於張晉藩編，同註 20，頁 1-2。

中國走向法治之路：回顧與反思

中華人民共和國在 1949 年成立時，全面廢除了中華民國原來的法律和法制，並引進蘇聯的社會主義法制模式。1957 年"反右"運動後，開始否定法制的重要性，1966 年"文革"爆發，中國大陸陷入無法無天的境況，國家經歷浩劫。1978 年，鄧小平領導下的中共開始推行改革開放政策，並重建法制。過去 30 多年，中國大陸的經濟發展迅速，法制建設也達到一定規模。本文將回顧中國大陸過去 60 多年的法律思想史和法制史，並對大陸法制目前的情況和未來的可能發展，進行反思。

中華人民共和國的法制史是一條崎嶇不平、飽經風雨的道路，正如中華民族在近現代史中走過的道路一樣。現代中國法制史是充滿斷裂和斷層的。中華民族曾經有過燦爛輝煌的法制文明，[1] 在唐宋等朝代，居於世界領先水平。但是，在清末以至辛亥革命以後，中華法律傳統的優越性受到懷疑和挑戰，國人認識到中國的法律和法制必須大規模的改造和重建，才能適應現代的環境。因此，現代中國法制史見證了國人對法制現代化的追求。[2] 在清末和中華民國建立後，日本和歐洲大陸的法制模式成為了中國法制現代化的藍本，在 20 世紀的 20 年代後期和 30 年代初期，國民政府制定的《六法全書》為中華民國建設了一個現代化的、以歐洲大陸法系為基本模式的法制，這個法制便是台灣現行法制的根源和基礎。在中國大陸，中華人民共和國在 1949 年成立時，中共全面廢除了國民黨執政時期的法律，在 50 年代，中共一度嘗試模仿蘇聯的模式，引進蘇聯式的社會主義法制建設。但是，在 1957 年"反右"運動後，法制的重要性被否定，

1　參見李甲孚：《中國法制史》(台北：聯經，1988)。

2　參見中國法制史學會(編)：《中國法制現代化之回顧與前瞻》(台北：三民，1993)。

1966 年 "文革" 爆發，中國大陸陷入無法無天的境況，國家經歷浩劫。1978 年，鄧小平領導下的中共開始推行改革開放政策，並重建法制。[3] 過去 30 多年，中國大陸的經濟發展迅速，法制建設也達到一定規模。這些法制建設背後的支持力量，包括政治和學術界的精英份子對於法律、法律制度和法治新的、而且是不斷深化的理解，這種理解也擴展至公民社會、傳播媒體以至一般人民等社會領域。

　　本文將分為四部分。首先是把中華人民共和國 60 多年的法制史分為若干時段，並介紹每個時段的法律思想。所謂 "法律思想"，既包括中共官方的思想路線和意識形態，也包括法學界的思想，因為在法律思想方面，法學界和黨或政府存在着密切的互動。在第二部分，我們將回顧過去 30 多年中國大陸法律發展的趨勢，包括在立法方面和制度建設方面。在第三部分，我們會探討中國大陸法律發展的特點、成就以至不足之處。最後的第四部分是一個總結。

一、法制史與法律思想發展

1949 年至 1956 年

　　中國共產黨在 1949 年建立中華人民共和國之前已經存在近 30 年，而且累積了管治中國部分地區的經驗。所以雖然中共在 1949 年全面廢除了中華民國的法律和法制，它並不是從空白做起，而是繼承了它自己以往的法律實踐的傳統。[4] 除此以外，在 20 世紀 50 年代，蘇聯的影響也是一

3　參見楊一凡、陳寒楓：《中華人民共和國法制史》（哈爾濱：黑龍江人民出版社，1997）；韓延龍（編）：《中華人民共和國法制通史》（上、下）（北京：中共中央黨校出版社，1998）。

4　參見張希坡（編）：《革命根據地法制史》（北京：法律出版社，1994）。

個重要因素，在這個年代，中共嘗試學習蘇聯的經濟管理和法制建設的模式。1954年，中華人民共和國的第一部憲法頒佈，從中我們可以看到蘇聯模式的影響。例如它所設立的人民代表大會制度和人民檢察院制度，便類似於蘇聯的蘇維埃制度和檢察院制度。在50年代，重要法典的起草工作展開，包括刑法典、刑事訴訟法典和民法典的起草。律師制度也開始建立起來。1956年，中共的第八次全國黨代表大會強調經濟現代化，也強調法制建設。這個時期的中共法律思想認為，[5]法制建設既符合經濟發展的需要，也有利於保護人民的"民主權利"。中共法制建設的一位領導人物董必武認為，國家機構應依法辦事，中共黨員更應帶頭遵守法律。向人民推行法制宣傳教育也是這個時期的政策之一。這個時期的法律思想被稱為"人民民主法制觀"。[6]

1957 年至 1976 年

　　1957年的"反右"運動是中共大陸的政治史和法制史的重大轉折。在這場政治運動中，不少法學學者和法制工作者都被劃為"右派"並遭清算。[7]

　　在"反右"之前的"雙百"運動(百花齊放、百家爭鳴)中曾經提倡法治的人士在"反右"中均受到批判，罪名是"以法抗黨"。法律面前人人平等、司法獨立和被告人在刑事訴訟程序中有權獲得律師替其辯護等原則，都被指為資產階級法律的概念及被否定。毛澤東甚至說"要人治不要法

5　參見陳景良(編)：《當代中國法律思想史》(開封：河南大學出版社，1999)，頁21-25；程燎原：《從法制到法治》(北京：法律出版社，1999)，頁5-7。

6　陳景良，前揭(註5)書，頁21。

7　參見陳景良，前揭(註5)書，頁25-26，157-166；程燎原，前揭(註5)書，頁7-10。

治"。[8]1957 年以後，立法活動以至法學研究都出現倒退。1966 年毛澤東發動"文化大革命"，情況更不堪設想。[9]毛澤東認為，無產階級專政和暴力的革命行動無須受到法律的約束。在文革的年代，"無法無天"被推崇為好事而非壞事，[10]在這種法律虛無主義的影響下，大規模的殘殺、酷刑和其他嚴重侵犯人權和人格尊嚴的暴行席捲中國大陸，中華民族經歷浩劫。

1977 年至 1981 年

1976 年，毛澤東逝世，"四人幫"倒台，中國歷史到達另一轉捩點。華國鋒領導下的中共政權在 1978 年初制定了一部新憲法，代替 1975 年制定的、代表極左路線的那部憲法。1978 年底，鄧小平成為中共最高領導人，他的政治主張在 1978 年 12 月的中共十一屆三中全會(第十一屆中央委員會第三次全體會議)中得到確認為最高國策。鄧小平提倡中國大陸實行"改革開放"，全力進行經濟建設，並放棄毛澤東時代的階級鬥爭。在政法的範疇。鄧小平主張加強社會主義民主與法制。在 1978 年 12 月，鄧小平發表重要講話，其中提到民主與法制，[11]講話的內容後來寫進了十一屆三中全會的公報：

> "為了保障人民民主，必須加強社會主義法制，使民主制度化、法律化，使這種制度和法律具有穩定性、連續性和極大的權威，做到有法可依，有法必依，執法必嚴，違法必究。"[12]

---

8   程燎原，前揭(註 5)書，頁 9。

9   參見陳景良，前揭(註 5)書，頁 26，175-203；程燎原，前揭(註 5)書，頁 10-11。

10   程燎原，前揭(註 5)書，頁 9-11。

11   見於《鄧小平文選》第 2 卷(北京：人民出版社，1994)，頁 146-147。

12   《十一屆三中全會以來重要文獻選讀》上 (北京：人民出版社，1987)，頁 11。

這次剛好在 30 年前舉行的中共十一屆三中全會開啟了一個經濟、政治和法律改革的新時代。從 1978 年起，我們可以看到法律思想在中國大陸的復興。不少在 20 年前的 "反右" 運動或在 10 年前的 "文革" 時期被清算的法學界人士都得到平反，再次在剛重開的大學法學院或研究機構投入工作。不少自從 50 年代後期被列為 "禁區" 的法學課題，重新成為中國大陸學者研究和辯論的課題。舉例來說，在 70 年代末期到 80 年代初期，法學界出現了關於人治和法治問題的討論，[13] 當時有三種觀點互相競逐，一種主張法治，一種主張法治和人治的結合，第三種主張摒棄 "法治" 和 "人治" 的用語，只提倡 "社會主義法制"。其他受到法學界關注和研究的課題包括法律面前人人平等的原則、法律的階級性和社會性，以至資本主義法制或革命以前的法制在社會主義國家的可繼承性問題。[14]

1982 年至 1991 年

1982 年制定的中華人民共和國的第四部憲法進一步把中共在改革開放的新時代的社會主義法制觀明確化。這部憲法把關於公民的權利和義務的規定從以往的第三章移到第二章，以表示對公民權利的重視。這部憲法又恢復了 1954 年憲法中關於法律面前人人平等和法院獨立行使審判權等原則。對於法制的重要性的肯定可見於第五條，它規定 "國家維護社會主義法制的統一和尊嚴"；"一切國家機關和武裝力量、各政黨和各社會團

---

13 參見《法治與人治問題討論集》（北京：羣眾出版社，1980）；程燎原，前揭（註 5）書，第 2 章。

14 參見陳景良，前揭（註 5）書，頁 230–234，240–242；谷安梁：〈中國法理學的 20 年〉，於北京市社會科學界聯合會（編）：《探索新路 構築輝煌 慶祝中華人民共和國建國五十周年》（北京：中國人民大學出版社，1999），頁 356–361，357；劉雪斌等：〈改革開放三十年的中國法理學：1978–2008〉，《法制與社會發展》，2008 年第 5 期，頁 3–36，特別是 4，8–9。

體、各企業事業組織都必須遵守憲法和法律"；"任何組織或者個人都不得有超越憲法和法律的特權"。1982 年通過的中國共產黨章程裏也明文規定，黨必須在憲法和法律的範圍內活動。關於黨和法律的關係的官方說法是，黨領導人民制定法律，也領導人民遵守和執行法律。法律是人民在黨的領導下制定的，通過全國人民代表大會及其常務委員會的立法程序，黨的方針政策轉化為法律條文。因此，黨的領導和法律的權威之間是沒有矛盾的。這個官方說法 [15] 從 80 年代初期到現在，基本上沒有任何改變。

　　1982 年的憲法制定後，中國大陸政治和法律思想的另一個里程碑是 1987 年中共的十三大，當時趙紫陽是中共總書記。十三大 [16] 提出了"社會主義初級階段"的概念。這個概念的現實意義是，由於中國處於社會主義初級階段，所以社會主義和共產主義的理想暫時未能實現，而必須對馬克思主義的正統學說予以變通，以適應中國的具體情況，例如毋須在所有經濟活動上全面採用公有制和全面實行計劃經濟，並可引進"社會主義商品經濟"的元素。十三大同時強調法律和法制的重要性，它採納了鄧小平關於"一手抓建設，一手抓法制"的提法，[17] 並主張全力建設經濟法規體系。在這方面，十三大重申鄧小平常強調的"一個中心、兩個基本點"的構想：[18] 即中共的核心任務是發展經濟，而為了達到這個目標，必須堅持兩

15　參見陳景良，前揭（註 5）書，頁 26-27，34-36；中華人民共和國國務院新聞辦公室：《中國的法治建設》白皮書（2008 年），見於 www.gov.cn/zwgk/2008-02/28/content_904648.htm（2009 年 3 月 3 日瀏覽）。並可參見拙作 Albert H.Y. Chen, "The Developing Legal System in China"（1983）13 *Hong Kong Law Journal*, 291-315, at 309-313。

16　參見趙紫陽：《沿着有中國特色的社會主義道路前進　在中國共產黨第十三次全國代表大會上的報告》（香港：三聯書店，1987）。

17　《鄧小平文選》第 3 卷（北京：人民出版社，1993），頁 154；趙紫陽，前揭（註 16）書，頁 42。

18　趙紫陽，前揭（註 16）書，頁 11-12。

點，就是一方面堅持“四項原則”[19]（實際來説最重要的原則是堅持中國共產黨的領導），另一方面堅持改革開放。

十三大以後，直至 1989 年“六四”事件以前，70 年代末以來的法學研究上的發展達到一個高峰。例如在 1988 年法學界討論到甚麼是法學的基本範疇的問題，包括法律和法制是否應該是權利本位的、還是義務本位的、還是權利與義務雙並重的。[20] 在 1988 年，1984 年的憲法進行了第一次修改，允許私營經濟的發展和規定國有土地的使用權可以轉讓。[21]

1989 年“六四”事件以後，較左的思想再次取得主導地位，一些具有自由主義色彩的法律思想被認為是“資產階級自由化”的表現因而受到壓制。值得留意的是，中共前任總書記胡耀邦正是因被指為縱容“資產階級自由化”而在 1986 年被迫下台的。但是，這種左的路線並沒有持續下去。1991 年，國務院新聞辦公室發表一份關於人權問題的白皮書，[22] 這是它首次發表名為白皮書的文件，在此以後，關於不同課題的白皮書陸續發表。在 1991 年以前，“人權”這個概念長期被官方認為是資產階級的概念和口號，關於人權的討論成為了禁區。1991 年的人權白皮書的重大意義在於為“人權”這個概念平反，它指出，正如在其他國家民族一樣，對於中國人民來説，人權是一個偉大的理想，中國也希望能逐步實現這個理想。1991 年的白皮書對人權的肯定，很可能是鑒於在“六四”之後西方國家猛烈批評中國的人權狀況，導致中國政府覺得需要用人權的語言為自己辯護。無論如何，較長遠地看，1991 年官方對人權話語的認可對中國法律思

19　即堅持社會主義道路、人民民主專政、中國共產黨的領導和馬克思列寧主義毛澤東思想。

20　劉雪斌等，前揭（註 14）文，頁 10–11。

21　1982 年的憲法制定後四次修憲的文本見於《中華人民共和國憲法》（北京：法律出版社，2004）。

22　中華人民共和國國務院新聞辦公室：《中國的人權狀況》（1991），見於 www.gov.cn/zwgk/2005–05/24/content_488.htm（2009 年 1 月 28 日瀏覽）。

想的發展是有重大積極意義的，如下所述，到了 2004 年，人權這個詞語終於寫進了中華人民共和國的憲法。

1992 年至 1995 年

1989 年"六四"之後，共產主義世界出現巨變，東歐變色，蘇聯解體。中共在 90 年代初期面臨的抉擇是，是否要在改革開放政策上後退，以求自保。這個時候，雖然江澤民已取代趙紫陽為中共總書記，但鄧小平還能發揮很大的影響力。鄧小平為中共作出的抉擇是進一步深化經濟改革而非減緩改革開放，並通過這種做法來鞏固中共政權。1992 年，鄧小平發表歷史性的"南巡"講話，指出市場經濟並不等於資本主義，社會主義並不等於計劃經濟，處於社會主義初級階段的中國大陸完全可以發展社會主義市場經濟。[23] 於是社會主義市場經濟成為了鄧小平提倡的中國特色社會主義理論的核心概念，在 1992 年中共的十四大被採納為官方意識形態，並在 1993 年的修憲中寫進了中華人民共和國憲法。

社會主義市場經濟被確定為經濟體制改革的目標，引發了法學界另一輪的熱烈討論。在這個時候最熱門的命題是，社會主義市場經濟是一種"法制經濟"或"法治經濟"。[24] 另一個相關的論點是，為了配合市場經濟的需要，私法的發展應該得到重視，也就是說，過往的重公法輕私法的態度應該改變。[25]

23　參見金春明：《中華人民共和國簡史(1949-2004)》（北京：中共黨史出版社，2007），第 35 章；《改革開放三十年》編寫組(編)：《改革開放三十年》（北京：中央文獻出版社，2008），第 5 章。

24　參見程燎原，前揭(註 5)書，第 4 章。

25　參見拙作 Albert H. Y. Chen, "The Developing Theory of Law and Market Economy in Contemporary China", in Wang Guiguo and Wei Zhenying (eds), *Legal Developments in China: Market Economy and Law* (Hong Kong: Sweet and Maxwell, 1996), pp. 3–20 at 11–12。

　　中共的正式文件裏也多次強調法制建設對於社會主義市場經濟的發展的重要性。例如 1992 年中共十四大的報告主張加強立法工作，尤其是經濟立法。1993 年中共十四屆三中全會的決議中指出，社會主義市場經濟比以往的經濟模式更加倚賴法律手段來進行經濟管理，因此應特別加強經濟立法的工作。這個決議同時訂出在 20 世紀末初步建立適應社會主義市場經濟的法律體系這個時間表。[26]

1996 年至 2002 年

　　在 1996 年，中國大陸官方的法律思想有了新的重大發展，這個發展同時推動了法學界對於法治問題的討論和研究。1996 年 2 月，江澤民發表重要講話，[27] 提出"依法治國"的概念。他指出依法治國是社會文明和進步的重要標誌，也是建設社會主義現代化國家的要求。1996 年 3 月，全國人民代表大會通過"國民經濟和社會發展九五計劃和 2010 年遠景目標綱要"，其中提到"依法治國，建設社會主義法制國家"的目標。1996 年 4 月，中國社會科學院法學研究所舉辦了一個研討會，主題是"依法治國，建設社會主義法治國家"，[28] 一場持續多年的關於法治問題的學術討論因而展開。和 70 年代末至 80 年代初的那場關於法治和人治問題的討論不一樣，在 90 年代後期的這次討論中，中國應走向法治基本上成為了法學界的共識。

　　官方的提法最初是"以法治國"和"法制國家"，後來改為"依法治國"

26　參見周葉中、伊士國：〈中國特色社會主義法律體系的發展與回顧 —— 改革開放 30 年中國立法檢視〉，《法學論壇》，2008 年第 4 期，頁 13–20，14；程燎原，前揭（註 5）書，頁 131。

27　參見劉海年等（編）：《依法治國 建設社會主義法治國家》（北京：中國法制出版社，1996），頁 1–5。

28　研討會的論文收錄於劉海年等，前揭（註 27）書。

和"法治國家"，這是在法學界推動下的有進步意義的改變，意味着法律不只是國家用以統治人民的工具，國家本身也受到法律的約束和管治。[29] 1997 年中共十五大的報告裏，正式採納了"依法治國，建設社會主義法治國家"的提法。1999 年修憲時，這個原則終於寫進了中華人民共和國的憲法。中國大陸學者指出，這意味着中共治國方略的根本改變，有利於中國的長久治安。[30] 中共的十五大同時訂出一個法制建設的時間表，就是在 2010 年完成"形成有中國特色社會主義法律體系"的目標。

在 90 年代末期到 21 世紀初期，中國大陸的法學思想和法學研究發展迅速，十分活躍，熱門的課題不但是法治，還有人權、司法改革、憲法實施的保障以至憲法的"司法化" —— 這個議題因最高人民法院在 2001 年於"齊玉苓案"的司法解釋而成為討論和研究的其中一個焦點。[31] 1997 年，中華人民共和國政府簽署《經濟、社會與文化權利國際公約》（其後已由全國人大常委會批准生效），1998 年又簽署《公民權利和政治權利國際公約》（但到目前為止仍未批准生效），2001 年，中華人民共和國加入世界貿易組織，這些發展對法學研究都有推動的作用，尤其是研究中國大陸的法律和司法制度應怎樣進一步改革，使它在商務、貿易、投資、知識產權以至人權等領域和國際接軌。

2002 年，中共的十六大召開。這次會議的報告[32]提到"政治文明"的

29　參見李步雲：〈依法治國歷史進程的回顧與展望〉，《法學論壇》，2008 年第 4 期，頁 5-12；陳景良，前揭（註 5）書，頁 307-311；程燎原，前揭（註 5）書，第 7 章。

30　陳景良，前揭（註 5）書，頁 39-40。

31　參見拙作〈2004 年修憲與中國憲政前景〉，《二十一世紀》（香港），2005 年 4 月號（總第 88 期），頁 67-77、70-72；夏勇等（編）：《中國法治發展報告 No.1（2003）》（北京：社會科學文獻出版社，2004），頁 16。這個司法解釋在 2008 年底被最高人民法院停止使用；參見《法學》（上海）2009 年 3 月號關於此事的筆談。

32　中共歷次全國黨代表大會的報告和文件見於 http://cpc.people.com.cn/GB/64162。

概念，並把民主、法治和人權理解為“政治文明”的元素。[33]會議再次強調社會主義法制建設，並重申要在 2010 年形成中國特色社會主義法律體系。在中共的意識形態方面，十六大把江澤民的“三個代表重要思想”[34]寫進中共的黨章，作為對馬列主義、毛澤東思想和鄧小平理論的補充。

2003 年至 2011 年

　　2003 年的“孫志剛事件”和 2004 年的第四次修憲，帶來了我們要談的中華人民共和國法制史的最新的一個階段。上述“齊玉苓案”涉及的問題是法院是否可以直接引用憲法作為判案的依據，而“孫志剛事件”[35]則推動了法學界以至公民社會關於違憲審查的討論——即怎樣確定某法規是否違憲及通過怎樣的程序把違憲的法規(尤其是違反憲法中關於公民權利的規定的法規)廢止。孫志剛是一位青年，在武漢完成大學教育後，到了廣州工作。2003 年 3 月的一天晚上，孫因沒有攜帶身份證明文件而被民警拘捕，在拘留期間被其他囚犯殺害。這次拘留是根據國務院在 1982 年頒佈的《城市流浪乞討人員收容遣送辦法》而進行的，孫志剛事件在傳媒報道後，輿論嘩然，尤其是在互聯網上。一些法學學者要求全國人大常委會根據 2000 年制定的《立法法》審查這個《收容遣送辦法》的合憲性。人大常委會最終沒有正式行使這項權力，但國務院卻自行廢除了《收容遣送辦法》。孫志剛事件使違憲審查和憲政等概念成為法學界以至傳媒的關注焦點，雖然憲政這個用語至今還沒有獲得官方的認同。在公民社會裏，“維權”這個用語開始被普遍使用，法律界出現了一批“維權律師”，他們嘗試

33　參見李步雲，前揭(註 29)文，頁 7。

34　根據此思想，中國共產黨代表着中國先進生產力的發展要求、中國先進文化的前進方向及中國最廣大人民的根本利益。

35　參見拙作，前揭(註 31)文，頁 72-74。

運用法律和司法制度為各種被壓迫的、受到不公正對待的人士爭取權益。[36]

2004 年，1982 年的憲法進行了第四次修訂。從法律的觀點看，最重要的修訂是＂人權＂這個用語入憲和對於私有財產權的保障的進一步明確化。私有財產權的保障問題在 2005 年出現一場論戰，緣起於北京大學法學院教授鞏獻田批評當時正在諮詢意見的物權法草案過度保障私有財產，是違反中國的社會主義憲法的。[37]雖然鞏獻田和一些左派人士反對這部物權法，全國人大終於在 2007 年把它通過成為法律。

2007 年，中共的十七大召開，總書記胡錦濤的報告全面闡述了中共最新的意識形態立場。在中共的意識形態上，鄧小平的貢獻是提出中國特色社會主義的理念，江澤民的貢獻是＂三個代表＂思想，在胡溫執政的時代，則提出了＂科學發展觀＂、＂和諧社會＂和＂以人為本＂等概念。在十七大前後，法學界討論到法律如何能為和諧社會的建設作出貢獻，以至法律發展怎樣和＂科學發展觀＂和＂以人為本＂的施政相配合。[38]

就法制和法律發展來說，十七大提出＂堅持依法治國基本方略，樹立社會主義法治理念＂，[39]並指出＂依法治國是社會主義民主政治的基本要求＂。十七大的報告又強調＂要堅持中國特色社會主義政治發展道路，堅持黨的領導、人民當家作主、依法治國有機統一＂；中國共產黨應該＂科學執政、民主執政和依法執政＂。十七大之後，中共又提出＂三個至上＂作為政法工作的基本指導原則之一，＂三個至上＂乃至＂黨的事業至上、人民利益

---

36 程燎原，前揭(註5)書，頁9–11。

37 參見劉貽清、張勤德(編)：《＂鞏獻田旋風＂實錄 —— 關於〈物權法(草案)〉的大討論》(北京：中國財政經濟出版社，2007)。

38 參見張文顯：〈法治宣言 法學文獻 —— 十七大報告的法學解讀〉，《法制與社會發展》，2007 年第 6 期，頁 3–6；劉雪斌等，前揭(註 14)文，頁 17。

39 關於＂社會主義法治理念＂，可參見〈本期視點：樹立社會主義法治理念，促進法治國家建設〉，《法學家》，2006 年第 5 期，頁 6–39。

至上、憲法法律至上"。[40]

二、法制建設的基本情況

由於篇幅有限，我們只能在這裏扼要地介紹中國大陸過去 30 多年的法制建設。我們首先回顧以下在一些主要法律部門的重大的立法發展，然後再看制度建設的情況，包括行政機關、司法制度、律師行業和法學教育等。

在 2008 年三月全國人大的會議上，全國人大常委會向會議提交工作報告，[41] 其中提到，"由七個法律部門、三個層次法律規範構成的中國特色社會主義法律體系已經基本形成"。這裏說的三個層次包括(1)由全國人大及其常委會制定的法律，到 2008 年 3 月為止共有 229 件；(2)約 600 件由國務院制定的行政法規；和(3)7000 多件地方性法規，主要由各省的人民代表大會及其常委會制定。報告提到的七個法律部門，乃指(1)憲法及其相關法、(2)民商法、(3)行政法、(4)經濟法、(5)社會法(包括勞動法)、(6)刑法，和(7)訴訟與非訴訟程序法。

保障人身自由

現代法律制度的核心內容包括刑法和刑事訴訟法，它關乎公民最基本的人身自由。在改革開放時代剛開始的 1979 年，人大一口氣通過了七部法律，其中兩部便是《刑法》和《刑事訴訟法》(其餘的法律涉及人民法院、人民檢察院、地方人大和人民政府的組織架構、全國人大和地方人大的選

40　〈最高人民法院工作報告(2009 年 3 月 10 日在第十一屆全國人民代表大會第二次會議
　　上)〉，見於全國人大網站 www.npc.gov.cn。

41　〈全國人民代表大會常務委員會工作報告〉(2008 年 3 月 8 日)，《中華人民共和國全
　　國人民代表大會常務委員會公報》，2008 年第三號，頁 335-369。

舉和中外合資企業）。這兩部法律是中華人民共和國歷史上第一部的刑法和
刑事訴訟法，它們是根據在 50 年代和 60 年代初期起草的版本而制定的，
當時蘇聯對中國大陸的立法的影響是很大的。這兩部法律的內容比較簡單
和粗糙，在 1996 年和 1997 年，它們分別作出大規模的修訂。1996 年對《刑
事訴訟法》的修訂一定程度上改善了對被告人的權利的保障，同時引進了
某種意義的無罪推定（但不包括保持緘默的權利和對違法所取得的證據的排
除）。這次修訂也廢除了備受批評的 "收容審查" 程序，但沒有改革更令人
詬病的 "勞動教養" 制度 —— 在此制度下人民可以不經法院審判而被拘禁
一至三年。至於 1997 年對《刑法》的修訂，引進了西方現代法制史上已久
被接受的 "法無明文不為罪" 的原則，並以 "危害國家安全罪" —— 一個在
其他國家的刑法上慣用的概念 —— 代替原有的 "反革命罪"。除此以外，也
有很多其他修訂，以適應轉變中的社會和經濟情況。在改革開放的年代，
中國大陸的刑事犯罪率不斷上升。為了維持社會治安，中共採用了嚴刑峻
法 —— 包括廣泛使用死刑，並多次發起 "嚴打"（嚴厲打擊犯罪）運動，在
運動中從嚴從速處置犯罪份子。在 1983 年至 1987 年、1996 年至 1997 年和
2001 年至 2003 年都有 "嚴打" 運動。[42] 在 2007 年，最高人民法院對下級法
院判決死刑的案件，開始採用更嚴謹的審查程序，以限制死刑的濫用。[43]

改革經濟體制

　　現在我們再看民法、商法和經濟法的領域 —— 這些領域和過去 30 多
年的經濟體制改革的關係特別密切。在 80 年代，中國大陸民法發展的里

42　參見 Bin Liang, *The Changing Chinese Legal System, 1978 – Present*（New York:
　　Routledge, 2008），chapter 4。

43　〈最高人民法院工作報告〉（2008 年 3 月 10 日），《中華人民共和國全國人民代表大會常
　　務委員會公報》，2008 年第三號，頁 370–383。

程碑是 1986 年制定的《民法通則》。正如上述的 1979 年的《刑法》和《刑事訴訟法》，《民法通則》的結構和內容深受社會主義法系的傳統的影響。《民法通則》的起草過程中參考的材料主要是當時蘇聯、捷克、東德和匈牙利的民法。[44]另一方面，《民法通則》也反映出中國大陸經濟改革的一些獨特的關注點。例如它所確認的"與財產所有權有關的財產權"包括在農村經濟改革所產生的"承包經營權"，即農戶在新興的"家庭聯產承包責任制"下對農村集體所有土地所取得的承包經營權。《民法通則》所確認的另一種"與財產所有權有關的財產權"是國有企業(以前稱為國營企業)對其財產所享有的經營權。

80 年代的立法為當代中國大陸民法的發展奠定了基礎。除《民法通則》以外，這個時期的重要立法包括《婚姻法》(1980 年)、《經濟合同法》(1981)、《商標法》(1982)、《專利法》(1984)、《繼承法》(1985)、《涉外經濟合同法》(1985)、《土地管理法》(1986)、《技術合同法》(1987)和《著作權法》(1990)。

90 年代初以後，中國大陸的民商法和經濟法的發展更加迅速，其推動的力量包括 1992 年關於發展社會主義市場經濟和加強經濟立法的決定、1997 年關於依法治國、建設社會主義法治國家的決定，以及 2001 年中華人民共和國加入世界貿易組織。90 年代以來，中國大陸在起草法律時參考的外國經驗和模式不再主要是社會主義法系，而包括歐洲大陸法系(包括台灣的法律)、英美法系(包括香港法律)和國際法。在這個時代，民法、商法和經濟法在概念上的區分相對明確化：民法主要是調整平等民事主體之間的人身關係和財產關係，商法在民法的基礎上進一步處理在商業活動中平等主體的關係，經濟法則調整與國家行為有關的經濟關係，這些

44　參見拙作，〈中國法律的發展與民法傳統〉，於汪丁丁(編)：《中國評論一九九六》(香港：中文大學出版社，1996)，頁 28–51。

行為包括國家在管理經濟活動和進行經濟調控時作出的行為和國家對市場的必要干預。

90 年代以來，在民法領域的重要立法包括《擔保法》（1995 年）（它規定了哪些財產權益可作為貸款的擔保，所以對於明確財產權體系有重大意義）、《合同法》（1999）（它取代了上述的三部合同法，統一適用於不同種類的合同，無論合同只涉及本土的企業或涉及外商或外資企業）、《信託法》（2001）、《農村土地承包法》（2002）（在確定農村經濟改革所產生的財產權方面十分重要）、2007 年有名的《物權法》（它賦予私有財產與公有財產同等的地位和保護，並系統和全面地規定各種財產權，尤其是與土地有關的財產權），以至 2009 年的《侵權責任法》。在 2002 年底，一部民法典的草案提交全國人大常委會初步審議，但到目前為止仍未完成立法程序。

在商法方面，一個重要的里程碑是 1993 年制定的《公司法》。[45]這部立法在當時的創新之處，是它平等適用於本地資本和外資的公司，與以往的對不同資本來源的企業採用不同的規管體制的做法有所不同，有利於市場上的平等競爭。這部《公司法》的另一個重要目標，是促進中國大陸的國有企業的改革，從而推動"現代企業制度"在中國大陸的建立。

在商法領域的其他重要立法包括《海商法》（1992 年）、《票據法》（1995）、《保險法》（1995）、《商業銀行法》（1995）、《合夥企業法》（1997）、《個人獨資企業法》（1999）、《證券法》（1998）和《企業破產法》（2006）。至於經濟法方面，重要的立法包括《消費者權益保護法》（1993）、《反不正當競爭法》（1993）、《產品質量法》（1993）、《廣告法》（1994）、《城市房地產管理法》（1994）、《對外貿易法》（1994）、《價格法》（1997）和《反壟斷法》（2007）。

45　參見拙作，前揭（註 44）文。

起訴國家行政機關的權利

　　最後要談的法律部門是行政法。在這方面最重要的里程碑是 1989 年制定的《行政訴訟法》，在中華人民共和國的法制史上，這部法律首次賦予人民相當廣泛的權利去就國家機關的行政行為提出訴訟、請求法院審查行政行為的合法性。在 90 年代，行政法得到進一步的發展，重要的立法包括《國家賠償法》（1994）（允許人民就行政機關及其工作人員對他們的權利的侵犯索取賠償）、[46]《行政處罰法》（1996）（確立了行政程序的一些重要原則，如被處罰者的陳述權和申辯權）、《行政監察法》（1997）和《行政覆議法》（1999）。在 21 世紀初，全國人大常委會又再制定行政法和相關的公法領域的一些重要法律，包括《立法法》（2000 年）（界定了全國人大及其常委會、國務院以及地方人大等不同國家機構的立法權限）、《行政許可法》（2003）、《公務員法》（2005）、《治安管理處罰法》（2005）、《各級人民代表大會常務委員會監督法》（2006）（規定了各級人大常委會的監督權）。此外，2007 年國務院制定的《政府信息公開條例》也是一個重大突破。可是。中國大陸尚未制定類似台灣、日本和南韓的行政程序法，雖然行政程序法的訂立是一個最終的目標。

　　在行政法發展的同時，政府愈來愈強調"依法行政"，而不是像過往一樣只根據政策文件辦事和不重視程序問題。依法行政要求行政行為有法律上的依據，並且根據相關的程序性法律規範而實施。1999 年 3 月的修憲把"依法治國，建設社會主義法治國家"的原則寫進憲法後，在同年國務院便頒佈了《關於全面推進依法行政的決定》。在 2004 年，國務院又進一步頒佈更具體和詳細的《全面推進依法行政實施綱要》，《綱要》訂出了在 10 年內"基本實現建設法治政府的目標"，亦即默認當時的法治水平離這

46　參見拙作，前揭(註 44)文。

個目標的實現還有一段距離。[47]

司法制度建設

　　現在讓我們轉而看看中國大陸的司法制度的狀況。從制度建設的角度看，過去 30 多年來中國大陸的法院建設取得了相當可觀的成就。法官人數不斷增加，法官的平均教育和專業水平不斷提升，法院所審理的案件的數目也不斷增加。[48]正如在很多其他發展中國家，中國大陸的司法制度也面臨不少嚴重問題，[49]例如不少法官的專業能力不足或不遵守法官的職業道德、貪污問題、政治干預司法問題（在中國大陸，黨的領導的最高原則與司法獨立存之間在着結構性的矛盾）、法院的判決有時得不到有效執行等。為了對治這些問題，官方作出了不少努力。例如 1995 年制定的《法官法》是中國大陸法官邁向專業化的重要里程碑，在 2001 年，頒佈了《法官職業道德基本準則》。在 1999 年，最高人民法院頒佈了一份《人民法院五年改革綱要》，列出 39 項與司法改革有關的任務。2005 年，又頒佈了《第二個五年改革綱要》，這份文件分為八個部分，共列出 50 項工作。[50]《人

47　參見羅豪才、宋功德：〈鏈接法治政府 ── "全面推進依法行政實施綱要" 的意旨、
　　視野與貢獻〉，於羅豪才（編）：《行政法論叢》第 9 卷（北京：法律出版社，2006），
　　頁 441-459。〈綱要〉見於 www.gov.cn/zfjs/2005-08/12/content_22212.htm（2009
　　年 3 月 3 日瀏覽）。

48　有關統計數字見於 Bin Liang，前揭（註 42）書及朱景文（編）：《中國法律發展報告》（北
　　京：中國人民大學出版社，2007）。

49　參見 Hualing Fu, "Putting China's Judiciary into Perspective: Is It Independent, Competent,
　　and Fair?" in Erik G. Jensen and Thomas C. Heller（eds），*Beyond Common Knowledge:*
　　Empirical Approaches to the Rule of Law（Stanford: Stanford University Press, 2003），
　　chapter 6（pp. 193-219）。

50　見於 http://www.dffy.com/faguixiazai/xf/200512/20051214221735.htm（2009 年 2 月 27 日瀏
　　覽）。

民法院第三個五年改革綱要(2009–2013)》公佈於 2009 年 3 月。[51]

　　像法官和法院一樣，律師行業也是一個現代法律制度的重要支柱。在過去 30 年，中國大陸的律師行業也有很大的發展。早在 1980 年，全國人大常委會便制定了第一部關於律師行業的法規——《律師暫行條例》。30 年來，律師的性質、工作模式以至律師行業的規模都經歷巨變。經濟改革和經濟發展為律師行業的發展提供了大量的機遇。中國大陸專職律師(不包括兼職律師)的人數在 1984 年到 2004 年的 20 年間增加 10 倍，從 1 萬人躍升至 10 萬人。[52] 到了 2006 年底，執業律師總人數為 13 萬人，分布於全國各地的 1 萬 3 千多所律師事務所。[53] 律師行業的發展的一個重要里程碑是 1996 年通過的《律師法》。這部律師法摒棄了《律師暫行條例》把律師定性為 "國家的法律工作者" 的做法，而把律師重新界定為 "為社會提供法律服務的執業人員"。在今天，多數律師從事的是私人執業而非受聘於國家，而且在全國和地方的層次都成立了律師協會，它們享有一定程度的自我管理的權力；但是，相當於其他國家，在中國大陸，國家和黨(通過司法部和其屬下的司法行政機關)對於律師行業的監管仍然相當嚴厲，律師行業的自主空間仍然相當狹窄。2007 年《律師法》的修訂並沒有改變這個基本格局。至於律師的專業資格，一個重要的發展是於 2002 年開始，所有有意成為律師、法官和檢察官的人士都需要參加統一司法考試，這個考試取代了 1986 年以來專門為律師而設的全國律師資格考試。

51　見於中國法院網站 www.chinacourt.org。

52　朱景文，前揭(註 48)書，頁 340。

53　《中國的法治建設》白皮書，前揭(註 15)書，第 6 章。

發展法律援助和法學教育

最後讓我們看看法律援助和法學教育方面的發展。在 2003 年，國務院制定了《法律援助條例》，把正在發展中的法律援助的實踐進一步制度化和規範化。國家投入於法律援助制度的資金從 2002 年的 7800 萬元人民幣增加到 2003 年的 1.52 億元，再增加到 2004 年的 2.17 億元[54] 和 2006 年的 3.35 億元。[55] 在中國大陸的高等教育裏，法學教育是一個蓬勃發展的領域，在 30 多年前，大學的法學院寥寥可數，現在法學院的總數已超過 600 所，正在就讀的本科生人數就有 30 萬。[56]

除了大學的正規法學教育之外，中國大陸政府也不斷推行"法制宣傳教育"，即在幹部以至一般人民的層次把法律知識普及化。[57] 從 1985 年起到現在，全國人大常委會總共通過了五個關於"普法"的五年計劃，最新的一次決定是全國人大常委會在 2006 年通過的《關於加強法制宣傳教育的決議》。從 2001 年 12 月 4 日起（1982 年的憲法是在 12 月 4 日頒佈的），每年的這天定為"法制宣傳日"。在傳媒方面，全國在中央和各地方層次都有辦法制報，專門報道與法制有關的新聞，電視台和廣播電台也設有與法律有關的節目。根據 2008 年的統計數字，在各省市共有 300 多家電視台開設了法治欄目。此外，互聯網也成為了法制宣傳教育的重要工具之一。在中小學的課程裏，都包括一些法律知識的內容。多年來為各級公務員和幹部而設的法律講座、法律學習等活動不斷舉行，還舉辦了不少專門為中共最高層和全國人大常委會成員而設的、由著名學者主講的法制講座。還

54　朱景文，前揭（註 48）書，頁 408。

55　蔡定劍、王晨光（編）：《中國走向法治 30 年（1978-2008）》（北京：社會科學文獻出版社，2008），頁 203。

56　《中國的法治建設》白皮書，前揭（註 15）書，第 7 章。

57　《中國的法治建設》白皮書，前揭（註 15）書，第 7 章。

有採用專門與法治有關的宣傳口號，如"依法治省"、"依法治市"等。

三、反思

中國是世界上人口最多的國家，中華文明歷史悠久，博大精深，但是在現代史裏，中華民族面對過重重危機，屢歷災劫。今天中國大陸的法制只有短短 30 多年的持續發展的歷史，我們應該怎樣看它？它是否像個剛剛學步的小孩子？它的發展有多次成熟？讓我們先看看兩段引文：

> "至今為止法律改革的成就是令人讚賞的，尤其是當我們考慮到中國傳統的包袱、30 年的毛澤東主義以至那些對改革構成阻力的制度環境。在今天的中國大陸，法律已經取得在中國史無前例的重要性。"[58]

> "中國的法治建設仍面臨一些問題：民主法治建設與經濟社會發展的要求還不完全適應；法律體系呈現一定的階段性特點，有待進一步完善；有法不依、執法不嚴、違法不究的現象在一些地方和部門依然存在；地方保護主義、部門保護主義和執行難的問題時有發生；有的公職人員貪贓枉法、執法犯法、以言代法、以權壓法，對社會主義法治造成損害；加強法治教育，提高全社會的法律意識和法治觀念，仍是一項艱巨任務。"[59]

以上兩段引文，第一段來自一個長期研究中國大陸法的美國學者，第二段來自中華人民共和國政府在 2008 年發表的法治白皮書，兩者表達的其實是不少中外人士對於中國大陸過去 30 多年法制發展的一種看法，可

58　Stanley B. Lubman, *Bird in a Cage: Legal Reform in China After Mao*（Stanford: Stanford University Press, 1999）, pp. 2.

59　《中國的法治建設》白皮書，前揭（註 15）書，〈結束語〉部分。

綜合為兩點：(1)中國大陸在法制建設方面所取得的進步是相當巨大的，它的法治水平從文革結束時的極低水平迅速上升；(2)目前的中國大陸法制仍有很多的而且相當嚴重的弊病和缺陷，要改善它的法治狀況，把它的法治水平提升至較滿意的水平，仍要克服無數困難，長路漫漫。

　　這個觀點的前提是一個關於如何思考和評價法律發展的一個"現代化"範式。這個範式包含用以評鑒法律發展的一些標準。除非有了這些標準，否則便沒有可能說在過去30多年中國大陸的法制確實有了很大的進步。再者，如果沒有這些標準，便不能說中國大陸現行的法制有很多不足之處、在很多方面仍須改善。

法制現代化範式與西方化

　　我們可以把這些標準視為法制現代化的範式的一部分，因為這些標準來自所謂"現代法律制度"，而並不屬於前現代時期世界各大文明的法制。從世界史的角度看，現代性首先出現於西方，所謂"現代法律制度"是西方文明的產物，而在非西方國家，法制現代化主要是一種西方化，即以西方的現代法律制度為參照體系來改造自己原有的法律制度。法制現代化的思考範式一方面肯定一些具有普遍意義的法治原則——在歷史上這些原則首先出現於西方，另一方面認為當非西方國家的法律制度按照西方國家的現代法律制度的模式來改造自己原有的法律制度時，它的法律制度便能實現現代化，便能適應現代環境的需要。

　　由此可見，法制現代化範式好像是西方中心主義的，因此，在非西方世界它可能受到反抗，例如有人會捍衛本土文化，反對西方霸權主義，反對移植西方的制度和規範到本地，而主張利用本土資源和根據本地的具體情況來發展自己的法律規範和制度。在當代的中國大陸，這種反對西方中心主義的例子是鄧正來教授在2005年掀起的關於"中國法學往何處去"的討論。[60]鄧正來是有名的法理學和社會理論的學者，他批評中國大陸法學界在20多年來不假思索地以西方的法律發展模式來思考中國的法律發展。

　　可是，鄧正來的觀點並不代表所有認同和捍衛中國文化傳統和關注中國在現代世界的命運的人士。舉例來說，20世紀中葉從中國大陸流亡到台灣和香港的幾位有名的新儒家學者便主張中國應接受來自西方的民主憲政，正如它應接受來自西方的科學一樣；他們認為，在中國發展民主，不但並不違反儒教的人文傳統，而且可以是中國文化傳統的價值理想得到更高程度的實現和發展。[61]他們其中之一是牟宗三先生，他指出法治、憲政、人權和民主"雖先發自於西方，但是只要它一旦出現，它就沒有地方性，只要它是個真理，它就有普遍性，只要有普遍性，任何一個民族都當該承認它。"[62]因此，問題的關鍵是，法治和其相關的價值理念和原則是否有其普世性、適用於全人類，還是有其文化特性、只適用於或屬於西方文明。

　　值得留意的是，過去30多年來，中國大陸官方的法律論述以至法學界的主流話語並沒有從文化保守主義的角度去抗拒來自西方的法治理念。中國大陸法學界長期以來深受馬克思主義的薰陶，他們對所謂"封建社會"時代的中國的法律、法制、政治體制以至法律文化都持有強烈批判的立場，他們傾向於接受在西方資產階級革命時代興起的現代法治理念是具有進步意義的。[63]官方以至學界之所以對於全面接受西方的法治理念有所

60　鄧正來，《中國法學向何處去》(北京：商務印書館，2006)。並可參見拙作，〈中國法學往何處去〉，《河北法學》，2007年第10期，頁11-14。

61　參見拙作，〈儒家與民主憲政 —— 從1958年《為中國文化敬告世界人士宣言》談起〉，收於范瑞平(編)：《儒家社會與道統復興 —— 與蔣慶對話》(上海：華東師範大學出版社，2008)，頁13-30。

62　牟宗三：〈新版序〉，《政道與治道》(台北：台灣學生書局，1991年增訂新版)，頁21。

63　參見拙作，Albert H. Y. Chen, "Confucian Legal Culture and its Modern Fate", in Raymond Wacks (ed), *The New Legal Order in Hong Kong* (Hong Kong: Hong Kong University Press, 1999), pp. 505-533。

保留，不是由於他們有中國文化本位的思想，而是由於社會主義意識形態的主導地位。因此，當今中國大陸官方提倡的不是"法治國家"，而是"社會主義法治國家"；不是一般的"法治"理念，而是"社會主義法治"理念。[64] 中共接受的法治是社會主義法治，不容法治削弱或拋棄中國共產黨的領導。在當今中國大陸，雖然關於對權力的制約和監督的話語已經被接受為官方話語的一部分，但是"分權"、"三權分立"、"多黨選舉"等問題仍屬討論的"禁區"。

中國法律制度的現況

　　我認為今日中國大陸的法律制度可以描述為(1)一個正在"現代化"或正在"發展中"的法制(就像發展中國家的概念)；(2)一個"社會主義"的法制；和(3)一個具有中國文化特色的法制。第一，說它是正在"現代化"或正在"發展中"的法制，意思是根據現代法治的評價標準，它還沒有達到比較成熟的發展水平，這裏說的評價標準既包括中國大陸官方以及學界所用的標準，也包括國際上通用的標準或海外觀察者和研究者所用的標準。第二，說它是"社會主義"的法制，既是由於中國大陸的政府和學者都採用這個詞語，也是因為從比較法和比較政治的角度看，它是一個共產黨一黨制國家的法制而非西方式自由民主國家的法制。第三，說它是一個具有中國文化特色的法制，是它的某些特徵可以用傳統中國文化來理解或解釋。以下我們嘗試舉一些例子來說明這三點。

　　首先可以用三個例子說明為甚麼即使應用中共政府自己所公開地接受的標準，中國大陸法制還是在發展或現代化的過程之中，尚未到達發達的水平。第一，以法律的規範體系來說，在某些重要領域仍未由全國人大或

64　見註39。

其常委會制定相關的法律(雖然可能已存在較低層次的法規，如國務院制定的行政法規或規章)，例如在出版自由和結社自由——兩者都是中國憲法保障的公民權利——方面情況便如此。[65] 第二，雖然 2000 年制定的《立法法》在理論上已經對不同國家機構在制定法律規範方面的權力予以界定，並設定了處理不同層次的法律規範之間的衝突的程序和原則，但在實踐中尚未有一個行之有效的制度，讓人民或訴訟當事人可以對被疑為違憲或違法的法律性規範提出法律挑戰或訴訟。[66] 第三，雖然在過去 30 多年中國大陸的法律工作者——包括法官、檢察官、律師等——的人數不斷增加，其平均教育和專業水平亦不斷提高，但是現實上法律人才在全國範圍內的分佈是既不平均的，他們集中在大城市和經濟發達的地區，在鄉鎮和較貧困的地區，法制建設的水平遠遠落後於大城市和較富裕地區。[67]

　　至於中國大陸法制的"社會主義"特色，最明顯的表現便是在法律制度的運作中法律至上(法治的核心內容)和中國共產黨至上兩者之間存在的張力或矛盾。在中國大陸，中國共產黨的領導被奉為最高的指導理念或原則，這個原則不但見諸所有重要的官方法律話語，也有非常具體的、制度化的表現，例如在不同領域、不同層次的國家機關以至非國家機關，但有官方色彩的機構，都存在黨委、黨組等中國共產黨的組織，黨委書記在這些機關和機構都享有實權。即使是在全國人民代表大會——中國憲法所宣稱的國家最高權力機關——和其下各省市的人民代表大會，中國共產

65　關於結社方面，最主要的法規是國務院制定的《社會團體登記管理條例》(1998 年)，但沒有全國人大或其常委會的立法。關於言論和出版自由方面，2008 年底由民間人士發起簽名運動的著名的《零八憲章》的其中一個要求，便是制定《新聞法》和《出版法》；《零八憲章》可見於《開放雜誌》(香港)，2009 年元月號，頁 8–10。

66　參見拙作，Albert H. Y. Chen, *An Introduction to the Legal System of the People's Republic of China,* 3 rd ed (Hong Kong: LexisNexis, 2004), pp. 111–115。

67　參見朱景文，前揭(註 48)書。

黨領導的原則也是適用的，在實踐過程中，中共領導人可以根據情況來決定讓人大代表有多大的言論自由和辯論的空間，以至他們在行使其法定的對政府機關的監督權時可以積極到甚麼程度。中共在維持黨對權力的壟斷時是非常小心謹慎的，不會讓黨以外的其他機關獲得太多權力。例如法院便不被允許去自行處理一些在社會上具有爭議性或政治上具有敏感性的案件，[68] 在這類案件中，中共不想鼓勵人民通過司法制度來爭取自己的權益。還有一點值得留意的是，在中國大陸，雖然有不少法律規範國家機關（如人大、國務院和各級地方政府、法院、檢察院等）的運作和其權力的行使，但並不存在任何法律去規範中國共產黨的運作和其權力的行使。所以雖然人民可以根據《行政訴訟法》對國家機關的行政行為提出訴訟，請求法院審查其合法性，但對於黨、黨的組織和黨的領導人作出的行為、決定或其制定的規範和政策，人民無從訴訟，法院也沒有管轄權。

最後，我們要談到傳統中國文化對於今天中國大陸的法律和社會所仍然具有的影響力。舉例來說，中國大陸當局長期以來十分重視民事糾紛的調解，包括在出現訴訟之前的人民調解制度和訴訟提出之後由法院嘗試調解，這種重視調解的傳統在中國的傳統中是根深蒂固的，因為儒家文化主張和諧，重調解而輕訴訟，因為訴訟就是對抗，有傷和氣。[69] 另一個例子是常常被論及的人際關係或社會關係與法治的可能矛盾。中國傳統文化

68　參見 Randall Peerenboom, "More Law, Less Courts: Legalized Governance, Judicialization, and Dejudicialization in China", in Tom Ginsburg and Albert H. Y. Chen (eds), *Administrative Law and Governance in Asia: Comparative Perspectives* (London: Routledge, 2009), chap. 9, pp. 175–201。

69　參見拙作，Albert H. Y. Chen, "Mediation, Litigation, and Justice: Confucian Reflections in a Modern Liberal Society," in Daniel A Bell and Hahm Chaibong (eds), *Confucianism for the Modern World* (Cambridge: Cambridge University Press, 2003), chapter 11, pp. 257–287；本文的中文版見於拙作《法理學的世界》（北京：中國政法大學出版社，2003），頁 178–212。

重人情和人際關係，情理法構成一個立體的規範和價值體系，而非只是法律至上。關係可以被用來解決問題，而非依靠抽象的、非人格化的法律和法定程序；關係的使用甚至可能達到迴避法律或違反法律的後果。眾所周知，當今中國大陸還是一個"講關係"的社會，在一定意義上造成了法治的障礙。[70]最後一個例子是中國法家傳統的影響。法家思想把法律視為統治者管治人民的工具，而非現代意義上的以法律約束統治者藉以保障人民的權利。[71]這種法家的法律理念到今天仍然在發揮其作用。

四、結論

從比較法的角度看，中華人民共和國歷史頭 30 年的法制狀況是特別有趣、特別值得研究的，因為它非常獨特，與世界上絕大部分其他國家的情況明顯不同。從海外的觀察者和研究者的角度來看，這種"不正常性"固然是有趣的，但為此中國人民卻付出了沉重的代價。毫無疑問，文革時期是中國歷史以至人類文明史上最黑暗的時代之一，在那個"無法無天"的時代，中華民族所承受的苦難為法治的價值作出了反面的見證。

正如 1982 年新憲法通過時《人民日報》的一篇社論所指出，"我們上了一堂應該說是終生難忘的法制課，……不講法制，有法不依，無法無天，……不利於人民。這個沉痛的教訓，使我們要永遠記取的。"[72]中共在 70 年代末下定決心重建法制，一方面可理解為對文革時代的沉痛教訓

70　參見拙作，Albert H. Y. Chen, "Rational Law, Economic Development and the Case of China", *Social and Legal Studies*, vol.8 (1999), pp. 97-120：本文的中文版見於拙作《法治、啟蒙與現代法的精神》（北京：中國政法大學出版社，1998），頁 193-214。

71　參見拙作，〈對古代法家思想傳統的現代反思〉，收於《法理學的世界》，前揭（註 69）書，頁 151-177。

72　《人民日報》，1982 年 12 月 5 日。

的回應，另一方面也是為改革開放的新時代的經濟發展和外來投資提供一個法律基礎。從本文中可以看到，從 1978 年到現在，有一個持續而穩定的趨勢，就是愈來愈強調法制和法治，立法和法律工作者不斷增加，與法制運作有關的機構不斷膨脹。如果在中華人民共和國的頭 30 年，中國大陸的法制狀況相對於其他國家可以視為 "不正常" 的話，那麼在其後的 30 多年的發展便把中國大陸的法制狀況變得於世界上其他國家愈來愈相似。從比較法的角度看，現在中國大陸這個個案好像不再那麼獨特、不再那麼有趣、不再需要特別的分析和解釋。

但是，我認為我們可以從另一個角度去看中國大陸法律發展的這種趨勢 —— 即其法制變得 "正常化"、與世界各國的法制 "趨同化" 或與國際 "接軌"，這便是去反思當代中國大陸擁抱法治、人權等普世價值對於中國以至世界的深遠意義和影響。1991 年的《中國的人權狀況》白皮書[73]承認：

> "享有充分的人權，是長期以來人類追求的理想。從第一次提出人權這個偉大的名詞後，多少世紀以來，各國人民為爭取人權作出了不懈的努力，取得了重大的成果。但是，就世界範圍來說，現代社會還遠沒有能使人們達到享有充分的人權這一崇高的目標。這也就是為甚麼無數仁人志士仍矢志不渝地要為此而努力奮鬥的原因。"

2008 年的《中國的法治建設》白皮書[74]承認：

> "法治是政治文明發展到一定歷史階段的標誌，凝結着人類智慧，為各國人民所嚮往和追求。

73　前揭(註 22)書。

74　前揭(註 15)書。

中國人民為爭取民主、自由、平等，建設法治國家，進行了
長期不懈的奮鬥，深知法治的意義與價值，倍加珍惜自己的法治
建設成果。"

　　我相信這些話反映當代中共領導層確有誠意在中國大陸推動法治建
設和逐步提高人權保障，並以國際社會的一個負責任的成員的身份去參與
國際上關於法治和人權等問題的對話。同時，中共仍然會全力在中國大陸
維持其對政治權力的壟斷。但是，在不挑戰中共政權的前提下，我相信中
國大陸的法制仍有極大的發展和改善的空間，去進一步實現法制現代化
和進一步提升中國大陸的法治水平。研究中國大陸法的美國學者 Randall
Peerenboom 曾經對法治的"較薄"的版本和"較厚"的版本作出區分，其
中"較薄"的版本指形式法治，不一定接受西方的自由民主政治。[75] 我相
信中國大陸將進一步邁向這種意義上的法治。另一位研究中國大陸法的美
國學者 Stanley Lubman 有一部專著，書名是 *Bird in a Cage: Legal Reform
in China After Mao*。[76] 這個鳥籠的未來是怎樣，這隻鳥將飛往何處去，讓
我們拭目以待。

75　Randall Peerenboom, *China's Long March Toward Rule of Law* (Cambridge:
　　Cambridge University Press, 2002), pp. 2–6.

76　前揭(註 58)書。

5 論中國和香港的人權與憲政

中國文化傳統與現代人權觀念

一、前言

本文的題目是〈中國文化傳統與現代人權觀念〉，這個題目提到"傳統"和"現代"這些詞語，這是故意的，因為我希望突出"傳統"和"現代"的比較。如果題目是〈中國文化與西方人權觀念〉，那麼它的重點便會很不同了，即變成"中國"和"西方"一個對比。

20世紀著名哲學家馮友蘭先生曾經在一篇文章中提到"中西之辨"和"古今之辨"的問題。他指出，中國在20世紀面臨的挑戰不應稱為"西化"，而應該正名為"現代化"。他寫道：

> "有人說西洋文化是汽車文化，…但汽車亦並不是西洋本有底。有汽車與無汽車，乃古今之分，非中西之異也。一般人心目中所有之中西之分，大部分都是古今之異。"[1]

我認為他在這段文字中提到"汽車"的地方，完全可以用"人權"予以替代。正因為如此，我在本文的題目中提到"人權"的時候，用的詞語是"現代人權"。

關於人權的概念和討論，並不是在人類各大文明中自古便存在的，而是現代世界中獨特的現象。人權思想首先出現於西方文化圈，時間是17世紀和18世紀。人權思想的出現，代表着知識領域的一個突破、政治領域的一場革命。人權理念是西方文明在現代階段的嶄新的、史無前例的創造，它並不存在於西方文明的以往的階段 —— 如古代的希臘文明、古代

1　引自陳來編：《馮友蘭語萃》（北京：華夏出版社，1993），第105頁。

的羅馬文明或中世紀的歐洲文明。就正如蒸氣機或汽車是一種現代的發明，人權的理念和學說也是一種現代的發明。而正如當代阿根廷思想家寧諾（C. S. Nino）指出，"無可置疑，人權是我們的文明中最偉大的發明之一。"[2]

對人權持懷疑態度的人指出，人權只是漂亮的口號、美麗的理想，而理想與現實卻有不可逾越的鴻溝；在現代史和當代世界中嚴重違反人權的行為屢見不鮮、層出不窮，這說明人權討論是沒有意義的、不能產生實際作用的。他們同時懷疑人類的道德上的進步是否可能，雖然人類在現代世界確取得了在科技和物質生活上的進步。但是，我並不同意這種懷疑論的觀點。

第一，應當指出，即使一些好的思想觀念常常被人置之不理或未能全面實施，這並不表示人類在文化活動中創造出來的思想觀念是一文不值的，更不表示我們毋須鑒別和區分好的思想觀念和壞的思想觀念。人權理念是一種思想，納粹主義、法西斯主義以及導致中國 20 世紀 60 年代的"文化大革命"的極左路線、又或導致中世紀歐洲宗教裁判所的成立的基督教的某些極端路線，也是一些思想，但它們是不同的思想，與人權思想相比，它們在人類歷史中所導致的實際後果是有天淵之別的。人類歷史中充滿殘忍、苦難、壓迫和戰爭，而某些思想確能導致人類苦難和罪惡的增加；而另外一些思想，卻能減輕人類的苦難和罪惡。

第二，我相信我們可以論證得到，現代人權學說確是一種好的思想，而這種學說的產生，可以理解為人類在道德領域的進步的一種表現。德國著名思想家康德在 1784 年曾經發表一篇文章，題目是〈世界公民觀點之下

2　轉引自 Norberto Bobbio, *The Age of Rights*, translated by Allan Cameron (Cambridge: Polity Press,1996), p.64。原文來自 C. S. Nino, *Eticay Derechos Humanos* (Buenos Aires: Paidos Studio,1984), p.13.

的普遍歷史觀念〉,[3] 文章討論到人類在歷史中取得道德方面的成長的可能性。當代意大利著名政治思想家波必奧(Norberto Bobbio)就着康德的構想作出進一步的討論:

> "在康德的這段傑出的文字的感染下,我提出以下這個論點,就是從歷史哲學的觀點出發,現時日益擴展和深化的關於人權的討論,可以理解為人類道德進步的'先知性的象徵',因為這種討論正在世界範圍內的所有民族中進行,而且十分熱烈,並進入了最權威性的國際司法組織的議事日程。"[4]

著名的當代加拿大思想家查爾斯・泰勒(Charles Taylor)曾經對現代文明所建立的道德資源進行反思。他指出,與現代人權意識息息相關的"慈愛的要求"——

> "令人感覺到,我們這個時代產生了一些史無前例的東西。正因為這個要求得到承認,我們感覺到,我們的文明取得了一種在素質上的躍升;而所有以往的世代對我們來說都是有點令人震驚的,甚至是野蠻的,因為他們都好像是無動於衷地接受着人為的或很容易可避免的苦難和死亡,甚至是殘忍、酷刑,又甚至讓這些行為公開進行並因而感到快慰。……而我們的文明的道德文化中,卻就這些方面建立了更高的標準。"[5]

3　Kant, *Political Writings* (Cambridge: Cambridge University Press, 2[nd]ed. 1991), pp.41-53;中譯見於康德:《歷史理性批判文集》(北京:商務印書館,1991 年)。

4　Bobbio 同註〔2〕,第 35 頁。

5　Charles Taylor, *Sources of the Self: The Making of the Modern Identity* (Cambridge, Mass.: Harvard University Press, 1989), pp. 396-7.

以上的討論可以總結為以下幾點：人權並非屬於現代之前的西方文明；人權是現代的發明創造；人權思想的興起和全球化，可以理解為人類的道德進步的一種象徵；隨着人權理念的建立和普及化，人類道德意識可說是經歷了一個量子性的跳躍。現在讓我們看看現代人權思想和討論的發展對於中國文化傳統的意義。

二、中國文化傳統與現代人權觀念

中華文明在綿延 3000 多年的歷史中，曾經在很多方面取得了輝煌的成就，這是值得我們中華民族引以為榮的。悠久的歷史產生了深厚的傳統，而傳統則塑造着人們的思想和行為。人的理性思維、道德判斷、價值觀念和理想追求，都是植根於他們所身處的文化傳統的，似乎並不存在着任何超越和獨立於傳統的關於理性和道德的絕對的、客觀的標準。沒有了傳統或者脫離了傳統，我們便沒有可能進行思考和對事物賦予意義。這便是麥金太爾（Alasdair MacIntyre）和伽德默爾（Hans Georg Gadamer）等當代思想家的洞見。[6] 那麼，以中國文化傳統為出發點，應對現代人權觀念作出怎樣的理解和評價？

這個問題在形式上或結構上與下面這個問題並無不同：從“前現代”的西方傳統的觀點或角度，會怎樣看現代人權觀念。由於這不是本文的主題，我們只可以很簡單地處理這個問題，目的是顯示一個可能的答案的形式。我們可以這樣說：在前現代的西方傳統中，存在着若干與現代人權觀念相配合的，甚至是對現代人權觀念的興起有所貢獻的元素。這方面的例子，包括基督教思想中對每一個人的與他人平等的價值和尊嚴的肯定、西方古典文明裏在普遍的人性觀念和理性觀念的基礎上建立的“自然法”概

6　參見麥金太爾著，萬俊人等譯：《誰之正義？何種合理性？》（北京：當代中國出版社，1996）；伽德默爾著，洪漢鼎譯：《真理與方法》（上海譯文出版社，1992）。

念、蘊藏於古羅馬法中的法定權利的意識和歐洲中世紀的具有民主色彩和利益代議性質的政治組織。

　　同時不容否認的是，在前現代的西方傳統中，也存在着若干與現代人權觀念相違背的元素。正因為此，我們才説現代人權是一種新的發明。這些元素包括例如在宗教上的不容忍和對所謂異端份子的迫害、殘忍和不人道的懲罰方法、奴隸制度、農奴制度、貴族的特權（即否定法律之下人人平等）、專制君主的權力的任意行使以至君權神授的思想。

　　雖然如此，但當人權觀念在現代誕生後，生活在西方傳統的人卻可以給予這種人權觀念正面的評價，並肯定它為進步的一種表現；而在這一判斷過程中，採用的標準或原則仍是在西方文化中固有的、傳統的，例如基督教義中的博愛精神和它對所有人的平等尊嚴和價值的肯定。由此可見，一個傳統是可以逐漸演化的，甚至可以更新自己，但在這個過程中，仍然動用着傳統中原有的道德和精神資源，從而造就了這個傳統中一些原有的、很多時候是相互衝突的元素的重組和新陳代謝。

　　當我們回到中國的傳統，正如在西方的情況一樣，我們可同時找到一些與現代人權觀念相融的、甚至是有利於其發展的元素以及一些與這個觀念有矛盾的元素。前者的例子包括儒家思想中的“仁”的基本概念（這是人與人之間關係的最根本性的倫理原則）、對於統治者施行“仁政”和“德治”的道德要求（而統治者必須首先“修身”，並以身作則，為被統治者提供道德上的好榜樣）、重視統治者徵詢民意的價值（並要求統治者贏得民心而不只是人民在外表行為上的服從）、肯定每個人在道德上的自主性和可完美性、相信人性本善和“人皆可為堯舜”（即肯定所有人在求學、進行道德修養和達至個人成長方面的能力的平等性）、關於人是萬物之靈、人在天地之間有特別尊貴的地位的人文思想以至對於“天理、國法、人情”的立體道德世界的認識。

至於中國傳統中與現代人權觀念大相逕庭的元素，則包括在被視為"天子"的皇帝手中的絕對專制權力、由士大夫階層構成的統治階級自視為人民的"父母官"的思想（因而導致家長式的統治，否定從下而上的政治參與）、等級分明的社會和倫理關係（例如關於君臣、父子和夫婦的"三綱"，在這些關係中都是一方享有絕對的權威，另一方卻有絕對地服從的義務）、對於社會和諧的重視和把個人融入家族之中的傾向（這兩者都不鼓勵個人主張他自己的權利，又對於個人的主體性和自主性有所壓抑）、殘忍和不人道的懲罰方法、"文字獄"等等。

人權的道德意義

正如在西方傳統的情況，中國傳統如果繼受現代人權觀念，也可根據一些傳統的價值標準來評定為一種在道德上有積極意義的發展；這些傳統價值觀念包括儒家思想中的仁義之道及它對於每個人的性善、理性、道德自主性和在學識、品格和心靈上趨向成長和完美的可能性的信念。進一步說，若干較晚期出現的人權觀念，甚至可被理解為與傳統中國文化的價值觀念特別相融。這些人權觀念例如接受教育的權利，因為儒家文化特別重視教育，只有通過教育，蘊藏在每個人心中的美善的可能性才能真正體現和發揮出來。此外，在人權思想中較晚期出現的關於各種弱勢羣體的權利（例如婦女、兒童、老年人和殘疾人士的權利），也與儒家的仁愛理念中對於社會中較不幸的人的特別照顧，互相呼應。再者，當代思想家理查·羅迪（Richard Rorty）指出，[7] 確保人權得到實現的最佳辦法，便是培養和擴展人們對於自己的民族、文化或社會共同體以

7　Richard Rorty, "Human rights, rationality, and sentimentality", in Stephen Shute and Susan Hurley (eds.), *On Human Rights: The Oxford Amnesty Lectures 1993* (New York: BasicBooks, 1993), pp. 111–134.

外的人的同情心；與此觀點不謀而合的是儒家的“天下一家”的“大同”思想：儒家所主張的也是人的仁心或同情心的逐步擴展，首先是自我的道德修養，然後是關心與自己有某種家庭或社會關係的人（如家人或朋友），然後再把這種關愛之情進一步擴展至離自己更遠更遠的圈子裏的人，直至全人類。

中國人權觀念的發展

19 世紀以來，中西文明進行了愈趨廣泛和深入的接觸，不少西方的政治和法律理念，包括人權的觀念，已經在中國知識界取得了重要的位置，甚至植根於中華民族的心靈中。在 20 世紀上半期，不少中國思想家都接受了人權的用語，也有政治活動家採用人權的語言來批判當權者的倒行逆施。中國共產黨人也曾經以人權為理由，譴責國民黨政府的違反人權的措施和行動，並以人權為號召來爭取民心。可惜的是，中華人民共和國於 1949 成立以後，在相當一段時間裏，關於人權的討論，對於中國知識份子來說變成了一個“禁區”；主要的原因是，人權概念被視為資產階級所使用的政治性的、意識形態性的工具，因而與社會主義互不相容。

在 1991 年，中國政府對於人權問題的立場，出現了根本性的轉變。中國國務院在當年史無前例地發表了一份題為《中國的人權狀況》的“白皮書”，白皮書正式肯定了人權的概念，它開宗明義地指出：

> “享有充分的人權，是長期以來人類追求的理想。從第一次提出‘人權’這個偉大的名詞後，多少世紀以來，各國人民為爭取人權作出了不懈的努力，取得了重大的成果。但是，就世界範圍來說，現代社會還遠沒有能使人們達到享有充分的人權這一崇高的目標。這也就是為甚麼無數仁人志士仍矢志不渝地要為此而

努力奮鬥的原因。"[8]

在 90 年代以來，中國學術界發表和出版了不少關於人權的文章和書籍。從中我們可以看到，人權理念是得到絕大部分當代中國學者的欣賞、認同和支持的。同時，中國政府也比從前更加積極地參與國際層次的人權活動和討論。在這方面的一個高峰點，便是中國在 1997 年簽署的《經濟、社會與文化權利的國際公約》。中國也同時是若干關於各種更專門的、個別的人權問題的國際公約的締約國。

與中國開始積極參與世界範圍內的人權討論同時出現的一個新發展，便是關於人權觀念與亞洲文化價值觀念的辯論。在這個討論中，最核心的課題是，是否存在着一些具有完全普遍性的人權標準，同時適用於不同國家、民族和文化之中的人們，以及文化因素在甚麼程度上可以容許或證成人權標準在不同國家的不同適用性。舉例來說，在西方的人權思想和討論中，是否有某些部分與西方文化傳統有特別的關聯性，因而不一定完全適用於像中國這樣的文化傳統？

這類問題帶出了另一個更根本性的問題，即甚麼是中國文化傳統？由誰去解釋和定義這個傳統？政府是否一個傳統的最有合法地位的發言人？在這方面，英國的菲利曼（Michael Freeman）教授曾經提出一個論點：[9] "生活在某個文化或傳統之中的人民，比他們的政府更有權理直氣壯地就甚麼是這個文化或傳統的內容來發言。" 我的意見是，曾經對有關傳統的歷史、思想、哲學和文化進行深入研究和反思的學者的意見，也應具有重大的參考價值。所以我希望在本文的最後部分，與大家分享一下牟宗三先生

8　國務院新聞辦公室：《中國的人權狀況》（北京：中央文獻出版社，1991），第 1 頁。

9　Michael Freeman, "On culture, values and human rights", paper presented at an international workshop on "Human Rights and Asian Values", Nordic Institute of Asian Studies and the University of Copenhagen , Copenhagen, 15–16 May 1997.

的觀點。[10]牟宗三先生是中國 20 世紀最重要的哲學家之一，他把一生奉獻
於重建中國哲學傳統的偉大工作上。

三、儒家思想之重建

　　牟宗三先生絕對不是西方意義上的自由主義者，他是完全委身於儒家
思想的，他相信儒家思想是中國文化和哲學的主流、核心和“常道”。他
把他對中國前途的希望，完全寄託於儒家傳統的復興。對於本文的論題來
說，最值得留意的是，牟宗三先生這位終生研究和信奉儒家哲學和中國思
想文化的一代宗師，竟然也是對源於西方的民主、自由、人權、憲政和法
治理念的最忠實的支持者和最積極的辯護人。他認為這些理念在未來的中
國文化中的確立，不但並不違反中國自己的文化傳統，而且能促使這個傳
統更真正地、更完全地實現自己。他認為民主憲政和人權保障在中國的建
立，是以儒家為主流的中國文化傳統的“內部的生命”的要求；這種政治
上的“現代化”，有助於成就儒家的價值理想。牟宗三先生提到中國傳統中
的“內聖外王”的理想，他認為當代中國和當代儒家學者所面臨的挑戰和
使命，便是開出“新外王”；在這方面，“科學”是新外王的“材質條件”，
而“民主”（包括人權）便是新外王的“形式條件”。

　　像 20 世紀的一些其他的儒家思想家一樣，牟宗三先生認為中國文化
傳統本身，已經包含着民主和人權的種子。他建構了一套獨特的哲學語
言，藉以討論中國文化傳統和它在政治上的現代化的問題。在他的哲學體
系中，中國文化傳統，特別是儒家思想，已經產生和充分發場了“理性”
的“內容”上的表現（又稱為理性的“運用”上的表現，即民主的精神和尊

10　下文關於牟先生觀點的介紹，主要基於牟宗三：《政道與治道》（台北：台灣學生書店，
　　1996 年增訂新版）。另外可參閱司徒港生：〈牟宗三先生的政統理論〉，載李明輝主編
　　《牟宗三先生與中國哲學之重建》（台北：文津出版社，1996 年），第 387–397 頁。

重人權的精神）。但中國文化傳統中所欠缺的是"理性"在"外延"上的表現（又稱理性在"形式"上的表現，即實現民主和保障人權的架構、制度等）。儒家思想中的倫理道德，以及它的關於人性、人與人的關係、尤其是關於統治者道德上的責任的學說，便體現了理性的內容上的表現。但是，就理性的外延上的表現來說，西方是比中國先走一步的。這方面包括民主、人權、憲政、主權在民、代議政制和法治等元素。牟宗三先生指出，雖然這種政治上的現代化：

> "先發自於西方，但是只要它一旦出現，它就沒有地方性，只要它是個真理，它就有普遍性，只要有普遍性，任何一個民族都該承認它。中國的老名詞是王道、藏天下於天下，新名詞則是開放的社會，民主政治，所以，這是個共同的理想。故而民主政治雖先發自於西方，但我們也應該根據我們生命的要求，把它實現出來，這就是新外王的中心工作。"[11]

正如另一位當代儒家學者翟志成先生指出，[12]一個文化系統包含至少四個部分，即科學、道德、政治和藝術。中國文化傳統在道德和藝術範疇方面的卓越成就和對人類文化的重大貢獻，仍是經得起時間考驗的。因此，我認為中華民族應該重新發現我們的文化傳統中的寶藏，重建我們對於我們的歷史、文化和我們的文明在過往的成就的敬意、信心和愛護之情，並同時學習、借鑒和吸收現代西方文明在政治、法律和科學等方面的建樹。我們應該重建我們的民族自尊、文化自尊、文化認同感以至應有的

11　牟宗三：《政道與治道》，見上註，〈新版序〉，第 21 頁。

12　翟志成：〈由民本到民主 —— 評當代新儒家有關中國民主政制的幾點省察〉，載翟志成：《當代新儒學史論》（台北：允晨文化出版，1993），第 395–409 頁，特別是第 407–408 頁。

民族自豪感。我們應該正確地認識、欣賞和評價我們豐富而博大精深的中國文化傳統之中有價值、有意義、有所洞見和有說服力之處，並予以發揚光大，繼往開來；並同時為了中國在 21 世紀的進一步民主化和人權保障的進一步改善，付出我們的努力。這就是我對於我們在這個時空中的歷史使命的淺見；我更相信，這便是在過去兩個世紀中嘗盡苦難、歷盡滄桑的中國人民在付出了最沉重的代價之後所能看見的啟示和曙光。

儒家思想與自由民主

一、前言

在 20 世紀，中國人的思想、價值和生活世界發生了翻天覆地的變化，外來的文化對中華傳統的挑戰和衝擊是史無前例的，所造成的震盪和影響也是無比深遠的、全方位的。無論是政治、經濟、社會、文化、科技或法律的領域，經歷了這百年滄桑後的中國與原來的比較，已是面目全非。傳統變得支離破碎，一種全新的文明正在分娩的劇痛中誕生於神州大地。

在政治思想的範疇，西方的"自由"、"民主"、"法治"、"人權"、"憲政"、"議會"、"選舉"、"公民"、"主權在民"、"共和國"等民主自由主義的基本概念在 19 世紀後期已傳入中國，並推動了清末的立憲運動和法律改革運動。辛亥革命後中華民國的成立和多部憲法的起草，都是以 18 世紀末美國和法國革命背後的資產階級自由主義的政治、憲政和法律理念為依歸的。遺憾的是，西方自由主義的多黨政治、議會民主和言論、出版、集會、結社等自由始終未有在 20 世紀的中國開花結果。袁世凱的專政和軍閥割據之後出現的是南京國民黨政府的威權主義的統治，而中華人民共和國成立後實行的是中國共產黨領導的無產階級專政。雖然在 80 年代後期以來，台灣和香港都實施了政治體制改革，建立了西方式的民主政體，為在華人社會實行民主政治提供了正面的經驗，但直至 21 世紀初的今天，中國大陸的政治體制改革，仍是舉步維艱。

思想和行動的關係是密切的，思想可以指引行動，而行動的結果則會促進反思。中國未來在政治體制改革上的道路，固然很大程度上決定於經濟發展的情況、各種社會和政治利益、集團和階層的角力、中央和各地區的權力關係的轉變等政治、經濟和社會性因素，但也一定程度上取決於政治和法律思想、哲學、文化和價值觀念方面的發展。因此，對 21 世紀中國的政治思想進行探索，不但有學術上的價值，更有現實上的意義和需要。

純粹學術上的探索與顧及現實意義和需要的探索不可能是完全一樣的。舉例來說，作為純粹學術上的研究，我們可以分析和比較現今西方學術界的各種政治哲學的學派和各大師的思想，看看孰優孰劣。但如果我們的關注和承擔在於現在的中國和中華民族的未來，我們的工作便是為中國和中華民族尋求政治思想上的出路。這條出路必須是以現在中國的國情和需要為出發點的，與中國的政治、經濟和社會的實況和發展軌跡相銜接的。我們需要從歷史的經驗出發、從當前的需要出發，而不只是從抽象的、遙遠的理想出發。

在開展這項工作的時候，我們不應忘記前人在 20 世紀的中國所曾進行的關於政治的思考。自從五四運動以來，這些思考的主要流派或許可以作以下的分類：

(1)從民主自由主義的角度的思考；

(2)從馬克思主義的角度的思考；

(3)從中國傳統文化、尤其是儒家思想的角度的思考。

在 21 世紀初的今天，在前蘇聯和東歐的巨變的啟示下，我們可以看到在建構合理的政治體制方面，馬克思主義和列寧主義是有嚴重缺陷的。同時，以 18 世紀歐洲啟蒙運動為依據的民主自由主義在 20 世紀末以來如日中天，這反映於前共產主義國家的重建為民主憲政國家、方興未艾的國際人權運動，以至各種在既有的民主自由體制下謀求爭取進一步的合乎正義的權利保障的運動，例如女權運動、反種族歧視運動、同性戀者權利保障運動、少數民族在多元文化國家的權利保障運動等等。這些當代世界文明的潮流，其實都可理解為 18 世紀啟蒙運動所展開的人類解放事業的一部分。

　　啟蒙運動的目標之一，是建立一套普世適用的文明、道德、政治、法律標準，這些標準被視為理性的、也是唯一合乎人類理性的四海皆準的標準，反映出每一個個人的尊嚴、價值和需要。由於"啟蒙"首先出現於西方，所以西方文明的使命，便是把西方文明因啟蒙而獲得的真理傳播到地球的每個角落，於是，西方文明的全球化被等同於全人類文明的現代化和人類歷史的進步。

啟蒙、民主自由主義與馬克思主義

　　民主自由主義是啟蒙運動的政治環節，它主張個人權利相對於國家、政府和集體的優先性，國家的成立在於保障人權，而人權包括每個主體選擇自己的價值信念和生活方式的自由和權利，國家的政府無權強迫人民接受某一宗教或教導人民甚麼是精神上、道德上、政治上的真理、甚麼是美善的生活、甚麼是正義的社會秩序。反之，有不同政治和道德主張的人可以組成社團、政黨，人民根據自己的判斷行使選舉權，選出來的政府須執行人民的意願，並向人民負責。民主自由的社會是多元、開放和對不同思想價值和生活方式寬容的社會。

　　馬克思主義也可被理解為啟蒙運動的產物。馬克思主義樂觀地相信，人類社會是逐步由較低級階段進化到更高級階段的，人類在歷史過程中取得進步是可能的、甚至是必然的，人類進步的事業，便是人追求解放的故事，從"必然王國"飛躍往"自由王國"的故事。這些信念，和啟蒙運動的思維如出一轍。作為啟蒙運動的政治反映的法國大革命，以"自由、平等、博愛"為其口號，這些也是馬克思主義所追求的理想社會的特徵。

民主自由主義與馬克思主義之別

　　馬克思主義之所以與民主自由主義分道揚鑣，主要是由於它們就達至理想社會的手段和途徑方面有不同的認識。馬克思主義(包括列寧主義)相信階級鬥爭、暴力革命、一黨專政、生產資料的公有制、以至計劃經濟，這些都是民主自由主義所不敢苟同的。在現實世界中實施馬克思主義和列寧主義的政體，都奉馬列主義為絕對真理、正統思想或教條，不同政見者被視為離經叛道的異端份子而被迫害，宗教信仰自由受到壓制，這些情況令民主自由主義者痛心疾首。

　　本文所討論的民主自由主義是一個極為廣義的、有涵蓋性的概念，並不限於那種強調私有產權、市場經濟、個人自由和權利永遠高於社群、國家和民族的考慮的狹義的自由主義。這裏談的民主自由主義可以包涵社會民主主義(通過民主憲政、多黨選舉和議會政治來追求社會主義理想中的社會正義、平等和自由)和社群主義(如相信個人是群體的一份子，除了權利外，也有其義務、責任和承擔)，這種民主自由主義並不就人和社會的關係預設某些有豐富內容的原則，也不主張某一種特定的經濟制度，它只要求基本人權的保障、人民民主參政權的落實，和在思想信仰、言論表達、政治經濟以至生活方式等範疇的多元、開放和寬容。

二、中國政治與民主自由主義

　　民主自由主義在 20 世紀的中國有一定的生命力，在馬克思主義的吸引力日益萎縮的幾十年代，民主自由主義的影響力與日俱增。早在南京國民黨，知識份子便從民主自由主義的立場批判蔣介石政權的專制獨裁和壓制公民自由。國民黨在台灣的政權民主化之前，民主自由主義也發揮了批判的作用。在中國大陸，從魏京生到 1989 年學生運動到"零八憲章"，民主自由主義有一定影響，在今天大陸的知識界也有一定支持。80 年代以來香港和台灣的民主化，更是西方民主自由主義在中華民族的社會中的具體實踐。

　　起源於西方啟蒙運動的民主自由主義是否將會或應當成為 21 世紀中國政治和法律思想的主流？要回答這個問題，我們一方面應從中國的現實出發，另一方面須對啟蒙運動和民主自由主義在人類歷史中的地位，作出正確的認識和評價，並解決中華民族應怎樣看待現代西方文明的問題。

　　首先，應當指出，啟蒙運動所締造的這種以科學、民主、人權和市場為基礎的現代文明，不單是與中華文化傳統斷裂的，也是與西方文明本身的傳統斷裂的。與其說啟蒙和民主自由是西方的，不如說它是現代的：重要的區分不在於西方世界與東方(或非西方)世界的對比，而在於現代世界與前現代世界的對比。舉例來說，中世紀西方基督教世界是不容許宗教信仰自由和相關的言論和出版自由的，被認為持有異端信仰的教徒受到殘酷的迫害，像伽利略這樣的科學界先驅也受到壓制。正是由於啟蒙時代以前的社會是階級分明、充滿專制王權、貴族特權和不平等的，所以"自由、平等、博愛"便成為了法國大革命的口號。民主自由主義不單在中國是激進地反傳統的(正如五四運動所體現的)，它在西方也是同樣地激進地反傳統的(正如 18 世紀末以後西方各次政治和社會革命所體現的)。

　　其次，啟蒙運動和民主自由主義的出現，有其獨特於西方的宗教、文化、經濟、政治、社會、地理、思想和歷史等因素，因而有歷史的偶然性。正如當代的後現代主義思想家所指出，啟蒙運動家所標榜的"理性"並非放諸四海皆準的，不同文化、不同思想價值觀念和行為模式以至不同的話語系統之間存在着難以跨越的鴻溝，而在歷史現實中，啟蒙理性往往變成了西方權力擴張和文化霸權的工具。另一方面，正如以馬克思主義為基礎的批判學派所指出，在西方現代史中，民主自由主義只不過為資本主義所造成的剝削、壓迫和不公義披上合法性的外衣，而民主自由主義所建構的權利主體不外是由某些偶然的歷史和社會環境(主要是現代資本主義社會)所塑造出的身份或人格,並沒有普遍和必然的意義。

但是,這並不表示啟蒙和民主自由等理念完全是不切實際的、毫無正面價值的或對非西方世界沒有意義的。在人類歷史的長河中,文化的傳播和交流是不斷進行的。例如古代中國的"四大發明"便傳至西方;基督教、回教、佛教等宗教傳到世界各地而成為世界性的宗教;佛教思想融入中國文化;這些現象都說明某民族或文化的產物可以構成人類文明的共同遺產,為其他民族和文化繼受。基於同樣原理,現代西方文明所創造的科學、民主、人權和市場,也完全有可能被其他文明接受和使用。啟蒙和民主自由的"理性"和普遍性,無需建基於某些客觀的、超越的、跨文化或超歷史的存在,而完全可以建基於有關民族和文化的自覺的、自願的抉擇和接受。

民主自由主義的意義

對於中華民族來說,接受民主自由主義的理據和意義何在?我們可以在這裏分三方面予以論述。首先需要考慮的是一個現代社會的政治體制的政權的合法性和認受性的理念基礎的問題。在中國傳統政制中,皇帝是"天子","天命"是政權的合法性基礎,而儒家思想則要求統治者有高水平的道德修養,為人民謀幸福,並進行道德教化的工作,正如父母對子女的照顧和教導。在已經"解咒"(韋伯意義上的)的現代社會,政府的權力來自人民而不是上天,而在教育日益普及、民智漸開的環境下,政府官員和老百姓在知識上或道德上的不平等關係已不復存在,在這情況下,如要賦予政權其應有的合法性,除了民主自由主義,似乎別無他途。

其次,即使我們不談政權的合法性這個比較理論和抽象的問題,而只看中國現行政治體制的具體情況,亦不難看到適量和逐步引進民主自由主義，確實是治理不少根本問題的妙策良方。舉例來說，要對治貪污腐敗問題，有效的輿論監督是必須的，在這方面，作為民主自由主義的核心價值觀念的言論和出版自由便是關鍵。民主自由主義也強調法治、權力制衡、司法獨立和人權保障，現在的中國領導人已開始接受這些概念，但中國法制發展的水平仍然大大落後於西方國家，在這方面，仍需要努力長期地學習、吸收和借鑒民主自由主義在法制建設方面的經驗和成果。

第三，正如 20 世紀新儒家思想家(如牟宗三、唐君毅、徐復觀、張君勱)所指出，在中國建立自由民主的政治體制，不但並不違背中華民族傳統文化的精神，而且能確保這個文化的最高理想能得到比它在過去更大程度上的實現。在 1958 年聯名發表的《為中國文化敬告世界人士宣言》[1] 中，上述四位思想大師指出，民主思想的種子，早已存在於中國文化之中，此外："從中國歷史文化之重道德主體之樹立，即必當發展為政治上之民主制度，乃能使人真樹立其道德的主體。……本於人之道德主體對其自身之主宰性，則必要求使其自身之活動之表現於政治之上者，其進其退，皆同為可能。此中即有中國文化中之道德精神，與君主制度之根本矛盾。而此矛盾，只有由肯定人人皆平等為政治的主體之民主憲政，加以解決；而民主憲政，亦即成為中國文化中之道德精神自身發展之所要求。今日中國之民主建國，乃中國歷史文化發展至今之一大事業，而必當求其成功者其最深理由，亦即在此。"[2]

新儒家認為自由民主政體的建立是中國傳統文化的精神生命的內在要求和進一步的發展，這觀點曾引起一些爭論。林毓生先生便曾批評這個觀點，他認為"最多只能說中國傳統文化中蘊涵了一些思想資源，它們與

1　原載於《民主評論》和《再生》兩雜誌，1958 年元月號，後來收錄於張君勱：《中西印哲學文集》(下冊)(台北：台灣學生書局，1981)，頁 849-904。

2　同上註，頁 883。

民主思想與價值並不衝突；但它們本身卻並不必然會從內在要求民主的發展。"[3] 他指出 "政教合一的觀念與理想在傳統中國從未動搖"，"中國傳統的封閉的、一元式的思想模式" 必須經過 "創造性轉化"，才能與現代民主相協調。[4] 另一方面，李明輝先生為新儒家的 "內在要求" 說進行辯護，指出他們並不是主張儒家思想與現代民主之間的 "邏輯的必然性" 或 "因果的必然性" 的關係，而是主張從前者到後者的 "實踐的必然性" 或 "精神生命發展中的必然性"。[5]

新儒家轉化傳統的意義

我認為這樣的爭論是沒有必要的，真正的問題並不是在客觀上、在純學術觀點上，中國文化傳統或儒家思想是否傾向於民主，而是我們今天是否可對這些文化遺產和儒家理念作出有利於民主的解釋，從而把傳統轉化為現代化的資源，並為現代化的建設提供一種基於歷史、傳統、文化和民族性的合法性。在這方面，我認為新儒家的努力有積極的意義。必須承認，任何偉大的思想傳統必須適當地回應時代的挑戰，勇於自我更新，才能保持其生命力。思想傳統的發展是動態的，並建基於對傳統的不斷的再解釋。例如在現代基督教的神學裏，我們可以清楚看到神學家怎樣對傳統基督教信仰作出新的詮釋，從而使它在啟蒙後的世界保持旺盛的生命力。同樣地，儒家思想也必須回應啟蒙運動和民主自由主義的挑戰，批判地繼承古老的傳統，並創造性地自我更新。

在這個更新的過程中，啟蒙的批判精神是必須的。我們不可過分美

3　林毓生：《政治秩序與多元社會》（台北：聯經出版，1989 年），頁 341。

4　同上註，頁 344、349。

5　李明輝：〈儒學如何開出民主與科學？〉，載於其論文集《儒學與現代意識》（台北：文津出版社，1991），頁 1–18。

化自己的傳統文化，並需要承認，正如其他偉大的宗教和道德思想體系一樣，儒學在歷史中很多時候很大程度上異化為宰制性的意識形態工具，把一些不合理的權力隸屬關係和利益分配予以合法化和強化。此外，以儒學為正統，排斥或壓迫其他的思想信念或生活方式，是有違啟蒙後的多元、開放和寬容精神的。五四運動以來就傳統禮教和倫理對個人個性和人格的壓制的批評，也是基本上成立的。啟蒙理性雖有其局限，但就其對傳統的神聖不可侵犯的批判和把個人從傳統的束縛中釋放出來的功能來說，的確有其積極的意義。

　　更新後的新儒家政治和法律思想將會有怎樣的面貌？它和西方的民主自由主義將會有甚麼不同？牟宗三等新儒家思想大師並未有解決這些問題，他們擁抱了西方的民主自由，作為未來中國的政治路向，但他們並沒有深入分析西方民主自由主義的歷史和思想的根源，探討其不同階段的演化，研究其不同層次的內容和蘊含的內在矛盾，以及正視民主自由主義的弱點、局限和它未能解決的問題。其實在 21 世紀初的今天，民主自由主義在西方正遭遇到前所未有的困境。這並不是說中國不應接受民主自由主義，正如上面所指出，它是 21 世紀中華民族在政治體制上幾乎是唯一的、最明智的抉擇。但是，在接受民主自由主義之餘，我們必須把它改善、補充、甚至轉化，而在這方面，中華文化傳統的智慧，尤其是更新後的儒家思想，相信能作出一定貢獻。

三、民主自由主義的局限

　　民主自由主義在今日西方世界的困境之一，是法治和權利的過度膨脹。各個人、團體、組別和階層都拚命爭取自己的利益，並美其名為法律下應有的權利或人權。在司法機關的訴訟和遊說立法機關立法，便是爭取權利保障的主要途徑。民主自由社會的危機，便是變成一個人人只懂爭權奪利而不顧其義務、責任和承擔的社會。儒家思想重視責任和承擔，推崇禮讓的精神，追求社會秩序的和諧，它可以對權利角逐的極端化提出有力的批判。

當然，對民主自由社會進行這樣的批判不是儒家思想的專利，西方的社羣主義也提出了類似的批判。上面曾提到，本文所指的民主自由主義是廣義的，可涵蓋社羣主義。因此，社羣主義的思考，可以理解為民主自由主義內部的自我反思和修正。儒家思想可對民主自由主義的主流作外在的批判，社羣主義則對它進行內在的批判，然而兩種批判是殊途同歸的。[6]

其次，民主自由主義的重點放在人民的權利，對於適用於掌權者的倫理未有足夠的思考。在民主選舉制度下，參選者的目標是在遊戲規則所容許的範圍內爭取到最多的選票，而當選者的目標則是在執政期間在選民中建立良好的印象，以便在下次選舉時再度當選。雖然儒家傳統未有發展出民主選舉的理論，但它在建構一套適用於統治者的倫理上卻有豐富的貢獻。例如對統治者"修身"或"內聖外王"的要求，提倡"王道"（而非"霸道"）、"德治"、"禮治"、"仁政"和"民本"的施政，這些教誨對現代國家的領導人來說，仍是歷久猶新的。儒家傳統提醒我們，掌權者的道德責任是莊嚴、神聖而沉重的，故政治不應只是選票和權力的追求。

第三，民主自由主義隱含着一個根本的矛盾：一方面它強調國家中所有人在法律上和政治上的平等，但另一方面，在現實社會中不同的人和階層在財富、權力、知識、才能、名譽、地位等各方面都是不平等的。民主自由主義對於這些實質的不平等未能提供完滿的解決方案或有足夠説服力

6　狄百瑞曾把儒家思想冠以"社羣主義"的稱呼，並用了"儒家社羣主義"(Confucian communitarianism) 的字眼：見 Wm. Theodore de Bary, *Asian Values and Human Rights: A Confucian Communitarian Perspective* (Cambridge, Mass: Harvard University Press, 1998)。

的解釋，反而美化了抽象的平等權利，這正是馬克思主義對資本主義下的民主自由主義的批評。在這方面，中國傳統的禮治社會的概念是有啟發性的，就如蔣慶先生所指出：

> "'禮'的特徵是在不平等的現實社會中通過'中和'的精神使處在每一社會等差中的人能依禮達到與其地位角色相應的平等，從而在等差分殊的社會中實現其相應的生命意義和價值。"[7]
>
> "禮樂制度……是一種基於人類本性建立起來的使人性能調適上遂的柔性的力量；這種力量能使人在不感到強力壓迫的情況下自發地遵守禮制的規定，並自覺到自己不是在被動地服從外在制度條例，而是在積極地通過循禮守制實現自己的生命價值，完善自己的道德本性。"[8]

必須承認，中華文明傳統中的禮和禮治秩序已經一去不復返了，而且過去的禮治也有其陰暗面，包括對人性和個體性的壓仰、對充滿尊卑貴賤的區分的等差秩序的合理化等。我們需要的不是把現代社會中的不平等和不公義合理化、用以欺騙被壓迫者的新的意識形態，我們需要的是與現代社會相適應、並合乎人性的新倫理道德和價值信念體系，這個價值體系不是國家政府外在地強加於人民的，也不只是少數知識份子的信念，而必須是內在化於人民心中的、人民心悅誠服的。

如何建立一種思想：它一方面與現實世界保持適當的距離，可用以批判現實社會中的不義和不公正，並作為社會改革的動力；另一方面，它又

7　蔣慶：〈超越西方民立、回歸儒家本源〉，《中國社會科學季刊》第 17 期（1996 年 11 月），頁 110，123。

8　蔣慶：〈再論政治儒學〉，載於深圳大學中國文化與傳播系主編：《文化與傳播》（第三輯）（深圳：海天出版社，1995），頁 154，160-161。

能說明每個人在現有社會秩序中的角色和分位，安頓人的身心，鼓勵人承擔生命的責任，盡忠職守，安身立命。這可能是儒家思想和民主自由主義需要共同努力的工作。

第四，雖然民主自由主義在馴服"猛於虎"的政治權力和保障個人的權利上貢獻良多，但它未有正視人與自然的關係這個重要課題。[9] 在這方面，啟蒙理性、工業革命和市場經濟偏向於對大自然的征服和利用，以滿足人類在物質生活上的無窮慾望。現代經濟思想以至民主自由主義都追求不斷的經濟增長，即生產和消費不斷增加，使更多人的慾望得到更大程度的滿足，也就是功利主義所謂的最大多數人最大的快樂。於是啟蒙運動以來的現代西方文明便史無前例地消耗了大量的地球資源，對環境和生態造成了莫大的破壞。這種現象反映出啟蒙理性、市場經濟以至民主自由思想的不足之處，在這方面，中國傳統文化中對天道、自然以至天、地、人的相互關係的認識，是中華民族可以獻給 21 世紀的寶貴思想資源。

最後，民主自由主義(尤其是與它相連的民主政治制度和市場經濟制度)的着眼點，主要是組成社會的每個個人此時此刻的利益和意願，相對上忽略了一個社會和文化與其傳統的深切關聯及對其未來世代的責任感。在這方面，中國文化傳統和儒家傳統的立體思維將可以作出一定的貢獻。中華民族是重視歷史、尊重先人的民族，我們珍惜作為前人的心血結晶的文化遺產，委身於其保存和發揚光大。我們更認識到歷史的延續性和向前無限伸展性，因此今天的我們對尚未出生的世代承擔着神聖的責任。我們不可為了這一代人一時的滿足，而犧牲我們的社羣的長遠利益。世界中不單是個人及其人權、利益和慾望，更有超越個人、跨越歷史的道德理性、文化生命和精神境界。民主自由主義所強調和保障的人權和自由，畢竟不

9　參見 John Gray, *Enlightenment's Wake: Politics and Culture at the Close of the Modern Age* (London: Routledge, 1995)。

是人生的終歸目標，而只是個人賴以實現其人生理想的手段或途徑。

四、結語

　　當然，經過啟蒙和民主自由主義洗禮後的儒家，不可把自身的人生和文化理想作為國家政府的"正統"學說予以推行。21世紀的儒家思想必須徹底地接受民主自由主義作為中國政治體制的根本原則，並全力地支持和維護社會的開放性、多元性和寬容性。但正如有些西方國家有基督教政黨、自由主義政黨、社會民主主義政黨、共產主義政黨等以不同宗教背景或政治思想為依歸的政黨，信仰儒家思想的人也可以及應該組成以儒家思想為依歸的政黨和其他民間組織，從而推廣他們的價值信念，並爭取國家在制定法律和政策時能顧及或體現儒家就人生、社會、政治、經濟、文化、教育等問題的主張。儒家政黨和其他政見的政黨(包括社會主義、共產主義政黨)在民主自由的政制下將享有平等的地位，沒有任何政黨有權認為自己的主張是絕對的、所有人民都必須接受的真理。

　　總括來說，我的結論是，民主自由主義將會而且應當成為21世紀中國的政治思想的主流，同時，更新後的儒家思想將能對中國以至世界的政治思想作出重要的貢獻。接受民主自由主義後的中國將會是一個開放、多元和寬容的社會，儒家思想、社會主義思想以至其他派別的政治思想，將會得以百花齊放、百家爭鳴，而無損社會的安定團結。這並不只是烏托邦，但把這個構想轉化為現實，仍需要無數的國人，以至多代的國人的繼續努力、艱苦奮鬥！

二零零四年的修憲與中國憲政的前景

2004 年 3 月，中國全國人民代表大會通過了對《中華人民共和國憲法》的一系列修改，修改的條文有 14 項，為該部憲法自 1982 年制定以來歷次修改之最，也是到目前 (2012 年) 為止的最近一次修憲。在 21 世紀初，"憲政" 開始成為國內法學界和知識界的熱門課題，引起大家關注和熱烈討論的包括被譽為開創中國 "憲法司法化" 的先河 (甚至是中國的《馬伯里訴麥迪遜案》) 的《齊玉苓案》(2001 年)，[1] 以至被稱為中國違憲審查 "第一懸案" 的《孫志剛案》(2003 年)。[2]

當時有學者認為，"隨着立法時代的終結和司法時代進展，中國的改革將會迎來一個 '憲政的時代'"。[3] 北京大學法學院的賀衛方教授當時甚至預言，"憲法學將會在未來的 10 年之內，成為中國的顯學"，並呼籲 "我們要建築憲政的大樓"。[4] 季衛東教授希望中國能 "通過法治邁向民主"，[5] 並指出 "設立憲政委員會對法律規範的合憲性進行司法審查"，[6] 是中國政治體制改革的最主要進路之一。

不少人認為中國雖有憲法，但無憲政，然而 "憲政的夢想在中國百年

1　法律思想網 (www.law-thinker.com)，〈學術專題：憲法司法化及其意義〉(2004 年 12 月) 是本文寫作時的參考資料。該網站現已關閉，讀者可參閱其他網站，如 www. publiclaw.cn 和 www.legal-theory.org。2008 年 12 月，最高人民法院廢除它在《齊玉苓案》作出的司法解釋，憲法司法化的提倡者因而受到挫折。

2　參見法律思想網，同註 1，〈事案專題：孫志剛案〉(2004 年 12 月)。

3　強世功：〈"憲法司法化" 的悖論〉，《中國社會科學》，2003 年第 2 期，頁 18，註 10。

4　賀衛方：〈撐起中國憲政的九大支柱〉(2003 年 10 月 28 日的講詞)，見法律思想網，同註 1。

5　季衛東：《憲政新論》(北京：北京大學出版社，2002)，第 7 章。

6　季衛東：〈漸進改革的新動力〉，《二十一世紀》，2002 年 8 月號，頁 22，28。

歷史中從未徹底消失過"[7] 本文將以 2004 年的修憲為出發點，對憲政中國
的道路進行初步的探索。本文分為三部分。第一部研究 2004 年的修憲的
背景、內容和意義。第二部介紹上述《齊玉苓案》和《孫志剛案》等案例，
並探討它們所帶出的憲法學議題。最後，第三部從中國政治體制的現狀出
發，思考憲政發展作為政治體制改革的關鍵環節的可能進路。

一、2004 年的修憲

　　中華人民共和國 1949 年建國以來共制定過四部憲法，有關年份是
1954 年、1975 年、1978 年和 1982 年。社會主義國家革命初期的憲法
可稱為"革命憲法"，作為鄧小平的"改革開放"時代的標誌的 1982 年
憲法可視為"改革憲法"，[8] 關信基教授則稱之為"包容性憲法"(inclusion
constitution)[9]——執政黨嘗試與社會整合，宣佈階級鬥爭的結束，並提
高國家機構(有別於黨組織)的地位。八二憲法制定後，全國人大在 1988
年、1993 年、1999 年和 2004 年對它進行了修改。這些修改大部分都是和
經濟體制的改革相關的，又反映出中國共產黨的指導思想和意識形態的逐
步演化。以下，讓我們首先回顧前三次修訂的要點，從而探討 2004 年的
修訂的意義。

　　1988 年的修訂是幅度最小的，只涉及兩項條文，一是關於對"私營經
濟"的承認(原有條文只提到"個體經濟")，二是改變了原有的土地政策，

7　劉軍寧：〈中國百年憲政夢〉，《開放雜誌》(香港)，2003 年 10 月號，"中國民間憲
　　政運動"專題，頁 41，42。

8　夏勇：〈中國憲法改革的幾個基本理論問題〉，《中國社會科學》，2003 年第 2 期，頁 4。

9　Kuan Hsin-chi, "Chinese Constitutional Practice", in Peter Wesley-Smith
　　and Albert Chen (eds), *The Basic Law and Hong Kong's Future* (Hong Kong:
　　Butterworths, 1988), ch. 4, pp. 57.

容許土地的"使用權"的轉讓。[10] 1993年的修訂主要反映1992年鄧小平"南巡"後中共第十四次全國黨代表大會(十四大)的意識形態,共有九項條文的修訂,包括在憲法的序言中引進"建設有中國特色社會主義的理論"、"社會主義初級階段"的概念、"改革開放"和"中國共產黨領導的多黨合作和政治協商制度",規定"實行社會主義市場經濟"(而非原有的"計劃經濟"),並確認農村中的"家庭聯產承包責任制"(以取代原有的"農村人民公社"制度)。[11]

　　1999年的修憲也和其最近的一次黨代表大會有密切的關係。鄧小平在1997年2月去世,同年9月,中共十五大決定修改黨章,把"鄧小平理論"加入為中共的指導思想的一部分(原有的條文只提到馬列主義和毛澤東思想)。1999年的修憲涉及六項條文,包括在序言中引進"鄧小平理論"和指出中國將"長期"處於社會主義初級階段,並在其他條文中規定在經濟制度上"堅持公有制為主體、多種所有制經濟共同發展"(代替原有的只強調社會主義公有制的條文)、"個體經濟、私營經濟等非公有制經濟,是社會主義市場經濟的重要組成部分"(原有條文只説"私營經濟是社會主義公有制經濟的補充")。[12] 除了上述涉及意識形態和經濟制度的修訂條文外,1999年修憲還有一項涉及法律、政治體制的重要修訂,便是在憲法第五條中增加一款:"中華人民共和國實行依法治國,建設社會主義法治國家。"

　　至於2004年修憲的背景,最主要的是2002年11月中共的十六大。在這次會議中,江澤民從黨總書記的職位退休,由胡錦濤接替。會議決定修改黨章,把"三個代表"思想加入與馬列主義、毛澤東思想和鄧小平理論一起作為中共的指導思想。"三個代表"思想是江澤民在2000年開始大

10　見憲法第10和11條。

11　見憲法第8和15條。

12　見憲法第6和11條。

力提倡的，內容指中國共產黨"代表中國先進生產力的發展要求，代表中國先進文化的前進方向，代表中國最廣大人民的根本利益"。胡錦濤上任後，對"三個代表"思想作出了進一步的詮釋，指出它的核心精神是"立黨為公、執政為民"，並力倡"以人為本"的執政理念。

2003 年 3 月，十屆人大常委會舉行第一次會議，吳邦國委員長宣佈有需要按照十六大的精神修改現行憲法。中共中央成立了修憲小組，進行研究和諮詢，並起草修訂文本。諮詢是在官方架構內進行的，民間自發組織的關於修憲的討論受到壓制，甚至有報道說中央宣傳部和教育部曾下達文件警告有人提出新自由主義，利用修憲來攻擊共產黨的領導，企圖改變現行政治體制。[13]

2003 年 10 月，中共十六屆三中全會(中央委員會第三次全體會議)討論和通過了《中共中央關於修改憲法部分內容的建議》，但沒有公佈其內容。這次修憲內容由中全會通過，被譽為黨內民主的表現，因為以往的修憲建議均由中共中央政治局通過後便以中共中央的名義向全國人大常委會提出。[14] 2003 年 12 月 22 日，修憲建議提交人大常委會，官方媒體在當天公佈了建議全文。[15] 人大常委會通過了《憲法修正案(草案)》，決定提交全國人大。2004 年 3 月 14 日，十屆人大二次會議終於通過修憲草案。最後通過的文本與原來提交的草案只有些微的差別(字眼、標點符號上的)，但相對於以往修憲草案無不原封不動地通過，已是少許的進步。

這次修憲涉及的條文共十四項，可簡述如下：

13　見余雙木：〈中國憲政民主新希望〉，《開放雜誌》，2003 年 10 月號，頁 31；汪海濤：
　　〈中共文件指民間修憲是反黨〉，《開放雜誌》，2004 年 2 月號，頁 25。

14　見韓大元等：〈憲法修改與憲政百年〉，法律思想網(見註 1)。

15　《中國共產黨中央委員會關於修改憲法部分內容的建議》，2003 年 12 月 22 日公佈於
　　新華網(www.xinhuanet.com)。

(1)在序言中加進"'三個代表'重要思想"和"物質文明、政治文明和精神文明協調發展"的概念；

(2)在序言中擴闊"愛國統一戰線"的內容；

(3)規定國家為公共利益而徵收或徵用土地須給予補償(第 10 條)("徵收"和"徵用"的區別在於後者不涉及所有權的改變)；[16]

(4)表明國家"鼓勵"和"支持"非公有制經濟的發展(第 11 條)；

(5)加強對於"合法的私有財產"的保護，並確認"私有財產權"的概念(第 13 條)；

(6)規定國家須建立"社會保障制度"(第 14 條)；

(7)在憲法第二章(公民的基本權利和義務)加入"國家尊重和保障人權"的條文(第 33 條)；

(8)規定國家主席可"進行國事活動"(與外交有關)(第 81 條)；

(9)把鄉鎮級的人民代表大會的任期由三年改為五年(第 98 條)；

(10)其餘五項修訂包括以"緊急狀態"的概念取代"戒嚴"(第 67、80、89 條)，規定國歌(第 136 條)和關於全國人大的組成的技術性修訂(第 59 條)。

2004 年修憲的三大意義

綜觀各項修訂，筆者認為其中最重要、影響最深遠的應算是"三個代表"思想的入憲及私有財產權和人權兩大概念的憲法性確認。"三個代表"思想標誌着中共從革命黨蛻變為有意在中國"和平崛起"的時代長期執政的政黨的過渡的完成，也是中共作為執政黨的合法性或正當性的理論基礎的重建。共產黨的領導地位原建基於列寧關於共產黨為無產階級的先

16　王利明：〈進一步強化對於私有財產的保護〉，《法學家》，2004 年第 1 期，頁 9‑12。

鋒隊的構想，而根據馬克思主義，無產階級革命的勝利乃人類歷史定律之必然。"三個代表"思想(包括胡錦濤的民本主義詮釋)把中共從無產階級政黨重構為"全民黨"，聲稱它代表全民的利益。這揭示當代中國政治思想的新出路的一個可能性：類似傳統儒家的"民本"和"仁政"思想成為"新權威主義"統治的理論基礎，[17] 以取代馬克思主義和它曾經合法化的極權主義。

至於對私有財產權和人權的肯定，也是馬克思主義在中國的重大轉折。馬克思主義視私有財產為萬惡之源，社會主義公有制的優越性則大受推崇；馬克思主義對"人權"思想沒有好感，它批判普遍人性的抽象概念，強調人的社會性和階級性，認為"人權"是資產階級的口號，帶有自私性和欺騙性。反之，私有產權和人權都是與馬克思主義長期對峙的自由主義的核心概念，共產主義國家對人權的侵犯，長期受到西方社會的嚴厲譴責。

這次修憲對私有財產權和人權的處理，既是大勢所趨，也是民心所向。私有財產(包括生產資料和股權等非勞動收入)在中國的大規模存在已是不爭的事實，非公有制經濟在國民生產總值中的比例已近一半；修憲前的調查發現，93% 的城市居民希望修憲以保護私有財產。[18] 在人權方面，中國在 90 年代開始積極參與國際人權活動，到目前為止，中國已是 21 項國際人權公約的締約國。[19] 1997 年中共十五大和 2002 年十六大的報告中都提倡尊重和保障人權。

17　康曉光：《仁政：中國政治發展的第三條道路》（新加坡：八方文化，2005）。

18　見劉武俊：〈私有財產權入憲的意義〉，《中國青年報》，2004 年 1 月 9 日。

19　許崇德：〈人權入憲的重大意義〉，《法學家》，2004 年第 4 期，頁 1；焦洪昌：〈"國家尊重和保障人權"的憲法分析〉，《中國法學》，2004 年第 3 期，頁 42。

2004 年修憲的局限

　　2004 年的修憲和前三次一樣，只限於憲法中關於官方意識形態和政策宣示的條文，沒有政治體制方面的修改（如建立違憲審查機制），對於公民權利的一章所列出的具體權利也沒有修補（如加入一些學者建議[20]的生命權、隱私權、知情權、遷徙權、刑事正當程序、司法救濟權等）。此外，即使在政治理論的層次，"三個代表"思想的確立並沒有導致對於中國的"國體"的反思：關於"國體"的規定是憲法第一條，即"中華人民共和國是工人階級領導的，以工農聯盟為基礎的人民民主專政的社會主義國家"。根據中共一貫的說法，人民民主專政即無產階級專政。在修憲的民間討論中，曾有人建議把"人民民主專政"改為"人民民主"或"人民民主憲政"，[21] 這種提法顯然被官方視為過於敏感和激進。

　　總括來說，2004 年的修憲在程序和內容上確有某些進步和可喜之處，[22] 但沒有絲毫改變原有憲法的基本格局，在"國體"的理論上、具體體制的設計上和人民實質權利方面，都沒有突破。修憲的作用仍停留在政策的宣示而非機構、權力和權利的重新組合。憲法本身的作用仍停留在"憲法作為根本大法對國家政治經濟和社會制度的決定地位和統率指導其他部門法的立法作用"，[23] 而非作為對公共權力的行使進行合憲性控制的具可操

20　關於學者的建議，參見《上海法律與經濟研究所通訊》，《修憲問題特刊》2003 年第 3
　　期；賀衛方等：〈完善中國憲法人權保護條款的建議〉，法律思想網（見註 1）。

21　于浩成：〈廢除專政，才有憲政〉，《開放雜 s 誌》2003 年 10 月號，頁 39；唐文成：
　　〈中共十六屆三中全會窺測，修改憲法的十點建議出台〉，《鏡報月刊》（香港），2003
　　年 10 月號，頁 28。

22　參見季衛東：〈從界定產權到改善政權 —— 對憲法第四修正案建議稿的詮釋和批評〉，
　　法律思想網（見註 1）。

23　許崇德等：〈齊玉苓案對完善憲法實施機制的啟迪〉（引文來自趙旭東的發言），《人民
　　法院報》，2001 年 9 月 17 日。

作性的規範。

　　法國國民議會在 1789 年 8 月通過的《人和公民的權利宣言》第十六條說：“凡權利無保障和分權未確立的社會，就沒有憲法。”2003 年，馮象先生在一篇題為〈它無憲法〉的文章[24]中引述北京一位出租車司機的話：“您說，咱們中國問題在哪兒？它沒憲法！”讓我們在以下進一步探討這個課題。

二、從《齊玉苓案》到《孫志剛案》

　　1803 年，美國最高法院作出劃時代的《馬伯里訴麥迪遜案》（Marbury v Madison）判決，在世界憲政史上引為佳話。《馬案》確立了美國最高法院在具體案件的訴訟中根據憲法審查國會制定的法律的無上權威，法院有權宣佈立法機關通過的任何法律為違憲及無效，法院並享有憲法的最終解釋權。在中國，最高人民法院在 2001 年 8 月 13 日就《齊玉苓案》作出“關於以侵犯姓名權的手段侵犯憲法保護的公民受教育的基本權利是否應承擔民事責任的批覆”（以下簡稱“八一三批覆”），[25] 在司法界、法學界和媒體引起了廣泛的討論，“甚至有人譽其為中國的《馬伯里訴麥迪遜案》”。[26] 究竟這是甚麼一回事？中國憲法體制當時有沒有因此案而出現重大的變化？

　　案中齊玉苓是原告，被告陳曉琪曾是原告的同學，一起就讀於山東某中學。1990 年，他們參加了中等專科學校的預選考試，齊氏合格而陳氏落選。齊氏進而在統一招生考試中合格，獲得一間商業學校錄取。但齊氏沒有收到錄取通知書，在陳氏的父親──村的黨支部書記──的策劃下，這份文件被陳氏領走，她並假冒齊玉苓到該商業學校就讀，於 1993 年畢

24　見於法律思想網（見註 1）。

25　參見《中華人民共和國最高人民法院公報》，2001 年第 5 期，頁 158。

26　沈巋：〈憲法統治時代的開始？〉，法律思想網（見註 1）。

業，並以齊玉苓的名義被分配到一間銀行工作。齊氏失去上學的機會，在家鄉務農。後來真相大白，齊氏遂以其姓名權及受教育權被侵犯為由提起民事訴訟。

　　第一審在棗慶市中級人民法院進行，最後判原告的姓名權受到侵害，獲賠償精神損害 3 萬 5 千元。原告向山東省高級人民法院上訴，要求就其受教育權的被侵犯所導致的經濟損失和精神損失獲賠償。高院就本案涉及的法律疑難問題請示最高人民法院。在"八一三批覆中"，最高法院認為被告"以侵犯姓名權的手段，侵犯了齊玉苓依據憲法規定所享有的受教育的基本權利，並造成了具體的損害後果，應承擔相應的民事責任"。山東省高院根據此批覆繼續審理此案，最後判原告獲賠償經濟損失和精神損害約 10 萬元。

　　2001 年 8 月 13 日，即"八一三批覆"公佈的當天，時任最高人民法院民一庭庭長(後升任副院長，後來因貪污被判入獄)黃松有在《人民法院報》以〈憲法司法化及其意義 —— 從最高人民法院今天的一個《批覆》談起〉為題發表文章，[27] 暢談此批覆的"重大意義"。他認為應改變法院過往不在裁判文書中援引憲法的慣例(此慣例乃建基於最高人民法院於 1955 年和 1986 年的兩個司法解釋(批覆))，並指出"八一三批覆"(1)開創了法院保護公民的憲法權利的先河；(2)創造了"憲法司法化"的先例；和(3)首次提出以"民法方法"保護公民的憲法權利。

"八一三批覆"的意義

　　"八一三批覆"及其引發的廣泛討論凸顯了中國憲法的一個根本的問題，就是法院作為司法機關在執行憲法方面應該扮演甚麼角色。由於上述

---

27 《人民法院報》法治時代週刊，2001 年 8 月 13 日。

不援引憲法條文作為判案依據的慣例，所以長期以來，法院在執行憲法上基本上是沒有角色的：法院只可以執行法律，不可以直接執行憲法；憲法主要是對立法機關的指引，立法機關通過立法來實施憲法的規定。一般情況是如此，但也有極少數的例外，就是在個別案件中，地方法院間中有在判決文書裏援引憲法條文以支持其他法律條文的應用或作為判案依據。[28]例如在 1995 年，四川省一縣級法院援引憲法關於男女平等的平等權規定，裁定某村委會制定的村規民約中要求該村出嫁的婦女必須遷出戶口的規定為歧視性及無效。1998 年，四川省另一縣級法院援引憲法第 42 條關於勞動保護的條文，裁定某合同中關於工傷事故責任承擔的規定為無效。在最高人民法院的層次，該院在 1988 年也曾頒佈《關於僱工合同"工傷概不負責"是否有效的批覆》，援引憲法第 42 條以裁定一份招工登記表中關於"工傷概不負責"的條款為無效，雖然這個批覆沒有得到"八一三批覆"那樣的廣泛報道、宣傳和討論。

在明確宣示憲法條款可被法院引用為判案依據方面，"八一三批覆"對中國憲政的發展的積極意義是不容忽視的。但是，黃松有法官關於此批覆開創了中國法院保護公民的憲法權利的先河的説法，似乎過分樂觀和高估了批覆的意義和影響。作為憲法性判例和中國憲政發展的里程碑，《齊玉苓案》和"八一三批覆"有以下的局限。首先，它沒有確立法院對憲法的解釋權，也沒有對憲法第 46 條（關於公民受教育的權利和義務）作出討論、分析和解釋。一般來説，憲法規定的公民權利是用以規範國家和公民的關係的（而非私人之間的關係），政府必須尊重和保障公民的憲法性權利。如果對憲法第 46 條進行細緻的分析，結果很可能是發現受教育權"所

28　蕭澤晟：《憲法學》(北京：科學出版社，2003)，頁 102-104；張千帆主編：《憲法學》(北京：法律出版社，2004)，頁 94-95、113-114。以下敍述的三個案例來自這兩本書。

產生的相關的請求權的對象應當是政府，而不是其他公民"，[29] 即政府有責保證公民受教育權的實現。從這個角度看，如果有朝一日法院頒令要求一地方政府為貧困家庭的兒童提供真正免費的義務教育，這才是受教育權的真正司法化。

第二，《齊玉苓案》是一宗民事訴訟而非憲法訴訟，憲法訴訟是公民就公權力的行使向國家機構提出的訴訟，要求法院根據憲法去審查國家機構的行為(包括立法和行政行為)的合憲性。憲法的主要目的是規範政府(包括立法機關)的權力的行使，從而保障人民的權利。因此，典型的憲法的司法適用是由法院就某項政府行為行使合憲性控制(或稱違憲審查)，[30] 正如在《馬伯里訴麥迪遜案》，法院審查國會通過的立法的合憲性。《齊玉苓案》涉及的是私人之間的民事糾紛而非公權力的行使是否違憲，所以不能與《馬案》相提並論。在憲法學裏，對於憲法的規範是否應該或如何適用於私人之間的民事法律關係中，存在一定的爭議性。[31] 因此，在中國法學界，就"八一三批覆"的內容是否適當以至是否構成對憲法條文的濫用或誤用，也有不同的意見。[32]

最後，雖然"八一三批覆"使民間的憲法權利意識有所增長，但其後民間提出的以憲法維護自己權益的、針對政府政策或行為的憲法訴訟均以失敗告終。在"八一三批覆"公佈當天，三名青島市應屆高中畢業生向教

29　莫紀宏：〈受教育權憲法保護的內涵〉，《法學家》，2003 年第 3 期，頁 45，48。

30　參見許崇德、鄭賢君：〈"憲法司法化"是憲法學的理論誤區〉，《法學家》，2001 年第 6 期，頁 60；張千帆：〈認真對待憲法〉，《中外法學》，2003 年第 5 期，頁 560；蔡定劍：〈憲法實施的概念與憲法施行之道〉，《中國法學》，2004 年第 1 期，頁 21。

31　參見沈巋：〈憲法統治時代的開始？〉，張慶福主編：《憲法論叢》第 3 卷(北京：法律出版社，2003)，頁 540。

32　羅豪才等：〈齊玉苓案：學者的回應〉，《法制日報》，2001 年 9 月 16 日；江平等：〈憲法司法化四人談〉，《南方周末》，2001 年 9 月 13 日。

育部提起行政訴訟，聲稱《關於 2001 年全國普通高等院校教育招生計劃》違背憲法上的平等受教育權，因為該計劃中關於不同地域招生人數的規定，導致高考分數線在不同地區有很大的差異。法院拒絕了原告的請求。[33]

另一宗廣為人知的案件是涉及對乙型肝炎病毒攜帶者（佔中國人口近 10%）的歧視的《張先著案》。[34] 張先著是安徽省的青年，大學畢業後兩年（2003 年）在蕪湖市國家公務員考試中名列前茅，但因在進行身體檢查時被發現其攜帶乙肝病毒而被淘汰。張氏在 2003 年 12 月向該市人事局提出行政訴訟，認為受到身體健康歧視，有違憲法上的平等權和勞動權。雖然法院裁定被告在公務員招錄過程中取消原告資格的行政行為所賴的證據不足，但卻迴避了有關體檢標準是否歧視及違憲的問題。

由此可見，雖然"八一三批覆"表面上增強了憲法在法院審判案件時的適用性，但當案件涉及到的是政府當局的政策或規範性文件是否違憲或侵犯公民的憲法權利時，法院是軟弱無力的。於是便有這樣的弔詭情況：憲法規範的是國家的權力和國家與公民的關係，但法院願意援引和應用憲法的情況只限於與國家權力的行使不相干的私人之間民事法律關係的領域。然而從中國現行憲法的體制設計來看，這個結果卻並不奇怪、甚至是理所當然的。因為根據憲法的規定，[35] 監督憲法的實施的權責，不在法院，而在全國人大及其常委會；解釋憲法的權責，不在法院，而在全國人大常委會；撤銷違憲的法規的權責也不在法院，而在全國人大常委會。"法院在'神聖'的憲法面前成為'缺牙的看門狗'。"[36] 那麼，上述這些法

33　參見莫紀宏（同註 29），頁 50（註 8）；沈巋（同註 31），頁 563（註 1）。

34　張千帆主編（同註 28），頁 100；〈2003：中國乙肝病毒攜帶者"反歧視年"〉，《南方周末》，2003 年 12 月 25 日。

35　參見憲法第 62、67 條；強世功（同註 3）；童之偉：〈人權入憲的價值〉，《法學家》，2004 年第 4 期，頁 25。

36　引自包萬超的發言，見許崇德等（同註 23）。

院無權無力扮演的角色，全國人大及其常委會能勝任嗎？這個問題正好把我們帶進《孫志剛案》的討論範圍。

孫志剛，[37] 2001 年畢業於武漢科技學院藝術設計專業，2003 年 2 月 24 日受聘於廣州的一間服裝公司。2003 年 3 月 17 日晚，孫因沒有攜帶身份證明文件而被民警拘捕，送到根據國務院 1982 年制定的《城市流浪乞討人員收容遣送辦法》而設的"收容遣送站"（主要用於收容和遣返來自農村的無業遊民）。3 月 18 日，孫因"身體不適"被送到"收容人員救護站"，3 月 20 日，被同房的收治人員毒打致死，年僅 27 歲。

2003 年 4 月 25 日，《南方都市報》刊登題為〈被收容者孫志剛之死〉的文章，披露了事件。之後，其他媒體也報道了事件，即時在互聯網（包括官方的"人民網"）上輿論嘩然，羣情洶湧，要求追究責任。5 月 14 日，三位在北京大學獲法學博士學位不久並任教於不同大學的教師（俞江、滕彪、許志永）聯名向全國人大常委會提交了"關於審查《城市流浪乞討人員收容遣送辦法》的建議書"，[38] 此事因《中國青年報》在 5 月 16 日的報道而公開，被喻為"三博士上書"事件，[39]《孫志剛案》則被稱為"中國違憲審查第一懸案"。[40] 5 月 23 日，北大法學教授賀衛方等五位學者又聯合上書人大常委會，要求它動用憲法第 71 條賦予它的權力，成立"關於特定問題的調查委員會"，對收容遣送制度的實施狀況進行調查。這便是所謂"五學者

---

37 參見郭均旺：〈關於孫志剛案件的法律思考〉，法律思想網（見註 1）；張千帆主編（同註 28），頁 4、93。

38 建議書全文見於法律思想網（見註 2）。

39 〈三博士上書推開法規審查之門〉，《法制日報》（www.legaldaily.com.cn），2003 年 12 月 31 日；滕彪：〈繞不過去的違憲審查〉，法律思想網（見註 2）。

40 滕彪：〈孫志剛事件：被討論的和被迴避的〉（未刪稿），法律思想網（見註 2），原刊於《南方周末》，2003 年 10 月 9 日。

上書"事件。[41]

兩次上書的法律依據

"三博士上書"及"五學者上書"之所以成為"事件",主要是因為在政府的容忍下媒體得以報道這些事情,從而啟動了民間輿論的作用。從法理的角度來看,兩次上書都是有充分法律依據的,雖然它們所要求人大常委會做的事情都是常委會在法律上有權做卻從來未做過的事情。例如"三博士上書"的理據是憲法保障人身自由,《行政處罰法》(1996年)和《立法法》(2000年)均訂明對公民人身自由的限制只能由全國人大或其常委會制定的法律來規定,《收容遣送辦法》只是國務院制定的行政法規,因此它規定的對人身自由的限制是越權和違法的,根據《立法法》第87和88條,人大常委會有權予以撤銷,而根據《立法法》第90條,公民有權向常委會提出審查此行政法規的建議。

結果,全國人大常委會並沒有就這兩次上書作出回應,但中央領導人卻以另外的方式 —— "領導批示"的方式[42] —— 紓緩了《孫志剛案》引起的民憤。首先,官方對於孫之死的追究責任迅速和嚴厲地進行,2003年6月9日,廣州市中級人民法院對孫志剛被害案作出判決,涉案的與孫同房的被收容人員和被指"玩忽職守"的官職人員被判重刑(但由於案件的調查和審結異常迅速,記者和一般市民不獲准聽審,有學者擔心公正審判是否因輿論壓力而被犧牲)。[43]第二,2003年6月20日,國務院廢除了《城市

41　參見賀衛方:〈我們為何"上書"〉,《解放日報》,2003年6月4日(轉載於法律思想網(見註2));沈歸:〈深以當下個體生命為切 ——一個學人的孫志剛案備忘〉,《新民周刊》(上海),2003年第24期(轉載於法律思想網);賀衛方,同註4。

42　韓大元等(同註14),蔡定劍的發言;賀衛方:〈從孫志剛事件看中國法治發展〉(修訂稿),法律思想網(見註2)。

43　沈歸(同註41);滕彪(同註40);賀衛方(同註42)。

流浪乞討人員收容遣送辦法》，並以《城市生活無着的流浪乞討人員救助管理辦法》取而代之，原有的強制收容制度改為有需要者自願到"流浪乞討人員救助站"接受救濟。

領導人不啟動違憲審查

《孫志剛案》中上書者的原意，是"促成建立一個違憲審查的經常性機制"，並推動"轉型時期公共討論與制度變遷相互作用"。[44] 很可惜，領導人並不願意(或仍未有足夠準備)接受這個挑戰，他們放棄了啟動在書面存在但未試用過的法律制度(即違憲及違法審查制度和特別調查制度)的難得機會，最終以他們所熟悉和慣用的"批示治國"[45]方式解決問題。這樣的處理是與中國現有(以至傳統)的官場文化密不可分的。如果人大常委會正式啟動審查國務院訂立的行政法規的程序，"不但國務院'沒有面子'，全國人大常委會自己也會'不好意思'"。[46] 另一個考慮是，"有初一就有初二"，如果有了審查法規的先例，"雪片一樣的違憲審查的建議就來了"。[47]

雖然這樣的先例未開，但是民間的違憲審查建議還是壓抑不了。在2003 年 5 月至 6 月，由於媒體對《孫志剛案》和"三博士上書"事件的廣泛報道，"違憲審查"成了頻頻出現、民間耳熟能詳的字眼，"三博士"本人和人大常委會都收到多份來自全國各地的違憲審查建議書，[48]包括 2003年 11 月 20 日由 1611 名公民聯名向人大常委會提交的《要求對全國 31 省(市)公務員錄用限制乙肝病毒攜帶者規定進行違憲審查和加強乙肝病毒攜

---

44 滕彪(同註 40)。
45 賀衛方(同註 42)。
46 滕彪(同註 39)。
47 韓大元等(同註 14)，蔡定劍的發言。
48 見〈三博士上書推開法規審查之門〉(同註 39)；韓大元等(同註 14)，蔡定劍的發言。

帶者立法保護的建議書》。[49] 由此可見，《孫志剛案》的確帶來了民間憲法權利意識的增長，四川學者王怡甚至稱 2003 年為"新民權運動年"。[50]

　　雖然到目前為止，"三博士上書"所依據的違憲和違法審查機制仍未正式啟動過，民間各違憲審查建議也未獲正式的回應，但全國人大常委會法制工作委員會畢竟在 2004 年 5 月低調地成立了一個"法規審查備案室"，其中一項職責便是對關於法規的審查建議進行"先期研究"，發揮"過濾作用"，以決定是否就某法規啟動《立法法》規定的正式審查程序。[51] 雖然這離憲法學界的主流意見[52] —— 即在人大或其常委會下設立憲法委員會負責違憲和違法審查工作 —— 的被採納仍十分遙遠，但不失為為未來違憲審查機制的建立創造有利"制度環境"的預備階段的舉措，甚至是"透出黎明的曙光的'第一步'"。[53]

三、憲政作為中國政治體制改革的可能進路

　　文革時代後中國改革開放的事業原應包括經濟體制和政治體制的同步改革，在 1987 年中共的十三大，趙紫陽曾經提出黨政分開等政治體制改革構想，但因"六四"事件而胎死腹中，90 年代以來，政治體制改革基本

49　《南方周末》文，見上註 34。

50　轉引自許行：〈中國新民權運動的興起〉，《開放雜誌》，2004 年 2 月號，頁 29。

51　崔麗：〈全國人大常委會首次成立法規違法違憲的審查機構〉，中國法院網 www.chinacourt.org，國內新聞（2004 年 6 月 20 日），轉載自《中國青年報》；新京報：〈人大解釋違憲審查制度，任何公民可提請違憲審查〉，法律思想網（同註 1）（2004 年 12 月 7 日）。

52　胡錦光：〈從憲法事例看中國憲法救濟制度的完善〉，《法學家》，2003 年第 3 期，頁 36；童之偉等：〈中國法學會憲法學研究會 2003 年年會綜述〉，《中國法學》，2004 年第 2 期，頁 190；林來梵：〈違憲審查：嚆矢與正的 —— 就法規審查備案室的設立訪談林〉，《法理與判例》，轉載於法律思想網（見註 1）。

53　林來梵（同註 52）。

上處於停滯狀態。[54] 另一方面，市場經濟的發展的確帶來了經濟增長，經濟增長成了政權的合法性或認受性的主要泉源。[55] 一種後極權主義時代的新權威主義模式逐漸形成和變得穩定，意識形態褪色，私人領域得以非政治化，不受政府監控和干預，中共與新經濟精英和知識精英結盟，盡量滿足他們的經濟利益，但仍維持對政治權力的壟斷，繼續其毋須問責的家長式統治。[56]

由於市場化是在專制式管治的環境下進行的，國有資產（包括土地）的私有化不受民主或獨立法制的有效監察，因而帶來了嚴重的官僚腐敗和“權錢交易”等問題。改革成果的分享是極不平均的，[57] 一方面形成了“暴富階級”，另一方面，大量的農民和工人淪為弱勢羣體，失去土地的農民和下崗的工人成為改革的犧牲者，以上訪以至示威等形式表達的社會不滿與日俱增。[58] 但是，為了政治和社會的“穩定”，當局不惜採用政治高壓和媒體控制等手段，務求把任何“不安定因素”消滅於萌芽狀態，[59] 任何抗議社會不公或要求政治民主化的較激進言論或民間組織都會隨時受到打壓或甚至刑事的處罰。

掌權者不願意因民主化而失去權力，這是可以理解的，但這並不排除“在特定情勢中的政治力量的理性戰略互動中”，“主要的遊戲者選擇憲

54　包瑞嘉（Richard Baum）：〈中國的“溫和權威主義”改革之路〉，《二十一世紀》，2004 年 6 月號，頁 4。

55　吳國光：〈試論改革與“二次改革”〉，《二十一世紀》，2004 年 6 月號，頁 11。

56　康曉光：〈中國：改革時代的政治發展與政治穩定〉，《當代中國研究》（美國），2002年第 3 期，頁 29；康曉光：〈90 年代中國大陸政治穩定性研究〉，《二十一世紀》，2002 年 8 月號，頁 33。

57　何清漣：〈中國改革的得與失〉，《當代中國研究》，2002 年第 1 期，頁 2。

58　蕭瀚：〈後極權時代的改革困境〉，《二十一世紀》，2002 年 12 月號，頁 24；楊光：〈政治改革：“中國模式”的難題〉，《當代中國研究》，2004 年第 2 期，頁 42。

59　何清漣：〈威權統治下的中國現狀與前景〉，《當代中國研究》，2004 年第 2 期，頁 4。

政，以保證自己的安全和爭取自己的利益"。[60]憲政並不要求立刻通過普選和多黨競爭產生議會或政府，也不要求立刻全面開放言論、出版、新聞、結社、集會遊行等自由；憲政只要求勵行法治以規範公權力的行使，司法獨立，國家機構之間有所分權以收相互制衡之效，以及加強立法議會對行政機關的制約、監督和問責，立法議會充分行使其立法權、財政權和監察權，以至建立中立公正的違憲審查制度，制約立法權和行政權的違憲行使，以保障公民的憲法性基本權利和自由。

憲政的可行性

　　憲政的建立是相對溫和的、在目前情況下較可行的政治體制改革的進路。在清朝末年，中國同時興起立憲運動和革命運動，其中立憲運動便是較溫和的路線，它並不以推翻滿清王朝為目標，只要求君主立憲，使皇帝和朝廷的絕對權力轉化為有限的權力，受到憲法和法律的限制和議會的制衡。[61]從英國近現代政治體制發展的模式來看，也是先在17世紀末建立憲政──即君主立憲的制度，英王的權力受到法律的限制和國會的制衡，法治和司法獨立得以確立，但英王仍保留行政實權，後來才出現議會內閣制和較成熟的兩黨政治，實權由英王轉移到首相，到了20世紀，下議院才由普選產生，民主政治才漸臻成熟。

　　如果中國要邁向憲政，傳統的"共產黨的領導"（至少在領導方式和黨政關係上）和"民主集中制"以至對於分權制衡的否定必須有所變通，

60　王軍濤：〈中國憲政的困境〉，陳一諮主編：《中國向何處去？──追思楊小凱》（香港：明鏡出版社，2004），頁307，313。

61　有學者就中國目前的情況提出，"能不能效仿虛君共和，來個虛黨共和？能不能效仿君主立憲制，來個政黨立憲制？"見單正平：〈現代中國的自由主義〉，《當代中國研究》，2004年第1期，頁4，14。

中央政府的權力高度集中於黨中央和地方政府的權力高度集中於地方黨委的制度必須予以調整。更具體來説，必須把更多實權讓與人大和法院，讓人大能更有力行使其財政權、人事權、決定權、監督權、立法權等法定權力，讓法院能真正司法獨立，不受同級政府、人大以至黨委的干預或操縱。憲法學界建議的通過成立人大下的憲法委員會以處理法規的違憲審查，或授權法院審查較低層次的規範性文件(抽象行政行為)的合法性，只是建立憲政體制的舉措之一而非其全部或最核心內容。

　　以目前的情況來看，中國憲政建設的最大挑戰不是在如何修改現行憲法，而是在如何把現行憲法所賦予人大和法院的權力和能力充分發揮出來，提高它們在政治體制中的實際地位(長期以來低於其法理地位)和權威，使它們能對政府行政機關和黨委產生權力制衡的作用。當然，這只能是憲政建設的第一步。以後要走的路還會很長，包括逐步擴大言論、出版、新聞、結社、集會、宗教等自由，增強各級人大選舉中的自由和公平競爭成分，以至把直接選舉從縣級人大擴展至市級以至更上級人大，直選鄉、鎮、縣的行政首長等。"中國的民主化將會是一個漫長曲折且危機四伏的過程。"[62] 民主不能一蹴而就，但相對低調的、按部就班的、潛移默化的憲政制度和憲政文化的建設，將為來日方長的政治體制民主化奠下穩固的基礎和減低其風險。

62　何清漣(同註 59)，頁 38。

香港的法治、憲政與民主的進程

在 20 世紀 80 年代以前，作為英國殖民地的香港，在經濟發展上取得可觀的成績，成為東亞"四小龍"之一，但是在政治上沒有民主。英國在香港的殖民統治的特色，包括引進法治制度，並在一定程度上保障人權和自由。1984 年中英兩國關於香港前途問題的《聯合聲明》簽署後，香港的政治體制開始民主化。1997 年香港回歸中華人民共和國，根據"一國兩制"的構想和《香港特別行政區基本法》實行高度自治，港人治港。本文將回顧香港在過去 30 多年在法治、憲政和民主等方面的實踐，相信這是個海峽兩岸人民共同關心的課題。

一、前言

法治、民主和憲政的事業在過去 30 多年內在東亞和東南亞地區大有進展，[1] 而香港正如台灣一樣是其中一個值得研究的個案。

香港的憲政實驗乃建基於"一國兩制"的概念。已故中共領導人鄧小

1　東亞和東南亞的民主化個案可理解為杭廷頓所謂的"第三波民主"的一部分，可參見 Samuel P. Huntington, *The Third Wave: Democratization in the Late Twentieth Century* (Norman and London: University of Oklahoma Press, 1991); Larry Diamond and Marc F. Plattner (eds), *The Global Resurgence of Democracy* (Baltimore: John Hopkins University Press, 1993); Dennis Austin (ed), *Liberal Democracy in Non-Western States* (St. Paul: Professors World Peace Academy, 1995); 田弘茂等（編）：《鞏固第三波民主》（台北：業強，1997）；田弘茂等（編）：《新興民主的機遇與挑戰》（台北：業強，1997）；倪炎元：《東亞威權政體之轉型：比較台灣與南韓的民主化歷程》（台北：月旦，1995）。

平在 20 世紀 70 年代末提出這個概念時，[2] 原意是促進台灣與中國大陸的和平統一，但台灣方面拒絕接受這個安排。[3] 1984 年，中英兩國簽署《關於香港問題的聯合聲明》，英國政府承諾於 1997 年把香港交還中華人民共和國，於是香港成了實行"一國兩制"的首個試驗場。[4]

香港島於 1842 年割讓予大英帝國。在英國殖民統治下的香港，政府採用的是一種軟性的威權主義。政治權力緊握於由倫敦委任的香港總督手中，全體立法局議員均為他任命。與此同時，香港沿襲了英格蘭普通法的法治及司法獨立的傳統；在 20 世紀 60 年代下半的暴動過後，香港的人權保障的水平也逐漸提高。[5]

2　參見趙春義(編)：《一國兩制概論》(長春：吉林大學出版社，1988)；趙小芒等：《一個國家兩種制度》(北京：解放軍出版社，1989)；中共中央文獻研究室(編)：《一國兩制重要文獻選編》(北京：中央文獻出版社，1997)；鄧小平：《鄧小平論"一國兩制"》(香港：三聯書店，2004)。

3　參見 Ying-jeou Ma, "Policy Towards the Chinese Mainland: Taipei's View", in Steve Tsang (ed), *In the Shadow of China: Political Developments in Taiwan Since 1949* (Hong Kong: Hong Kong University Press, 1993), chapter 8; 耶魯兩岸學會(編)：《邁向 21 世紀的兩岸關係》(台北：時報文化，1995)；石之瑜：《兩岸關係論》(台北：揚智文化，1998)；許宗力：〈兩岸關係法律定位百年來的演變與最新發展〉，於氏著：《憲法與法治國行政》(台北：元照，1999)，頁 239。

4　葡萄牙統治下的澳門在 1999 年也在"一國兩制"的框架下回歸中國，可參見譚志強：《澳門主權問題始末(1553-1993)》(台北：永業，1994)；《澳門基本法文獻集》(澳門：澳門日報出版社，1993)；駱偉建：《澳門特別行政區基本法概論》(澳門：澳門基金會，2000)；蕭蔚雲等(編)：《依法治澳與穩定發展：基本法實施兩周年紀念研討會論文集》(澳門：澳門科技大學，2002)。

5　關於香港的歷史，可參閱 G. B. Endacott, *A History of Hong Kong, 2nd ed.* (Hong Kong: Oxford University Press, 1964); G. B. Endacott, *Government and People in Hong Kong 1841-1962: A Constitutional History* (Hong Kong: Hong Kong University Press, 1964); Frank Welsh, *A History of Hong Kong* (London: HarperCollins, 1993); Steve Tsang, *A Modern History of Hong Kong* (Hong Kong: Hong Kong University Press, 2004); 劉蜀永(編)：《簡明香港史》(香港：三聯書店，1998)；蔡榮芳：《香港人之香港史 1841-1945》(香港：牛津大學出版社，2001)；王賡武(編)：《香港史新編》(上、下) (香港：三聯書店，1997)。

在 20 世紀 50 年代至 70 年代，香港的經濟發展蓬勃，香港與台灣一樣被譽為 "亞洲四小龍" 之一。[6] 在 80 年代，香港出現了民主化的曙光。香港的立法局在 1985 年首次有部分議席由選舉產生。[7]1990 年，中國制訂了《中華人民共和國香港特別行政區基本法》，此法於 1997 年在香港實施。1991 年，香港立法局通過了《香港人權法案條例》，開展了香港法制史上的違憲審查的時代，香港法院開始建立起一套關於人權法的案例。同年，香港亦舉行了立法局選舉，首次有部分議席由 "直接選舉"（全民普選）產生。1997 年回歸祖國後，新成立的香港終審法院領導下的香港法院繼續在憲法性訴訟案件中發揮着重要作用，而立法會（相當於回歸前的 "立法局"）中由全民直接選舉產生的議席的比例則逐步增加。

民主憲政的主要元素包括法治、憲法（或憲法性文件）至上、分權制衡、司法獨立、人權保障、普選或直接選舉和多黨政治，尤其是確保權力的行使受到法律的約束，選舉按既定規則進行，最高領導人的政治權力有序地轉移。廣義的憲政主義概念不單可以用來討論一個國家的情況，也可用來討論像香港一樣的具有高度自治權的地區。20 世紀 80 年代以來，香港正如台灣一樣，在民主憲政建設方面取得了一定的成績。

6　參見 Ezra F. Vogel, *The Four Little Dragons* (Cambridge, Mass: Harvard University Press, 1991)。

7　關於香港的民主化，可參閱 Kathleen Cheek-Milby, *A Legislature Comes of Age: Hong Kong's Search for Influence and Identity* (Hong Kong: Oxford University Press, 1995)；Lo Shiu-hing, *The Politics of Democratization in Hong Kong* (Basingstoke and London: Macmillan Press, 1997)；Alvin Y. So, *Hong Kong's Embattled Democracy* (Baltimore: John Hopkins University Press, 1999)；劉兆佳：《過渡期香港政治》（香港：廣角鏡，1996）；黃文娟：《香港的憲制與政治》（台北：國家發展基金會，1997）。

二、香港法治與憲政的源起及演變

　　香港的法治和憲政發展（包括司法獨立和人權保障）是英國殖民統治的產物。[8] 長期以來，香港享有的一定程度的憲政（但不是民主憲政）乃建基於一部殖民地憲法和殖民地政府的實踐和慣例，直至 1997 年 7 月 1 日，香港回歸中國，成為一個特別行政區，香港的憲政的基礎乃轉移為中國的全國人民代表大會制訂的《中華人民共和國香港特別行政區基本法》。[9]

殖民統治時期的憲法理念

　　直至 80 年代，英國在香港的殖民統治的法理依據，除了清朝政府與大英帝國簽訂的三條（分別關於香港島、九龍半島的割讓和"新界"的租借的）"不平等條約"外，[10] 便是由英皇頒佈的《英皇制誥》（*Letters Patent*）

8　關於香港在殖民地時代（尤其是 80 年代）的憲法、政治與法律制度，可參閱 Norman Miners, *The Government and Politics of Hong Kong,* 4th ed.（Hong Kong: Oxford University Press, 1986）; Peter Wesley-Smith, *Constitutional and Administrative Law in Hong Kong*（Hong Kong: China and Hong Kong Law Studies, volume I, 1987, volume II, 1988）; Peter Harris, *Hong Kong: A Study in Bureaucracy and Politics*（Hong Kong: Macmillan, 1988）; Peter Wesley-Smith, *An Introduction to the Hong Kong Legal System*（Hong Kong: Oxford University Press, 1987）。

9　參見蕭蔚雲（編）：《一國兩制與香港特別行政區基本法》（香港：文化教育出版社，1990）；王叔文（編）：《香港特別行政區基本法導論》（北京：中共中央黨校出版社，修訂本，1997）；王泰銓：《香港基本法》（台北：三民書局，1995）；Yash Ghai, *Hong Kong's New Constitutional Order,* 2nd ed.（Hong Kong: Hong Kong University Press, 1999）。

10　參見劉蜀永：《香港的歷史》（北京：新華出版社，1996），第 2-4 章及附錄 1；余繩武、劉存寬（編）：《十九世紀的香港》（香港：麒麟書業，1994）；Peter Wesley-Smith, *Unequal Treaty 1898-1997,* revised edition（Hong Kong: Oxford University Press, 1998）。

和《皇室訓令》(*Royal Instructions*)。[11]這兩部憲法性文件與大英帝國在亞、非等地區的殖民地所用的憲法性文件類似，[12]它們都是在 19 世紀寫成的文件，內容相當簡陋，可以體現出憲政主義的條文不多。港督手握大權，施政時由行政局和立法局輔助，兩局的成員(包括身為殖民地政府官員的"官守議員"和由社會人士出任的"非官守議員")都是由港督挑選委任。除了一個市政機構(稱"市政局"，負責公眾健康、環境衛生和管理文娛康樂設施等工作)是由狹窄的選民基礎產生外，[13]並沒有其他民主選舉。[14]港英政府的統治模式是所謂"行政吸納政治"，[15]即由港督委任香港商界和專業界的精英人士進入行政局和立法局，以及各種諮詢委員會，以便在政策制訂時作出諮詢，尋求共識。正如在她的其他殖民地一樣，英國把她的普通法傳統、法治模式、司法獨立的精神和區分為律師(solicitors)與大律師(barristers)的法律職業移植到香港。[16]《英皇制誥》和《皇室訓令》等殖民地憲法文件中沒有人權法案，不少香港法例對言論自由、結社自由和集會遊行等自由作出遠超於英國本土法律的限制，雖然政府在實踐中並不經常

---

11 參見 Miners (同註 8)，第 5 章及附錄；Peter Wesley-Smith, *Constitutional and Administrative Law in Hong Kong* (同註 8)，volume I, chapter 4。

12 參見 Kenneth Roberts-Wray, *Commonwealth and Colonial Law* (London: Stevens & Sons, 1966)；Albert H.Y. Chen, "From Colony to Special Administrative Region: Hong Kong's Constitutional Journey", in Raymond Wacks (ed), *The Future of the Law in Hong Kong* (Hong Kong: Oxford University Press, 1989), pp. 76-79。

13 參見范振汝：《香港特別行政區的選舉制度》(香港：三聯書店，2006)，頁 39-43。

14 關於香港原有的政治體制，可參閱註 8 所引書，及 Steve Tsang (ed), *Government and Politics: A Documentary History of Hong Kong* (Hong Kong: Hong Kong University Press, 1995)。

15 Ambrose King(金耀基), "Administrative Absorption of Politics in Hong Kong"，於成名(編)：《香港政府與政治》(香港：牛津大學出版社，2003)，頁 69。

16 參見 Wesley-Smith, *An Introduction to the Hong Kong Legal System* (同註 8)，第 11 章。

地嚴格執行這些法例。[17]

殖民統治時期的公民權利

然而，弔詭的是 —— 有人更認為是奇蹟的是，雖然香港沒有一部符合民主憲政理念的憲法性文件，但到了 70 年代，英國的殖民管治下的香港市民卻能享受到相當程度的公民權利(包括人身自由、言論自由、新聞自由、出版自由、結社自由和示威自由)。[18] 70 年代以來，香港政府的管治效率及其法治精神，在亞洲國家和地區之中名列前茅。[19]香港在 70 年代的人權紀錄比 "亞洲四小龍" 的其他三者為佳。在 *A Modern History of Hong Kong* 一書中，歷史學者曾銳生把 80 年代初期 —— 也就是中英兩國開始就香港前途問題進行談判時 —— 的香港政府形容為 "以中國政治傳統的標準來說的最佳政府"：

"港英政府在它以往的紀錄的基礎上逐步回應 1945 年後的轉變，創造出一種弔詭的情況。一方面，它在本質上仍是一個

17　參見陳弘毅：〈結社自由與表達自由〉，於氏著：《香港法制與基本法》(香港：廣角鏡，1986)，頁 45；陳文敏：《人權在香港》(香港：廣角鏡，1990)；Raymond Wacks (ed)，*Civil Liberties in Hong Kong* (Hong Kong: Oxford University Press, 1988)；Nihal Jayawickrama, "Public Law", in Raymond Wacks (ed)，*The Law in Hong Kong 1969–1989* (Hong Kong: Oxford University Press, 1989)，chapter 2。

18　關於東亞和東南亞各國的人權的歷史和現況，可參閱 Kenneth Christie and Denny Roy, *The Politics of Human Rights in East Asia* (London: Pluto Press, 2001)；Randall Peerenboom, Carole J. Petersen and Albert H. Y. Chen (eds)，*Human Rights in Asia* (London: Routledge, 2006)。

19　關於東亞和東南亞各國的法治的歷史和現況，可參閱 *The Rule of Law: Perspectives from the Pacific Rim* (Washington, DC: Mansfield Center for Pacific Affairs, 2000)；Randall Peerenboom (ed)，*Asian Discourses of Rule of Law* (London: Routledge Curzon, 2004)。

英國殖民地政府，另一方面，它卻符合了儒家傳統中一個理想政府須具備的基本條件，即施政效率高、公平、廉潔、實行仁政（縱使是家長式的管治），並且不干擾一般市民的生活。這是中國二千多年來難以媲美的成就，惟有 1996 年後台灣完成民主化後的政府，才能與此等量齊觀。"[20]

　　這段文字或許有點言過其實，但可以肯定的是，到了 80 年代初期，絕大部分香港人寧可維持當時的政治現狀，而不願意中國立刻收回香港，因為他們不願意生活在共產政權中。值得留意的是，港英政府在 70 年代以來之所以能讓香港人享有較多的人權或公民權利，正是因為這個"他者"的存在──共產黨統治下的中國大陸。儘管 60 年代大陸的"文化大革命"在香港也產生一些影響：1967 年香港發生過由左派（親中共人士）發動的反對英國殖民統治的大型暴動，但絕大多數香港人仍然擁護當時的殖民地政府。[21] 到了 70 年代，港督麥理浩（MacLehose）推出新的勞工、社會政策和福利政策，[22] 又成立廉政公署以厲行反貪污，[23] 港府的認受性更進一步提高。香港人意識到，如果不接受殖民統治，便要回歸共產黨掌權的中

20　Steve Tsang, *A Modern History of Hong Kong*（Hong Kong: Hong Kong University Press, 2004），pp. 197（筆者自己的翻譯）。

21　Tsang（同上註），頁 183–190；David Bonavia, *Hong Kong 1997*（Hong Kong: South China Morning Post, 1983），chapter 3; Richard Hughes, *Hong Kong: Borrowed Place – Borrowed Time*（London: Andre Deutsch, 1968）。

22　Tsang（同註 20），頁 192；Joe England and John Rear, *Industrial Relations and Law in Hong Kong* (Hong Kong: Oxford University Press, 1981), pp. 21–23, 203–205; Nelson W. S. Chow, "A Review of Social Policies in Hong Kong", in Alex Y. H. Kwan and David K. K. Chan (eds), *Hong Kong Society: A Reader* (Hong Kong: Writers' & Publishers' Cooperative, 1986), chapter 6。

23　參見 H. J. Lethbridge, *Hard Graft in Hong Kong: Scandal, Corruption and the ICAC* (Hong Kong: Oxford University Press, 1985)。

國，所以只得支持殖民統治的延續。雖然在戰後出生的新一代香港人與他
們的上一代從大陸逃難來港的情況不同，新生一代從未在中國大陸生活，
他們以香港為家，"香港人"這個自我身份認同感開始建立，[24] 但香港沒有
像台灣一樣，出現過獨立運動。英國在香港的殖民地管治享有鞏固的社會
基礎，絕大多數香港人都自願接受和支持英國的管治；香港沒有異見人士
（雖然有反對政府個別政策的壓力團體，[25] 但沒有旨在推翻港英政府的組織
或意識形態）或政治囚犯（雖然在香港的中國共產黨黨員和親中共人士長期
受到港英政府的監視和歧視）。[26] 港英政權的穩固性，[27] 可以解釋為甚麼港
英政府願意給予香港人較多的人權和自由。

　　總括來說，到了 80 年代初期，香港是一個在亞洲地區裏令人羨慕的
法治社會和開放社會，市民享有一定程度的公民權利，而且經濟蓬勃發
展；但這一切卻是建基於英國的殖民統治和一些簡陋的憲法性文件，文件
裏沒有明文保障人權，也沒有設立民主選舉的制度。這個情況，便是 80

24　參見 Tsang（同註 20），頁 190-196；呂大樂：〈香港故事——"香港意識"的歷
　　史發展〉，於高承恕、陳介玄（編）：《香港：文明的延續與斷裂？》（台北：聯經，
　　1997），頁 1；谷淑美：〈文化、身份與政治〉，於謝均才（編）：《我們的地方 我們
　　的時間 香港社會新編》（香港：牛津大學出版社，2002），第 12 章；David Faure,
　　"Reflections on Being Chinese in Hong Kong", in Judith M. Brown and Rosemary
　　Foot (eds), *Hong Kong's Transitions, 1842-1997* (Basingstoke: Macmillan Press,
　　1997), chapter 5。

25　參見 Miners（同註 8），第 13 章；呂大樂：〈壓力團體政治與政治參與——本地經驗
　　的觀察〉，於鄭宇碩（編）：《過渡期的香港》（香港：三聯書店，1989）。

26　關於香港的右派（親國民黨）和左派（親中共）政治勢力及其與港英政府的關係，可參閱
　　許之遠：《1997 香港之變》（台北：展承文化，1997），第 2 章；余繩武、劉蜀永（編）：
　　《20 世紀的香港》（香港：麒麟書業，1995），第 8、9 章。

27　參見 Miners（同註 8），第 3 章；Lau Siu-kai, *Society and Politics in Hong Kong*
　　（Hong Kong: Chinese University Press, 1982）；Ambrose Y. C. King and Rance P.
　　L. Lee（eds），*Social Life and Development in Hong Kong*（Hong Kong: Chinese
　　University Press, 1981）。

年代以後香港的民主化和憲政創新的起點。

三、80 年代以來香港的憲政與民主創新

　　1976 年毛澤東逝世，鄧小平在 70 年代末成為中國共產黨的領導人，決定以"改革開放"政策取代毛澤東時代的極左路線。同時，中共對台灣的政策也出現了重大改變。[28] 原來的路線是提倡"解放台灣"，即推翻國民黨的統治和資本主義制度，把在大陸實施的社會主義伸延到台灣。鄧小平時代的新思維是，為了促進兩岸的和平統一，提出"一國兩制"的創新性概念。根據"一國兩制"的構想，大陸和台灣實現和平統一後，原來在台灣實行的資本主義與在大陸實行的社會主義將和平共存，台灣實施在中國主權下的高度自治，在統一後保留其原有的社會、經濟和其他制度。1982 年底通過新的《中華人民共和國憲法》（即中華人民共和國第四部憲法）第 31 條為在中國境內設立"特別行政區"提供憲法依據，在特別行政區內可實行與中國大陸不同的制度。

　　1982 年 9 月，中英兩國政府就香港前途的問題展開談判。[29] 究其原因，一般相信不是因為中國主動向英國提出要求，要收回香港的主權，而是因為英國政府在 80 年代初期開始擔心，1997 年後，港英政府在已成為香港

28　參見註 2 所引書；李福鐘：〈"解放台灣"與台海危機 —— 一九四九年以來的中國對台政策〉，《現代學術研究》專刊 8（台北：財團法人現代學術研究基金會，1997），頁 221。

29　關於中英談判及香港回歸的歷程，可參閱齊鵬飛：《鄧小平與香港回歸》（北京：華夏出版社，2004）；李後：《回歸的歷程》（香港：三聯書店，1997）；鍾士元：《香港回歸歷程》（香港：中文大學出版社，2001）；Steve Tsang, *Hong Kong: An Appointment with China*（London: I. B. Tauris, 1997）；Mark Roberti, *The Fall of Hong Kong: China's Triumph and Britain's Betrayal*（New York: John Wiley & Sons, 1994）。

這個城市的重要部分的"新界"地區的管治將再沒有法理基礎(香港島和九龍半島分別在 1842 年和 1860 年永久割讓予英國,但滿清政府在 1898 年只把"新界"租予英國 99 年),所以希望爭取中國政府同意讓英國在 1997 年後繼續管治整個香港。

中國政府認為,英國在香港的殖民統治所建基於的三個條約都是"不平等條約",對中國政府沒有約束力。回顧中國近代史,中國在鴉片戰爭中戰敗而被迫割讓香港,與中華民族在整個近代史中飽受西方列強的欺負和侮辱密不可分,懷着強烈的民族主義情感的中國共產黨,堅決拒絕了英國政府關於繼續合法地管治香港的要求。雖然"一國兩制"原來為台灣而設,但在與英國談判香港前途的過程中,中方便向英方提出這個概念,作為解決香港前途問題的關鍵。

"一國兩制"的概念

中方的構思是,整個香港在 1997 年 7 月回歸中國,成為中國的一個"特別行政區"(下稱"特區")。香港特區將享有高度自治權,實行"港人治港";香港原有的社會、經濟、及法律等制度及香港市民的生活方式和人權自由將維持不變,中國政府不會在香港實行社會主義或大陸的其他制度,中共幹部不會加入香港特區政府。"一國兩制"的方針政策及中國政府就 1997 年後的香港特區作出的承諾將會寫進一部《香港特別行政區基本法》(下稱《基本法》),作為香港的憲制性文件。經過近兩年艱辛的談判,英國政府別無選擇,只有接受中方的建議。在 1984 年,雙方終於簽訂中英兩國《關於香港問題的聯合聲明》。

《基本法》的起草在 1985 年開始,1990 年獲全國人民代表大會通過,這無疑是中華人民共和國法制史上最重要的憲法性文件制訂工作之一。[30]
《基本法》要作為香港特區的"小憲法",便要勾畫出香港的政治體制,釐
定香港特區政府與北京中央政府的關係,並確保香港原有的社會和經濟制
度、法律、法治傳統、人權和公民自由得以延續下去。如要成功達到這些
目的,《基本法》可能便要比前幾部《中華人民共和國憲法》做得更好。套
用 Loewenstein 的用語,這些憲法只是名義性或文字性的憲法;[31] 若要使"一
國兩制"成功落實,《基本法》必須是一部規範性的憲法。

　　為了起草《基本法》的工作,北京委任了一個由內地和香港人士組成
的"基本法起草委員會",又在香港成立了一個"基本法諮詢委員會",成
員包括社會上不同界別和階層的人士。[32]《基本法》的第一稿(即《基本法
(草案)徵求意見稿》)在 1988 年 4 月公佈,經過廣泛諮詢,《基本法》的第
二稿(即《基本法(草案)》)對初稿作出了不少修訂,並在 1989 年 2 月公佈,
再進行諮詢。最終的定稿在 1990 年 4 月由全國人民代表大會通過,準備
於 1997 年實施。

30　可參閱註 9 所引書;及許崇德:《中華人民共和國憲法史》(福州:福建人民出版
　　社,2003);張結鳳等:《不變,五十年?中英港角力基本法》(香港:浪潮出版社,
　　1991);Peter Wesley-Smith and Albert H.Y. Chen (eds), *The Basic Law and Hong
　　Kong's Future* (Hong Kong: Butterworths, 1988); Ming K. Chan and David J. Clark
　　(eds), *The Hong Kong Basic Law* (Hong Kong: Hong Kong University Press, 1991)。

31　比較憲法學學者 Karl Loewenstein 在考察不同國家的情況後,曾把憲法區分為三種:
　　名義性憲法(nominal constitutions)、文字性憲法(semantic constitutions)和規範性
　　憲法(normative constitutions)。名義性憲法與該國的政治制度的現實脫節,僅為一
　　紙空言;文字性憲法提供一些關於該國的政治制度及其運作的有用資訊,但並不能約
　　束從政者的行為。規範性憲法真正決定當權者如何產生,它能真正監督權力的行使和
　　不同權力機關之間的關係;從政者通過潛移默化,均認真地看待憲法的條文,並自
　　願接受其約束。見 Karl Loewenstein, *Political Power and the Government Process*
　　(Chicago: University of Chicago Press, 1957),pp. 147-153。

32　可參閱註 9 所引書;及 Emily Lau, "The Early History of the Drafting Process", in
　　Wesley-Smith and Chen (eds)(同註 30),第 6 章。

起草時的爭議

在《基本法》的草擬過程中，最具爭議性的課題包括香港特區的政治體制應民主到甚麼程度，和北京的中央政府對香港事務享有多大的控制權。[33] 正如上文提及，在戰後出生的香港人有較強的 "香港人" 自我身份認同感，但直至 80 年代初期，香港既沒有出現過爭取香港獨立的運動，也沒有爭取香港回歸中國的運動（上述的 1967 年左派的暴動除外）。中英兩國政府在 1982 年就香港前途問題展開談判時，香港社會也沒有自決（self-determination）或獨立的呼聲。當時的政治精英、學術界和民意領袖的意見主要有以下兩種：一部分人期望香港能維持現狀，延續英國的殖民管治；另一些則贊成香港回歸中國並根據 "一國兩制" 的構想實行高度自治，但同時堅持高度自治必須以民主為依歸；這種 "民主回歸" 的思想一方面支持 "港人治港" 的原則，但另一方面強調治港的港人必須由全體香港人自由地、民主地選舉出來。[34]

《基本法》的起草與港英政府在《聯合聲明》簽署後推行的政制改革基本上是同步進行的，兩者產生了互動。港英的政制改革的進程大致如下。[35] 1982 年，各區區議會（在地方層次的諮詢組織）正式成立，其成員

33　可參閱註 30 所引書；及司徒華、李柱銘：《對基本法的基本看法》（香港：1988）；William McGurn（ed），*Basic Law, Basic Questions*（Hong Kong: Review Publishing Company, 1988）。

34　參見《民主改革與港人治港 "匯點" 文件集》（香港：曙光圖書，1984）；鄭赤琰：《收回主權與香港前途》（香港：廣角鏡，1982）。

35　可參見註 7 所引書；及雷競璇：《香港政治與政制初探》（香港：商務印書館，1987）；李明堃：《變遷中的香港政治和社會》（香港：商務印書館，1987）；鄭宇碩、雷競璇：《香港政治與選舉》（香港：牛津大學出版社，1995）；蔡子強等：《選舉與議會政治：政黨崛起後的香港嶄新政治面貌》（香港：香港人文科學出版社，1995）；蔡子強：《香港選舉制度透視》（香港：明報出版社，1998）；馬嶽、蔡子強：《選舉制度的政治效果：港式比例代表制的經驗》（香港：香港城市大學出版社，2003）。

部分由政府委任,部分在區內由普選產生。與此同時,市政局的選民基礎擴大至全民普選。1985 年,立法局的部分議席首次由選舉產生(以前全體議員都是由港督委任) —— 雖然這仍未是普選,而是各"功能組別"的選舉,如商界(界定為香港總商會的成員和香港中華總商會的成員)、工業界(香港工業總會的成員和香港中華廠商聯合會的成員)、金融界(香港銀行工會的成員)、勞工界(由所有已註冊的工會組成)、以及分別由所有律師、醫生、工程師、教師組成的功能組別等。同時,區議會、市政局和新成立的(為"新界"地區而設的)區域市政局亦可選出代表進入立法局。[36]

1987 年,港英政府再開展政制發展的諮詢,[37] 社會上出現了激烈的辯論,關於在 1988 年的立法局選舉中應否開放部分議席在各地區由直接選舉(即全民普選)產生。政界中的民主派、學術界和不少社團都致力推動在 1988 年舉行立法局的局部直選,但中國政府、香港的親中共政治勢力和商界對香港急速的民主化有所保留,認為《基本法》尚未草擬完成,應由《基本法》規定的 1997 年後香港的政制模式尚未有定案,故港英政府不應單方面改變香港的政治制度,造成既成事實強加諸將來的香港特別行政區。最終港英政府作出妥協,宣佈不在 1988 年在立法局引入直選,但承諾會在 1991 年進行立法局首次的局部直選。[38]

《基本法》下的政治體制

1989 年,北京天安門發生了"六四事件",香港人要求民主的呼聲倍增。1990 年由全國人大通過的《基本法》沒有否決實現全民直接選舉的可

36　參見《代議政制白皮書 —— 代議政制在香港的進一步發展》(香港政府印務局,1984 年 11 月)。

37　參見《綠皮書:一九八七年代議政制發展檢討》(香港政府印務局,1987 年 5 月)。

38　參見《白皮書:代議政制今後的發展》(香港政府印務局,1988 年 2 月)。

能性，它規定要"根據香港特別行政區的具體情況和循序漸進的原則"發展香港的政治體制，最終達至全民普選行政長官和立法會全體議員的目標。[39] 然而，這個最終目標並不會在香港特區於 1997 年成立後的短期內實現。《基本法》和相關的第一屆特區政府的產生辦法[40] 規定，首兩任行政長官分別由 400 人的推選委員會和由功能組別選舉產生的 800 人的選舉委員會選舉。立法會方面，由全民分區普選的議員人數將由第一屆立法會的 20 席(全體議員人數是 60 人)，增加至第二屆的 24 席和第三屆的 30 席，其餘議席主要由功能組別選舉產生(第三屆立法會的其餘議席全部由功能組別選舉產生，而首兩屆立法會有部分議席由選舉委員會選舉產生)。[41]

《基本法》與民主憲政

《基本法》(特別是相對於《中華人民共和國憲法》)可算是一部具有自由主義式的民主憲政色彩的憲法性文件；有趣的是，《基本法》在不少地方竟與 1946 年的《中華民國憲法》(這也是一部自由主義民主憲政的憲法)相似。兩者都載有人權法案。兩者均容許立法機關根據若干選舉規則，自由和開放地選舉產生，而非由一黨獨大。更值得留意的是，《基本法》規定的功能組別與《中華民國憲法》中提及的"職業團體"有相似之處，根據後者，職業團體與地方選區均有權選出國民大會代表和立法委員。[42] 此外，《基本法》設立了特區行政長官與立法會之間的分權制衡，[43] 正如《中

39　見基本法第 45、68 條。第 45 條並規定，參加普選的行政長官候選人須"由一個有廣泛代表性的提名委員會按民主程序提名"。

40　《全國人民代表大會關於香港特別行政區第一屆政府和立法會產生辦法的決定》，1990 年 4 月 4 日通過。

41　見基本法附件一、二。

42　見《中華民國憲法》第 26、64 條。

43　《基本法》第 49–52 條。

華民國憲法》中亦有規定總統、行政院院長和立法院之間的權力互相制衡。[44] 基本法起草委員會主任委員姬鵬飛在 1990 年向全國人大提交《基本法》草案時曾表示，香港特別行政區的"行政機關和立法機關之間的關係應該是既互相制衡又互相配合"。[45] 這與孫中山先生就五權憲法體制中各國家機關之間的關係的論述 [46] 不謀而合。

　　舉例來說，《基本法》規定行政長官可拒絕簽署立法會已通過的法案，並把法案發回立法會重議。[47] 如果立法會以全體議員三分之二多數再次通過原案，行政長官必須簽署法案或解散立法會。[48] 如果立法會遭解散，而重選後的立法會仍以全體議員三分之二多數通過該法案，行政長官必須簽署該法案，否則必須辭職。[49] 這個安排與《中華民國憲法》第 57(3) 條有相似之處。此外，《基本法》第 64 條規定行政機關須向立法機關負責，《中華民國憲法》第 57 條亦有類似的規定。

彭定康的政改方案

　　《基本法》在 1990 年制訂，但要等到 1997 年香港特別行政區成立時才正式實施。1990 年後，香港的政治體制改革的爭議並未因《基本法》草擬完畢而停止。如上所述，在 1991 年，部分立法局議席首次由全民直接選舉產生；在這次選舉中，在 1989 年領導港人大遊行、支持北京學生運動

---

44 《中華民國憲法》第 39、43、55、57 條。

45 《中華人民共和國香港特別行政區基本法》（香港：三聯書店，1991），頁 67。

46 參見胡佛等：《中華民國憲法與立國精神》（台北：三民書局，1993），第 14 章；高永光：〈中山先生論三權分立弊病之分析〉，於高永光（編）：《民主與憲政論文彙編》（台北：國立政治大學中山人文社會科學研究所，2001），頁 21。

47 《基本法》第 49 條。

48 《基本法》第 49、50 條。

49 《基本法》第 52 條。

的民主派人士取得壓倒性的勝利。[50]1992 年，新任港督彭定康(Christopher Patten)推出更大膽的政治體制改革方案，大幅增加功能組別的選民基礎，使在功能組別中符合資格投票的人數由原來的少於 10 萬人增加至超過 200 萬人。[51]中方譴責該方案違反《聯合聲明》、《基本法》和違反中英兩國政府在 1990 年透過書信來往就香港政制發展問題取得的共識。[52]1993 年 4 月至 11 月，中英兩國政府舉行了 17 輪的談判以解決分歧，但最終談判破裂。[53]港督彭定康單方面把政改方案提交立法局審議，[54]以些微的多數票獲得通過，1995 年的立法局選舉便是根據這個政改方案進行。[55]於是中國政府決定放棄 1990 年與英方達成共識的"直通車方案"(即 1995 年選出的立法局可於 1997 年自動過渡為香港特別行政區第一屆立法會)，轉而"另起爐灶"，[56]在 1997 年成立"臨時立法會"，負責處理特區剛成立時的立法工作，然後在 1998 年才根據《基本法》的條款選出特區第一屆立法會。[57]

50　參見 Lau Siu-kai and Louie Kin-sheun (eds)，*Hong Kong Tried Democracy: The 1991 Elections in Hong Kong* (Hong Kong: Hong Kong Institute of Asia-Pacific Studies, Chinese University of Hong Kong, 1993)。

51　參見 Alvin So(同註 7)，第 7 章；黃文娟(同註 7)，第 8 章。

52　參見開放雜誌社(編)：《中英世紀之爭：彭定康政改方案論戰集》(香港：開放雜誌社，1994)。

53　參見賴其之(編)：《關於香港 94-95 選舉安排問題會談的前前後後》(香港：廣宇出版社，1994)。

54　參見《香港代議政制》(香港政府印務局，1994 年 2 月)。

55　參見 Kuan Hsin-chi et al. (eds)，*The 1995 Legislative Council Elections in Hong Kong* (Hong Kong: Hong Kong Institute of Asia-Pacific Studies, Chinese University of Hong Kong, 1996)。

56　參見雷競璇：〈評估北京"另起爐灶"策略之進展與預期後果〉，於田弘茂(編)：《一九九七過渡與台港關係》(台北：業強，1996)，第 10 章。

57　參見 Kuan Hsin-chi et al. (eds)，*Power Transfer and Electoral Politics: The First Legislative Election in the Hong Kong Special Administrative Region* (Hong Kong: Chinese University Press, 1999)。

制訂《香港人權法案條例》

在 90 年代，除了《基本法》的制訂和彭定康的政改方案外，香港另一項重大憲政發展是 1991 年《香港人權法案條例》（下稱《人權法案》）的制訂。[58] 這個立法的背景是 1989 年的 "六四事件"，港英政府希望藉《人權法案》挽回港人對香港前途和其人權保障的信心。英國政府早在 1976 年已把英國自己已參加的《公民權利和政治權利國際公約》（下稱《公約》）的適用範圍伸延至香港，而《人權法案》則把《公約》的條款轉化為香港本地的法律；在香港立法局通過《人權法案》的同時，英國政府對香港的憲法性文件《英皇制誥》亦作出相應的修改，規定香港的立法須符合《公約》訂出的人權標準。[59]《人權法案》制訂後，港英政府全面檢討當時的香港法例，並向立法局提出多項修訂，以確保香港法律修改為符合《人權法案》所訂下的標準。[60] 立法局又通過了一些新法例，包括保障個人私隱的法例和禁止性別歧視的法例，[61] 藉以貫徹執行《人權法案》。由於有了《人權法案》以及修訂後的《英皇制誥》的相關條款，香港法院開始有權審查法律和行政措施，以決定它是否抵觸《人權法案》或《公約》內訂下的人權保障標準；如有違反，法院可裁定有關條文或措施為違憲及無效。1991 年以

58　參見 Johannes Chan and Yash Ghai（eds），*The Hong Kong Bill of Rights: A Comparative Approach*（Hong Kong: Butterworths Asia, 1993）。

59　參見 Andrew Byrnes and Johannes Chan（eds），*Public Law and Human Rights: A Hong Kong Sourcebook* (Hong Kong: Butterworths, 1993)。

60　參見 Andrew Byrnes, "And Some Have Bills of Rights Thrust Upon Them: The Experience of Hong Kong's Bill of Rights", in Philip Alston（ed），*Promoting Human Rights Through Bills of Rights: Comparative Perspectives* (Oxford: Oxford University Press, 2000), chapter 9, pp. 318, 342-348。

61　例如《個人資料（私隱）條例》、《性別歧視條例》、《殘疾歧視條例》等。

來，香港法院就如何行使這種違憲審查權訂立了一系列的案例。[62] 相比之下，在台灣，這項權力早在 1947 年已由《中華民國憲法》賦予司法院大法官會議。1997 年後，香港法院根據《基本法》繼續行使着對香港法律的違憲審查權，《基本法》第 39 條(該條確保《公約》在香港回歸中國後仍適用於香港)被理解為法院繼續以《公約》所訂立的人權標準來審查香港的立法的基礎。[63] 如下所述，在 1997 年回歸後，香港法院的違憲審查權有增無減，其適用範圍從違反《公約》的人權標準的情況擴展到違反《基本法》內的任何其他條款的情況。

總括來説，在 1997 年，香港進入到一個以《中華人民共和國香港特別行政區基本法》為根基的新憲政秩序。在這個憲政秩序裏，新、舊制度的元素共冶一爐，新舊秩序的交替中既有延續性，也有創新性。雖然香港的《基本法》是全新的一部憲法性文件，但它嘗試保留香港原有的法律、社會和經濟制度，以至其尚未徹底民主化的政治制度。

四、香港的憲法解釋傳統

如果説憲法是一棵生長中的大樹，那麼作為權威的釋憲者的法官便是負責看護大樹健康成長的園丁。因此，法院被稱為憲法的監護者，也就受之無愧。在過去 17 年，香港法院自覺地擔當了這個角色，並已能成功地

62　參見 Byrnes(同註 60)；Yash Ghai, "Sentinels of Liberty or Sheep in Woolf's Clothing? Judicial Politics and the Hong Kong Bill of Rights"，(1997) 60 *Modern Law Review*，p. 459; 陳弘毅：〈《香港特別行政區基本法》的理念、實施與解釋〉，於劉孔中、陳新民(編)：《憲法解釋之理論與實務》第三輯下冊(台北：中研院社科所，2002)，頁 371，特別是頁 387–391。

63　有關主要判例包括 *HKSAR v. Ng Kung Siu* (1999) 2 HKCFAR 442; *Gurung Kesh Bahadur v. Director of Immigration* (2002) 5 HKCFAR 480; *Leung Kwok Hung v. HKSAR* (2005) 3 HKLRD 164。本文論及的香港法院判例均見於香港法院網站 http://legalref.judiciary.gov.hk。

扮演和進入這個角色。

正如在其他有成文憲法的普通法國家(如澳洲、印度、加拿大和美國)一樣,[64] 香港的違憲審查制度不是集中的,各級法院在審理案件時,都有權審查涉案的法律、規例或行政行為是否因違憲而無效。在香港,並不存在專門以請求法院作出憲法解釋的憲法訴訟,法院只會在審理普通案件時(例如刑事案件、民事案件或涉及政府行政行為的司法審查(在香港一般稱為"司法覆核"(judicial review)案件),處理當中牽涉的憲法性爭議。香港法院在處理一宗涉及憲法性問題的訴訟時,其主要任務在於判決訴訟當事人誰勝誰負(例如,刑事案件中被告人被控的罪名是否成立;就某行政行為申請司法審查的人可否勝訴,有關行政決定是否應予撤銷;民事案件中的原告人能否勝訴,並獲得損害賠償),而裁定涉案的法規或行政行為是否合憲,只是為了達到上述判決而需要履行的附帶任務。但是,如果一件案件的案情事實真的涉及憲法性問題,法院就必須就有關的憲法性爭議作出裁決,不能迴避。

現在讓我們開始研究香港的憲法性案例和憲法性解釋。如上文所述,香港在 1991 年制訂《人權法案》以前,香港的殖民地憲法文件的內容簡陋,規範政府部門之間權力制衡的條文不多,保障人權的條款也付之闕如。因此,憲法性訴訟的空間非常有限。《人權法案》頒佈前,主要的憲法性案例中處理的問題可舉例如下:

(1)政府把某法律草案提交立法局開始進行立法程序後,法院是否有權基於下列理由,終止立法局對該法案進行的審議;有關理由是,鑒於本法案的性質,根據《皇室訓令》(作為香港殖民地憲法的一部分),立法局

64　參見 Mauro Cappelletti, *Judicial Review in the Contemporary World* (Indianapolis: Bobbs-Merrill, 1971); Mauro Cappelletti, *The Judicial Process in Comparative Perspective* (Oxford: Clarendon Press, 1989)。

無權通過這個法案；[65]

（2）涉及新界土地權益的某條法例和相關的政府行為，是否因違反清政府與英國在 1898 年簽訂的關於把新界地區租借予英國的條約中的條款而無效；[66]

（3）根據香港的殖民地憲法，委任裁判官（magistrate，即基層法院的法官）的權力原本屬於港督，但在實踐中裁判官是由首席大法官任命的，這些任命是否因港督並未有合法地和有效地把其委任裁判官的權力轉授予首席大法官而無效；[67]

（4）根據《公務員事務規例》（Civil Service Regulations）和《殖民地規例》（Colonial Regulations），政府是否有權把罷工的公務員暫時停職及暫停支付其薪金。[68]

以上例子顯示，在殖民地憲法之下，雖然提出憲法性訴訟的空間有限，但英國式的法治還是被認真對待的，訴訟當事人願意把憲法性問題交由法院裁決，在法庭上嘗試挑戰法律或政府行為的合憲性，這反映出他們對香港的司法獨立有一定信心。除了這些關於法律或政府行為是否違憲的訴訟外，在 1991 年制訂《人權法案》前，[69] 香港已有不少行政法上的訴訟，挑戰行政行為是否違法，又或質疑由行政部門或官員制訂的附屬法例

---

65 *Rediffusion v Attorney General* (1970) AC 1136。

66 *Winfat Enterprise v Attorney General* (1983) HKLR 211。

67 *Attorney General v David Chiu Tat-cheong* (1992) 2 HKLR 84。

68 *Lam Yuk-ming v Attorney General* (1980) HKLR 815。

69 參見 Wesley-Smith, *Constitutional and Administrative Law in Hong Kong*（同註 8），chaptes16-18；Jayawickrama（同註 17）；David Clark, *Hong Kong Administrative Law*（Singapore: Butterworths, 1989）。關於《人權法案》通過後的香港行政法，參見 Peter Wesley-Smith, *Constitutional and Administrative Law*（Hong Kong: Longman Asia, 1995），chapters 8-9; David Clark and Gerard McCoy, *Hong Kong Administrative Law,* 2nd ed.（Hong Kong: Butterworths, 1993）。

(subordinate legislation)是否因超出其主體法例(primary legislation，即由立法局通過的法律)所給予該部門或官員的授權範圍而越權(ultra vires)及無效。

1991 年，香港制訂《人權法案》，開展了違憲審查的新時代。[70] 在此之前，香港法院理論上已有權在訴訟中審查某本地法例是否違反《英皇制誥》或其他適用於殖民地議會的立法權力的憲法性限制。然而，如上所述，《英皇制誥》的實質內容有限，可用於挑戰法例的憲法性理據不多，結果並沒有出現法例被裁定違憲而無效的案例。1991 年後，原訟人、與訟人或被告人開始可以以涉案的法例違反《人權法案》為理由，來挑戰法例的合憲性。在 1997 年回歸前，香港法院關於違憲審查的案例中，最著名的是上訴法院在 1991 年判決的《冼有明案》。[71] 在本案中，被指違憲的是《危險藥品條例》中若干有利於控方的證據法上的推定(presumption)條款。有關條款規定，如果被告人藏有 0.5 克以上的毒品，他將會被推定為藏有這些毒品作販毒用途(藏有毒品作販毒用途是一項比藏毒本身更為嚴重的罪行)，除非被告人能予以反證。香港法院過往多數援引英國和香港的判例來作出裁決，但在本案中，上訴法院援引了大量其他判例(特別是加拿大人權法的判例，尤其是這些判例所訂立的"比例原則"(proportionality test))，裁定該推定條款違反《人權法案》和《公民權利和政治權利國際公約》中的"無罪推定"原則(presumption of innocence)，因而是無效的。這個案例作出以來，香港法例中不少類似的推定條款都受到法院的審查，在一些案例中更被裁定為違憲和無效。大部分有關《人權法案》的案例都與刑法和刑事訴訟法有關，其他主要的案例則涉及新聞自由、集會自由、在

70　參見 Chan and Ghai（eds）（同註 58）；陳弘毅（同註 62），頁 384-391；Albert H.Y. Chen, "The Interpretation of the Basic Law"（2000）30 *Hong Kong Law Journal* 380, pp. 417-420。

71　*R v Sin Yau-ming*（1991）1 HKPLR 88, (1992) 1 HKCLR 127。

選舉中的投票權和參選權等。[72]

　　1997 年 7 月 1 日，香港回歸中國，成為中華人民共和國境內的一個特別行政區，《基本法》亦正式實施。如上所述，《基本法》的實施實際上使違憲審查的空間更為廣闊，司法機關作為《基本法》的監護者的角色有增無減。香港特別行政區成立了終審法院，取代倫敦的樞密院（Privy Council）作為香港最高級的司法機關。[73]1997 年《基本法》實施以來，香港法院處理的憲法性訴訟不再限於《人權法案》或《公約》保障的權利的範圍，更涉及不在這兩份文件之內、但受到《基本法》明文保障的權利，包括在香港的居留權[74]、旅行和出入香港的權利[75]、新界原居民的權利[76]和公務員享有不低於 1997 年前的服務條件的權利。[77]就 1997 年前已在《人權法案》下得到憲法性保障的權利來說，香港法院在 1997 年後也作出了不少重要

72　參見 Byrnes（同註 60）；Ghai（同註 62）；Johannes M. M. Chan, "Hong Kong's Bill of Rights: Its Reception of and Contribution to International and Comparative Jurisprudence"（1998）47 International and Comparative Law Quarterly 306。

73　參見《基本法》第 81–82 條及《香港終審法院條例》。關於終審法院成立的背景，參見 Lo Shiu Hing, "The Politics of the Debate over the Court of Final Appeal in Hong Kong"（2000）161 China Quarterly 221。

74　當中最轟動的是終審法院在 1999 年 1 月 29 日判決的 Ng Ka-ling v Director of Immigration（吳嘉玲訴入境事務處處長）(1999) 1 HKLRD 315 和 Chan Kam-nga v Director of Immigration（陳錦雅訴入境事務處處長）(1999) 1 HKLRD 304。全國人民代表大會常務委員會其後應香港政府的請求行使《基本法》第 158 條賦予的權力解釋《基本法》中兩項有關的條文，推翻了終審法院在這兩宗案件裏對這些條文作出的解釋。人大常委會的解釋適用於該解釋頒佈後香港法院要處理的案件，而不影響這兩宗案件裏的訴訟當事人。參見佳日思等（編）：《居港權引發的憲法爭議》（香港：香港大學出版社，2000）。

75　例如 Bahadur（同註 63）；Official Receiver v Chan Wing Hing (FACV Nos. 7 and 8 of 2006; Court of Final Appeal, 20 July 2006)。

76　例如 Secretary for Justice v Chan Wah (2000) 3 HKCFAR 459。

77　Secretary for Justice v Lau Kwok Fai (2005) 3 HKLRD 88。

的裁決，涉及的問題包括言論和表達自由、[78]集會遊行自由、[79]參與政治事務的權利、[80]平等權和不受歧視的權利、[81]人身自由、[82]得到公正法律程序對待的權利、[83]免受殘酷和不人道懲罰的權利、[84]私隱權和免受秘密監視的權利[85]等等。

五、香港回歸後的法制史

現在讓我們回顧 1997 年《基本法》實施以來香港的法制史進程，尤其是一些重要的案例、事件和發展。以《基本法》實施的總體情況為標準，我認為我們可以把過去 10 多年的香港法制史分為四個階段或時段。

(1)1997 年至 1999 年：初試、碰撞與適應

1997 年 7 月 1 日香港特別行政區成立後，新誕生的法律秩序便立刻受到兩個關於如何理解和實施《基本法》的問題所困擾：關於"臨時立法會"的合法性的問題，和關於港人在中國內地所生子女的居港權問題。在這裏我們先介紹這兩個問題產生的背景，然後敍述有關的訴訟及其後果。

根據與《基本法》同日通過的《全國人民代表大會關於香港特別行政

78　例如 *HKSAR v Ng Kung Siu*（同註 63）。

79　例如 *Leung Kwok Hung v HKSAR*（同註 63）。

80　*Chan Shu Ying v Chief Executive of the HKSAR* (2001) 1 HKLRD 405。

81　例如 *Equal Opportunities Commission v Director of Education* [2001] 2 HKLRD 690。

82　例如 *Shum Kwok Sher v HKSAR* (2002) 5 HKCFAR 381。

83　例如 *Stock Exchange of Hong Kong Limited v New World Development Company Limited* (FACV No. 22 of 2005; Court of Final Appeal, 6 April 2006)。

84　*Lau Cheong v HKSAR* (2002) 5 HKCFAR 415。

85　*Koo Sze Yiu v Chief Executive of the HKSAR* (FACV Nos. 12 and 13 of 2006; Court of Final Appeal, 12 July 2006)。

區第一屆政府和立法會產生辦法的決定》[86]（下簡稱《決定》），香港特別行政區第一屆立法會由選舉產生，其中 20 人由市民分區普選產生，其餘由功能團體和選舉委員會選舉產生。這個《決定》同時確立了所謂"直通車"的安排，即如果 1995 年香港立法局的選舉模式符合《決定》和《基本法》，那麼 1995 年選出的議員基本上可自動過渡成為香港特別行政區第一屆立法會的議員。這個"直通車"安排是中英兩國在 1990 年《基本法》通過之前不久通過談判達成的共識。

　　如上所述，1992 年彭定康接任香港總督後，推出較激進的民主化的政治體制改革方案，對於這個方案所規定的 1995 年立法局的選舉模式，中方認為是違反《基本法》和中英兩國在 1990 年達成的共識的，遂放棄"直通車"安排，轉而"另起爐灶"：在 1997 年先成立香港特別行政區臨時立法會，成員由負責推選第一屆行政長官的 400 人推選委員會選舉產生，然後在 1998 年才按照上述《決定》選舉產生第一屆立法會。由於《基本法》和《決定》都沒有說可以設立有別於第一屆立法會的臨時立法會，所以香港的一些法律界和政界人士認為這個臨時立法會的成立是沒有法律依據的，它不是一個合法合憲的、真正享有立法權的立法機關。

　　至於"居港權"問題，背景則是《基本法》實施前後港人在內地所生子女的法律地位的轉變。在《基本法》實施之前的殖民地時代，香港居民在中國內地所生的子女並不享有來港居留的權利，他們只能向內地的出入境管理當局申請移居香港的"單程通行證"，但通常要輪候多年才能來港定居。《基本法》第 24 條則規定，享有居港權的香港特別行政區"永久性居民"包括香港永久性居民"在香港以外所生的中國籍子女"，這類人士大都是在中國內地出生和長大的。

---

86 《基本法》附件二也提到這個決定。

第 24 條的這些規定有其不清晰之處。例如，如果某人在內地出生時，其父母均非香港永久性居民或甚至未來港定居，但其父或母後來成了香港永久性居民，那麼該某人現在是否香港永久性居民？又例如，如果某人從中國內地偷渡來港或以旅遊或探親為理由來港後逾期居留，但卻能向香港當局證明其符合 "永久性居民" 的條件，那麼香港當局是否還有權把他遣返中國內地？

修訂《入境條例》的爭議

臨時立法會在 1997 年 7 月為了實施《基本法》第 24 條而對原有的《入境條例》作出修訂。修訂後的《入境條例》對上述問題均提供了答案。《條例》規定，港人在香港以外所生的中國籍子女，其出生時其父或母必須已取得香港永久性居民身份，否則該名子女不具香港永久性居民身份。至於偷渡來港者，則不可行使其居留權，因為《條例》規定，即使某名內地居民因其身為港人子女而根據《基本法》第 24 條享有香港永久性居民身份，他仍須先取得內地機關簽發的 "單程通行證" 和香港入境事務處簽發的 "居留權證明書"，才能來港定居，否則可被遣返。但是，一些爭取居港權人士認為上述規定都是違反《基本法》的，剝奪了《基本法》所賦予他們的權利，並獲得法律援助提起訴訟。

香港終審法院在 1999 年 1 月 29 日在《吳嘉玲訴入境事務處處長》[87] 和《陳錦雅訴入境事務處處長》[88] 兩案對上述的 "臨時立法會問題" 和 "居港權問題" 作出了終局裁決。終審法院處理的是上述規定是否違憲（即違反《基本法》）的問題，涉及對《基本法》第 22 及 24 條的解釋。由於有關規定是

87　*Ng Ka Ling v Director of Immigration* (1999) 1 HKLRD 315。

88　*Chan Kam Nga v Director of Immigration* (1999) 1 HKLRD 304。

由臨時立法會制定的，所以案中也涉及臨時立法會的合法性問題。終審法院裁定上述規定的部分內容是違憲和無效的。就臨時立法會的合法性問題，終審法院的結論和上訴法院在 1997 年 7 月的《馬維騉案》[89] 的結論一樣，肯定了臨時立法會的合法性，但終審法院同時否定了上訴法院在《馬案》中表達的觀點(即香港法院無權審查中央權力機關的行為是否違反《基本法》)，終審法院認為香港法院的違憲審查權的對象的範圍，既包括香港立法，也包括中央權力機關就香港事務作出的立法行為。

終審法院在《吳嘉玲案》對於香港法院就北京國家權力機關的行為的違憲審查權的聲明隨即惹來北京方面的激烈反應，"四大護法"(四位曾任基本法起草委員會委員的著名法律學者)發表了猛烈的批評。2 月 26 日，終審法院應律政司的要求罕有地就它 1 月 29 日的判詞作出了"澄清"，表明該判詞"並沒有質疑人大常委會根據第 158 條所具有解釋《基本法》的權力"，"也沒有質疑全國人大及人大常委會依據《基本法》的條文和《基本法》所規定的程序行使任何權力"。[90]

但事情還沒有了結。香港政府十分關注判決對香港造成的人口壓力，並在 4 月 28 日公佈了評估報告：如果終審法院對《基本法》有關條文的解釋是對的話，那麼在未來 10 年內，便會有 167 萬大陸居民有資格來香港定居，[91] 香港政府認為這樣大量的移民是香港社會和其經濟資源所無法承受的。香港政府終於在 5 月 21 日向國務院提交報告，建議由全國人大常委會對《基本法》有關條文作出解釋。人大常委會於 6 月 26 日頒佈解釋，[92]

89　*HKSAR v Ma Wai Kwan* (1997) HKLRD 761。

90　(1999) 1 HKLRD 577–8(英文版)，579–580(中文版)。

91　其中包括即時享有居留權的 69 萬人(所謂"第一代"人士)，而當"第一代"人士移居香港及住滿七年後，其現有子女(所謂"第二代"人士)98 萬人亦將有資格來港。

92　參見《中華人民共和國香港特別行政區基本法及相關文件》(香港：三聯書店，2007)，頁 82。

基本上否定了終審法院的解釋，間接重新肯定《入境條例》有關條文的合憲性。但是，香港法律界和政界中不少人強烈反對這次人大釋法，認為它對香港的法治、自治和司法獨立造成了嚴重的打擊。[93]

我不完全同意這種觀點。正如香港終審法院在 1999 年 12 月的《劉港榕訴入境事務處處長》[94]案的判詞中承認，根據《基本法》第 158 條，人大常委會確實有權在任何它認為適當的情況下頒佈關於《基本法》的個別條文的解釋，亦即是說，其解釋權不限於香港終審法院在訴訟過程中根據第 158 條第 3 款提請人大常委會釋法的情況。此外，第 158 條又訂明，人大釋法只對法院日後的判案工作有約束力，並不影響釋法前終審法院已判決的案件對其當事人的結果。因此，這次人大釋法只是 "一國兩制" 下香港的新法律秩序的產物，不應視為對香港法制的破壞。當然，這並不是說人大可隨意釋法，過多釋法必然會蠶食香港法院的司法權。總括來說，1999 年的終審法院 "澄清" 判詞事件和 "人大釋法" 事件可以理解為回歸初期初試《基本法》的實施時，香港和內地兩地法制的相互碰撞並開始相互適應的表現。

(2) 2000 年至 2002 年：權利保障體系的闡明與鞏固

1997 年《基本法》生效後，香港的人權保障制度不單以《香港人權法案條例》為基礎，更直接建基於《基本法》。從 1999 年底到 2002 年，香港特別行政區法院在一系列案例中闡明回歸後香港的新法律秩序的權利保障體系的架構，並予以鞏固。首先是 1999 年 12 月終審法院在《香港特別行政區訴吳恭劭及利建潤》[95]（即所謂 "國旗案"）案的判決。案中兩名被告人

93　參見佳日思等（編）：《居港權引發的憲法爭議》（香港：香港大學出版社，2000 年）。

94　*Lau Kong Yung v Director of Immigration* (1999) 3 HKLRD 778。

95　*HKSAR v Ng Kung Siu* (1999) 2 HKCFAR 442（英文判詞）及 469（中文判詞）。

在一次示威中使用了自製的、經有意損毀和塗污的中華人民共和國國旗和
香港特別行政區區旗，結果被控觸犯臨時立法會在回歸時制定的《國旗及
國徽條例》[96] 和《區旗及區徽條例》[97] 中關於禁止侮辱國旗和區旗的規定。[98]
被告人的抗辯理由是，這些規定違反了《基本法》、《公民權利和政治權利
國際公約》（此《公約》根據《基本法》第 39 條在香港實施）和《香港人權
法案條例》所保障的言論和表達自由原則，因而是違憲和無效的。終審法
院在判詞中指出，侮辱國旗的行為是在語言文字以外的表達意見的行為，
故人權法中言論和表達自由原則是適用的，問題是案中被質疑的法規對表
達自由的限制是否有其需要及符合"比例原則"。終審法院認為，為了保護
國旗和區旗的重大象徵意義而對表達自由作出某些限制，是"公共秩序"
所需要的，而案中被質疑的法規對表達自由的限制並不過份──人民雖
然不被允許以侮辱國旗和區旗的方式來表達其意見，但他們仍可透過其他
方式表達類似的意見；因此，這樣的對表達自由的限制是與其背後的正當
目的相稱的，沒有違反比例原則。

　　另一宗有重大政治和社會意義的案件，是終審法院在 2000 年 12 月 22
日在《律政司司長訴陳華及謝群生》[99] 案的判決。案中兩名原告人是居於香
港新界的村民，他們提出了司法審查申請，指他們所住的兩個鄉村關於選
舉村代表的安排，以他們是"非原居民"為理由排除他們的選舉權和被選
舉權，是違反人權法和無效的。本案有廣泛的憲制性意義，因香港新界的
約 600 個鄉村中大多有類似本案的兩條村的選舉安排。根據香港法律，[100]

96　1997 年第 116 號條例。

97　1997 年第 117 號條例。

98　見《國旗及國徽條例》第 7 條、《區旗及區徽條例》第 7 條。

99　*Secretary for Justice v Chan Wah* (2000) 3 HKCFAR 459。

100 參見《地租（評估及徵收）條例》（《香港法例》第 515 章）。

新界居民有"原居民"和"非原居民"之分,原居民是指在 1898 年新界被租借給英國時已存在的鄉村的居民經父系傳下來的後代。《基本法》特別保障了這些原居民的權益。[101] 終審法院指出,隨着社會和人口結構的轉變,新界鄉村居民中的非原居民的數目已大大增加。終審法院裁定,案中被質疑的村代表選舉安排是違法的,以原告人為非原居民為理由排除其選舉權或被選舉權,違反了《公民權利和政治權利國際公約》第 25 條的規定。

2001 年高等法院判決的《平等機會委員會訴教育署署長》[102] 一案也是值得注意的。案中被質疑為違憲的是香港政府教育署長期以來為完成小學學業的學生分配中學學位時採用的一項政策。關於全香港學生的成績的統計顯示,在小學畢業時,女生的平均成績比同齡的男生為佳。為了平衡中學(尤其是"名校")裏男生和女生的比例,教育署在處理男、女生的成績時根據其性別作出一些調整,結果是令相同成績的男生和女生當中,男生入讀其首選的中學的機會較女生高。平等機會委員會(本身是政府成立的機構)應一些女生家長要求入稟法院,控訴教育署這項行政措施違憲和違法。結果法院裁定,這個措施的確有違男女平等和禁止性別歧視的原則,應予廢止。

以上三案所呈現的是由《基本法》第 39 條、《公民權利和政治權利國際公約》及《香港人權法案條例》所構成的權利保障體系,而 2002 年終審法院在《Bahadur 訴入境事務處處長》[103] 的判決則顯示,即使某項權利並非載於此《公約》或《人權法案》,只要它是《基本法》明文規定的權利,便

---

101 例如第 122 條給予他們的農村土地地租上的優惠,第 40 條更規定"'新界'原居民的合法傳統權益受香港特別行政區的保護。"

102 *Equal Opportunities Commission v Director of Education* (2001) 2 HKLRD 690。

103 *Bahadur v Director of Immigration* (2002) 5 HKCFAR 480。

會獲得法院同樣積極的保障。Bahadur 案所涉及的是香港居民(尤其是非永久性居民)的"旅行和出入境的自由"。[104] 此外,2001 年 7 月,終審法院在《入境事務處處長訴莊豐源》[105] 的判決,是回歸以來除《吳嘉玲案》外最重要的關於香港法院解釋《基本法》的方法的判例,終審法院認為香港法院可沿用普通法的法律解釋方法,無須揣測人大常委會會如何解釋,除非人大常委會已對《基本法》有關條文正式作出解釋,則香港法院必須遵從。《莊豐源案》裁定在香港特別行政區出生的中國公民,即使其父母當時並非在港合法定居,仍屬香港永久性居民,享有居港權。該案判決後,內地孕婦來港產子大幅增加,2007 年以來,特區政府和內地政府採取了行政措施予以限制。

(3) 2003 年至 2004 年:第 23 條的震盪

2002 年 9 月,剛成立不久的(由董建華連任行政長官的)第二屆特區政府推出《實施基本法第 23 條諮詢文件》,香港特別行政區的法制史、政治史和社會史進入重大轉折時期。其實自從 1997 年《基本法》生效以來,第 23 條何時與如何實施,已是一個舉世矚目和政治敏感的議題。第 23 條規定,"香港特別行政區應自行立法禁止"若干危害國家安全的犯罪行為,包括叛國、分裂國家、煽動叛亂、顛覆、竊取國家機密等。在中國內地,關於這些"危害國家安全罪"(1997 年前稱為"反革命罪")的刑法向來十分嚴厲,故港人的憂慮是第 23 條的實施會造成香港的人權和自由的大倒退。

---

104 參見《基本法》第 31 條。

105 *Director of Immigration v Chong Fung Yuen* (2001) 2 HKLRD 533。

"藍紙草案" 與 "白紙草案"

《諮詢文件》在社會上引起廣泛的討論和批評，政府在諮詢期屆滿後，對《諮詢文件》中的建議作出了調整(基本上是作出從寬的修訂或 "讓步")，並在 2003 年 2 月向立法會提交《國家安全(立法條文)條例草案》(國安條例)。這部草案是一部 "藍紙草案"，即是說它正式啟動了立法程序；政府拒絕了不少法律界、政界和社會人士的要求 —— 即在啟動立法程序之前先公佈一份 "白紙草案"(即還未提交立法會的法律草案)，就草案中的具體條文諮詢公眾意見。2003 年春天，"沙士"(非典型肺炎)在香港爆發，整個社會忙於抗疫，國安條例在立法會的進程並未受到市民的關注。

到了 6 月，瘟疫已過，關於國安條例的爭議進入高峰，"民主派" 的政黨、政界人士和法律界人士(包括 "第 23 條關注組")強烈反對條例草案中一些被指為過於嚴厲、壓迫人權的條文，在傳媒廣泛報道和社會中反對國安條例的公民社會力量積極動員的情況下，香港在回歸六周年的紀念日 —— 2003 年 7 月 1 日 —— 爆發了估計有 50 萬以上市民參與的大遊行，這應算是回歸以來香港最重要的歷史性事件。[106] 七一大遊行可理解為港人對 1997 年後香港的經濟每況愈下和對董建華政府的管治無方的積怨的大爆發，但毫無疑問，《基本法》第 23 條立法事件是關鍵性的導火線和催化劑。

七一大遊行後，政府對國安條例的內容作出了 "三大讓步"，但仍堅持原定的立法時間表，即要在 7 月中通過這條例。反對者不接受這個 "讓步"，堅持要在 7 月 9 日 —— 立法會將最後辯論國安條例草案的日子 —— 發動羣眾包圍立法會。7 月 6 日晚，自由黨主席兼行政會議成員田北俊先生宣佈自由黨不支持政府在未來幾天內倉促立法的做法、並退出行政會

---

106 參見陳韜文(編)：《七一解讀》(香港：明報出版社，2004)。

議。這意味着政府在立法會將掌握不到過半數票以通過立法。董建華先生立刻宣佈擱置立法。

平心而論，國安條例草案的內容大部分是合情合理的，它沒有把中國內地的各種"危害國家安全罪"引進香港，而是在參照國際人權標準和外國的有關法律的基礎上，為香港特別行政區"度身訂造"一套國家安全法，並且對原來港英殖民時代的(並在 1997 年後仍然存在的、相當嚴厲的)有關法律作出從寬的修訂(例如收窄原有的"煽動叛亂罪"的範圍)。另一方面，國安條例草案的某些條文確實有極大爭議性及令人擔心內地的國安標準是否會伸延到香港，因為根據草案的規定，如有香港的社團從屬於中國內地的社團，而後者在內地因危害國家安全而被取締，則這個香港的社團也可能被香港當局取締(此條文從草案中的剔除是上述"三大讓步"的其中之一)。[107]

人大第二次釋法

七一大遊行後，"民主派"的勢力大增，他們成功組織了多次有數以萬計市民參與的集會遊行，要求在 2007 年(第三屆特首選舉年)和 2008 年(第四屆立法會選舉年)"雙普選"的呼聲不絕於耳。"雙普選"的訴求的法理依據是《基本法》本身的一些條文，因為它一方面確立了香港特別行政區根據其"實際情況""循序漸進"地發展民主，"最終"達至行政長官和立法會全部議員的普選；它另一方面又表明，2007 年以後特首和立法會的選舉辦法可以修改至不同於 2007 年以前。面對特區政局"失控"以至"民主派"通過雙普選"奪權"的威脅，中央政府終於在 2004 年 4 月通過

---

107 參見Fu Hualing et al. (eds), *National Security and Fundamental Freedoms: Hong Kong's Article 23 Under Scrutiny* (Hong Kong: Hong Kong University Press, 2005)。

人大常委會第二次解釋《基本法》和對選舉問題作出相關決定，[108]遏止了這場民主運動。[109]中央這次行動的法理依據是，香港特別行政區的高度自治權不包括改變現行政治體制和選舉制度的權力，關於香港政治體制的改革的主導權屬於中央，中央有權全程(包括在啟動政改時、而非只在最後的"批准"或"備案"階段)參與。這個理解與香港"民主派"和一些法律界人士對"自治"和《基本法》的理解有所不同，他們對第二次釋法再次猛烈抨擊。

(4) 2005 年以來：司法權的積極行使和民主化時間表的制定

第二次釋法後一年，香港"民主派"和一些法律界人士與中央再度交鋒，並導致人大常委會的第三次釋法。事緣董建華先生於 2005 年春突然辭職，關於其繼任人的任期問題引起爭議。香港一些法律界人士指出，《基本法》明確規定特首任期為五年，並無區分因上一任特首任期屆滿和辭職而選出新特首的情況，這也是香港原有法律的規定。[110]但特區政府與中央磋商後向立法會提出立法修訂建議，把因特首辭職而再選出的新特首的任期規定為前任特首的剩餘任期。"民主派"反對這個修訂草案，認為有關任期規定乃基於政治考慮並違反《基本法》，更有個別議員向法院提起司法覆核之訴，要求法院宣佈該草案違憲。特區政府乃提請人大常委會釋法。常委會在 4 月終於再度釋法，確立"剩餘任期"之說，理由是負責選舉特首的選舉委員會的任期也是 5 年，而且《基本法》預設了在 2007 年選

---

108 參見《中華人民共和國香港特別行政區基本法及相關文件》(同註 92)，頁 95–106。

109 參見明報編輯部(編)：《愛國論爭》(香港：明報出版社，2004)。

110 見《行政長官選舉條例》。

出第三屆的特首。[111]

　　2005 年以來的時段作為回歸後法治和憲政實踐的最後階段，其主要特徵是特區權利保障體系的進一步鞏固和法院的角色的進一步強化、司法權的更積極行使。有關的案例不少，以下是值得留意的其中一些實例。

　　2005 年 7 月，終審法院在《梁國雄訴香港特別行政區》[112] 案中裁定，《公安條例》中要求主辦集會或遊行的團體事先通知警方（否則構成刑事罪行）的規定沒有違憲。但該條例的其中一個規定是，警方在接到通知後有權以 "ordre public"（這個法文詞語連同它的英語版本 "public order" 皆見於《公民權利和政治權利國際公約》第 21 條（關於集會自由），並照搬到香港的《公安條例》之中）為理由禁止有關集會遊行或對它施加限制；終審法院認為，這個規定是違憲和無效的，因為 "ordre public" 這個概念覆蓋的範圍太大，而且意思含糊，未能符合法律明確性原則。《公安條例》的另一規定是，警方可以 "public order"（公眾秩序 —— 意指維持治安，防止暴亂）、公共安全或國家安全為理由，禁止集會遊行或對其施加限制；終審法院裁定這個規定沒有違憲。但與此同時，終審法院又強調，警方作出的任何關於禁止集會遊行或對其施加限制的決定，均可在訴訟中受到司法審查，如法院裁定該決定不符合比例原則，該決定便會被推翻。

　　關於《基本法》所明文保障的 "通訊秘密" 和人權法保障的私隱權方面，自從 2005 年起，香港法院在兩宗案件中開始質疑執法機關採用秘密監察手段（例如偷聽和對嫌疑人的言行偷偷錄音、錄映）以調查案件是否合憲，最終導致高等法院在 2006 年 2 月的《梁國雄訴香港特別行政區行政

---

111 參見《中華人民共和國香港特別行政區基本法及相關文件》（同註 92），頁 107–114。
112 *Leung Kwok Hung v HKSAR*（2005）8 HKCFAR 229。

長官》案中，[113] 裁定現行的關於截聽電話的法例及關於其他秘密監察行動的行政指令均屬違憲，並在香港法制史上首次給予政府六個月的寬限期，以修改法例，而非像以往的違憲審查判例那樣，即時宣判違憲的法規為無效。這個創新的做法，是香港法院積極行使其違憲審查權並頒發司法補救的工作上的重大突破，它在案件上訴到終審法院時得到該法院的肯定。[114] 終審法院也同意給政府和立法機關六個月的時間去修改有關法律，但和下級法院不同的是，終審法院拒絕頒令宣告有關法律在這六個月內仍然有效，它只頒令說對有關法律的違憲宣告不即時生效，而是六個月後(從原訟庭的判決日期起計算)才生效。意思是如果政府在這六個月內倚賴有關法律作出任何行動，行動雖不算違反法院在本案的頒令，但有關的其他法律風險須由政府承擔。

此外，在《梁威廉訴律政司司長》[115]一案裏，一位少年男同性戀者以性別歧視(包括性傾向歧視)、平等權、私隱權受到侵犯為理由，對現行刑法的一些條文提出司法覆核、違憲審查之訴。被挑戰的主要條文規定，兩男士(在雙方同意下)發生肛交，如其中一人(或兩者)低於 21 歲，則兩人均犯了嚴重罪行。高等法院上訴庭同意原訟庭的判決，即此規定違憲而無效，因為它對男同性戀者有歧視性：根據香港法律，異性戀者(在雙方同意下)發生性行為，只要雙方都年滿 16 歲，便不構成犯罪。法院認為，政府在案中未有提供足夠的論據，以說明這些法律對異性戀者和男同性戀者的不平等對待是合理的、能夠證成的。在本案中，法院動用其違憲審查權推翻的立法，屬於社會倫理道德的範疇，判決在社會中引起一些非議。但

---

113 *Leung Kwok Hung v Chief Executive of the HKSAR*（HCAL 107/2005; 2006 年 2 月 9 日）。

114 *Koo Sze Yiu v Chief Executive of the HKSAR* (2006) 3 HKLRD 455（*Koo* 和 *Leung* 乃同一件案件的不同名稱，Koo 和 Leung 均為此案的原告）。

115 *Leung v Secretary for Justice* (2006) 4 HKLRD 211 (CACV 317/2005)。

是，以違憲審查方式保障人權的制度的其中一個重要功能，是防止少數人的基本權利受到代表大多數人的立法機關的立法的侵犯；從這個角度看，《梁威廉案》是有積極意義的。

政治體制民主化的探索

2005 年後香港的另一方面的重大憲政發展，便是關於香港特別行政區的政治體制的進一步民主化的探索。如上所述，2004 年 4 月 6 日，全國人大常委會通過《關於〈中華人民共和國香港特別行政區基本法〉附件——第七條和附件二第三條的解釋》，對行政長官和立法機關的產生辦法的修改的啟動程序作出規定，包括要求香港特別行政區在啟動有關修改程序之前，先由行政長官就"是否需要進行修改"向全國人大常委會提出報告，然後由常委會根據《基本法》的有關規定予以確定。2004 年 4 月 15 日，行政長官董建華先生提交了《關於香港特別行政區 2007 年行政長官和 2008 年立法會產生辦法是否需要修改的報告》。2004 年 4 月 26 日，全國人大常委會在審議這份報告後，通過《關於香港特別行政區 2007 年行政長官和 2008 年立法會產生辦法有關問題的決定》，規範了有關產生辦法在 2007 和 2008 年可以修改的範圍。2005 年 10 月 19 日，行政長官曾蔭權先生領導下的特區政府發表《政制發展專責小組第五號報告：二零零七年行政長官及二零零八年立法會產生辦法建議方案》，方案在 2005 年 12 月 21 日在香港立法會付諸表決，但因得不到《基本法》附件一與附件二所要求的三分之二的多數票而未能通過，主要原因是"民主派"政黨認為方案不夠民主，而且缺乏關於邁向普選的進程的時間表。

2007 年 7 月 11 日，已當選香港特別行政區第三任行政長官的曾蔭權先生履行其競選承諾，發表《政制發展綠皮書》，就香港如何實現《基本法》規定的普選行政長官和立法機關全部議員的最終目標進行諮詢，諮詢範圍包括普選模式、達至普選的路線圖和時間表等。2007 年 12 月 12 日，行政長官就諮詢結果向全國人大常委會提交報告。2007 年 12 月 29 日，全國人大常委會作出《關於香港特別行政區 2012 年行政長官和立法會產生辦法及有關普選問題的決定》，規範了有關產生辦法在 2012 年可以修改的範圍，並表明在 2017 年香港的行政長官可由普選產生，此後立法會全部議員也可由普選產生。這個決定可理解為香港 "民主派" 人士多年來爭取普選的一個成果，雖然它未能滿足他們關於在 2012 年實行 "雙普選" 的訴求，而 2017 年的普選的具體模式尚待確定。

六、結論

　　"一國兩制" 是中華人民共和國史無前例的新事物，也是香港在英國殖民統治終結後的新時代。經過過去 15 年的實踐，鄧小平等上一代中國領導人設計的 "一國兩制"、"港人治港" 的構想是否行得通，有目共睹。我認為總體來說，這 15 年的實踐是成功的。

　　從法治和憲政實踐的角度看，我認為這 15 年的經驗可作以下幾點總結。首先，香港特別行政區在 "一國兩制" 的框架下和《基本法》的基礎上的自治、法治、人權和自由都得到相當成功的實現。大致來說，北京的中央政府尊重香港特別行政區的高度自治權，沒有干預特區政府在其自治範圍內的決策或施政。香港的行政執法、獨立司法和廉政制度健全，回歸前原有的法治傳統繼續發揮其活力。正如中英《聯合聲明》所承諾，回歸後港人的生活方式不變，香港的人權和自由水平絕對沒有像一些人在 1997 年前擔心的在回歸後經歷倒退。

　　第二，全國人大常委會解釋《基本法》和《基本法》第 23 條立法事件確實是回歸以來在法制領域以至整個社會引起爭議和震盪的最重要事件。上文已敘述了這些事件的來龍去脈，從中可以看到，人大釋法是香港特別行政區法律秩序本身的一部分,各次釋法背後都有其理據,並非中央權力機關任意行使其權力或破壞香港的法治或自治。香港法院在一般案件的訴訟過程中適用和解釋《基本法》和其他香港法律的權力並沒有受到干擾、剝奪或減損。至於第 23 條立法,其用意並非削減港人原有的人權和自由,這次立法之所以引起這麼大的恐慌和社會動盪,主要應歸咎於特區政府當時處理手法的失當 —— 例如沒有以白紙草案先作諮詢、堅持倉促完成立法程序、與社會大眾溝通不足等。

第三,香港特別行政區法院在 15 年來充分發揮了它作為香港的法治、憲政、人權和自由的監護者的角色,其重要性、積極性和活躍程度與回歸前相比,有增無減。我在 1997 年曾寫道:[116] "在九七過渡後,香港法院在香港法制以至政制中的功能將有增無減,……1997 年後的香港法院有寬闊的空間去發展香港的法律……。香港法院所面臨的挑戰是如何採取一種中庸之道,一方面勇於堅持它們的獨立司法權和敢於發揮它們法定的管轄權,藉以維護法治和權利保障等原則;另一方面,不採取過高的姿態,以避免法院的角色過於政治化"。從香港法院過去 15 年的重要判例(包括本文沒有機會介紹的判例)[117]來看,法院的確成功地掌握了此中庸之道,在面對中央權力機關時,不卑不亢,在處理香港內部人權與社會整體利益的平衡時,既不過於激進也不過於保守,恰到好處。

我們可以從憲政主義的角度對香港的經驗予以總結。上文曾提到 Lowenstein 關於名義性憲法、文字性憲法和規範性憲法的區分。從其運作的情況來看,1997 年以來在香港實施的《基本法》應可算是規範性的憲法

116〈九七回歸的法學反思〉,《二十一世紀》第 41 期,1997 年 6 月,頁 138,149–50。

117 參見拙作 Albert H. Y. Chen, "Constitutional Adjudication in Post–1997 Hong Kong" 15 (2006) *Pacific Rim Law and Policy Journal*, pp. 627–682。

性文件。套用 H. LA. Hart 的 "內在觀點" (internal point of view) [118] 的概念，參與實施《基本法》的官員和各方人士都從內在觀點出發 (即自願地、真誠地，以認同的心態) 接受了這部憲法性文件作為規範政治權力的獲取、轉移和行使的 "遊戲規則"。人民可自由組黨，享有言論、集會、結社、遊行示威等自由，政府亦定期舉行公正的選舉。人民可以通過訴訟，要求法院維護憲法性文件所賦予他們的神聖的公民權利。法院在釋憲時，採用了國際上先進的憲政和人權原理，並贏得了法律界以至社會大眾的敬重。這些事實，都是一部規範性的憲法文件正在發揮其生命力的憑證。

我們可以把香港和台灣的一些情況略作比較。兩地都是華人社會，並經歷相當時間的外國殖民統治，以至一度與中國大陸隔絕起來。他們與大陸的中國人在中國現代史中的經驗迥異，隨着兩地社會和文化自身的發展，"台灣人" 和 "香港人" 這兩種自我身份認同意識應運而生。目前，台灣和香港都是自由、開放、多元的社會，並且實行法治，保障人權，政府根據憲政原則運作。在兩地，我們都可以看到充滿活力的公民社會，敢言和能對政府產生監察作用的新聞媒體，以至勇於維護自己的自由和權利的社會人士。正如香港終審法院多次在其判詞中強調，[119]《基本法》所保障的公民和政治權利與自由，乃居於 "一國兩制" 下的香港的獨特制度之核心。同樣地，台灣人民意識到他們現在擁有的公民和政治權利與自由的重要性，並珍惜這些權利與自由，這成為了 "台灣人" 自我身份認同意識的一部分，[120] 使他們感覺到自己與中國大陸人的分別。因此，對台灣和香港來說，中國大陸便成為了 "他者" (the Other)。

---

118 參見 H. L. A. Hart, *The Concept of Law* (Oxford: Oxford University Press, 2nd ed 1994)。

119 參見例如 *Ng Ka Ling* (同註 74)；*Ng Kung Siu* (同註 63)；*Bahadur* (同註 63)；*Yeung May-wan v HKSAR* (2005) 2 HKLRD 212。

120 參見龍應台：《請用文明來説服我》(香港：天地圖書，2006)。

香港與台灣的民主憲政

　　我認為在香港，正如在台灣，法治、憲政和民主已經得到一定程度的實施，雖然在台灣，憲政和民主比香港更加發達。在可見的未來，香港人和台灣人在進一步發展其民主憲政時所面對的最大挑戰，便是他們應如何為自己定位，如何看待上述這個 "他者"？這個 "他者" 又會怎樣看待香港和台灣？香港和台灣的民主憲政事業雖已開始，但尚未完成，兩地的民主憲政制度仍處於一種過渡期。在香港，《基本法》訂下的最終目標是全民直選行政長官和全體立法會議員，在到達此目的地之前，香港的民主憲政可算是處於過渡階段。在台灣，現行憲政也有其過渡的性質。《中華民國憲法》原是一部為全中國而立、旨在於全中國實施的憲法。這部憲法早已在中國大陸失效，卻仍適用於台灣。台灣的人民和其政府與中國大陸的人民和其政府的關係究竟如何，在《中華民國憲法》及其增修條文中懸而未決。這個問題的和平解決，離不開某種憲政或法治的實踐和創新，因為歷史告訴我們，憲政和法治是人類社會成員和平共處、和平解決政治紛爭的良方。我個人希望，兩岸政府終於能摒棄成見，放下分歧，進行協商，求同存異，以和平、理性、務實和雙贏的方法解決目前由於《中華人民共和國憲法》和《中華民國憲法》在兩岸分別生效所產生的政治和法律問題，這便是兩岸人民之福。

6 餘論

中國法與我：一些回憶點滴

我是在 1977 年入讀港大法律系的。當時是"四人幫"倒台後不久，鄧小平剛剛復出。我們作為法律系的學生不大了解中國內地的情況，也不大關心它，雖然港大學生會當時的口號是"認中關社"，即認識中國、關心社會。法律系沒有任何關於中國法的課程，我們的老師全是外國人，唯一例外是我唸二年級時來了一位在我們法律系畢業，並剛在倫敦完成 LL. M. 的 Alexa Cheung 老師，她曾是我的 Tort tutorial 的導師，但很可惜，她任教一年後便離開了港大，改為當執業律師。（Alexa 現在是香港證監會的高層人物。）

記得當時港大學生會曾經邀請張鑫先生作一次關於中國法的演講，我參加聽講，但是由於我的普通話程度太差，收穫不大。1979 年，我是二年級的學生，我從《明報》讀到中國一次過通過了七部重要法律，其中包括中華人民共和國 1949 年建國以來首部《刑法》和《刑事訴訟法》。後來我才認識到 1979 年在中國現代法制史中的意義。這七部法律的通過，其實是中國社會主義法制在經過 50 年代後期的"反右運動"和 60 年代下半以後十年"文革"浩劫後重建的起點。法學教育也是在 70 年代末開始重建的，1977 年，中國內地的大學恢復通過高考來招生，1978 年，內地的主要法律院校招收了文革後第一批的法學本科生。原來文革後首批法律人才是和我在幾乎同樣時間開始唸法學的。

不記得是我在唸三年級還是 PCLL 的那年，美國哈佛大學的 Jerome Cohen 教授訪問港大，法律系安排了他為學生作一次關於中國法的講座，這是我和中國法的早期接觸之一，我和同班的一些同學對他作為外國人竟對中國法（包括中國的法制史）有這麼深的研究，為之肅然起敬。另一次接觸是廖瑤珠律師來港大講課，好像是講中外合資企業法，她的愛國情懷給我留下很深的印象。後來，我有緣與 Cohen 先生和廖女士有進一步的交往，這是我人生中的榮幸。不幸的是，廖女士在香港回歸前英年早逝。

1981 年，我 PCLL 畢業，越洋至哈佛大學唸 LL.M.。當時 Cohen 教授剛辭去全職教授的位置，轉到紐約的一所律師事務所執業，但仍 part-time 在哈佛教授中國法。我選修了他的課，課程中對中國法律的歷史傳統和當代中國社會主義法制的基本框架的介紹，使我開始對中國法有了系統化的認識。但是，當時中國的立法寥寥可數，百分之九十五以上的現行中國法律在當時是不存在的，由此可見，中國法在過去 30 多年的發展，可說是滄海桑田，面目全非。在立法的層面，中國法制的進步和繁榮是有目共睹、無可置疑的。

從哈佛回港後，我開始了為期 18 個月的見習律師的生涯。除了律師事務所的工作外，我還參加了兩個課程，對後來我學習中國法是有幫助的。一個是普通話的初階課程，另一個是港大校外課程的當代中國研究文憑課程，後者的老師主要是楊意龍博士(後來不幸因交通意外去世)和 Leo Goodstadt 先生。課程中要求學生寫一篇研究論文，我寫的題目是 "The Developing Legal System in China"，後來投稿並刊登於 1983 年的 *Hong Kong Law Journal*。在寫這篇論文的過程中，我閱讀了不少中文的材料，加深了自己對中國法制的當前狀況(尤其是 1982 年的新憲法所規範的法制)的認識。

1984 年 2 月，我完成了在律師事務所的實習，開始任教於港大法律系。當時中英兩國關於香港前途的談判進行得如火如荼，我的研究興趣很自然地集中在關於香港前途的法律安排──即後來 1984 年 9 月公佈的《中英聯合聲明》中提到的香港特別行政區基本法。1985 年，基本法起草委員會成立，起草工作正式展開。我不是起草委員會，也不是諮詢委員會的成員，我只是以學者身份發表關於基本法所涉及的法律問題的文章。在參與關於香港前途和基本法的研究和討論的過程中，我有幸認識了一些中國內地的法學家，如鄭成思教授（內地知識產權法的權威）、徐炳教授（後來成為知名律師）、蕭蔚雲教授、許崇德教授、王叔文教授等。

1991 年，在當時港大法律系主任 Raymond Wacks 教授的推動下，我們法學院正式開展了與內地法學界的學術交流：第一批我們學院的教師（包括我自己）訪問了北京的中國人民大學。在 1992 年，我出版了一本有系統地介紹中國法制的英文著作（*An Introduction to the Legal System of the Peoples Republic of China,* 第四版剛在 2011 年出版）。在 90 年代，由陳小玲女士創辦和主持的香港法律教育信託基金每年都贊助一些內地法學學者來港大訪問，因此我們與內地法學界的接觸得以進一步增加。

在 1993 年至 1996 年擔任系主任和在 1996 年至 2002 年擔任院長的期間，我很高興有機會進一步加強我們和內地以至澳門和台灣法學界的交流和合作，如邀請學者來講學、合辦研討會、贊助學者、學生或官員來港進修或進行研究等。每件事情都有它的第一次，如第一次在港大法學院舉辦以普通話進行的學術講座，第一次在港大法學院以普通話進行研討會，第一次設立獎學金給內地來港學習普通法的學生。我自己也經歷了第一次以普通話在內地大學講學，第一次以普通話在內地的研討會上宣讀論文，第一次在內地出版文章或書籍。第一次後，便能慢慢習以為常，建立起新的學術生活形態。

在 "一國兩制" 的安排下，香港和內地仍是兩個截然不同的法制。雖然內地法制在過去 30 多年的進步是巨大的，法治國家、人權以至私有財產權等重要理念也寫進憲法，但內地法治的水平仍與香港有很大距離。我們不能單看在紙上的大量立法，我們更須關注法制在司法、行政、執法等領域的具體運作情況。我們愈多了解這些情況，便愈會發覺流弊叢生，事情強差人意，法治的崇高理想與法制的嚴峻現實之間的鴻溝太大太深，難以跨越。

　　但是，我們決不能放棄，也不能絕望。畢竟這是我們自己的國家，我們自己的民族。還有無數的人，在他們各自的崗位上，為中國法制的建設默默耕耘，把自己奉獻給中國的法治事業。我們不認識他們之中的大多數，但我們會認識他們其中的一些人，並了解和支持這些朋友的努力和奮鬥。讓我們站在同一陣線，攜手合作，不畏困難，堅持理想，迎接挑戰，奮進於漫漫前路。

釣魚台問題的法律分析

自 19 世紀末始，國際社會逐步建立了諸多法律機制，藉以和平解決國與國之間的糾紛，包括仲裁制度、國際常設法院及其繼承者，即如今位於海牙的聯合國國際法院。這些法律機制曾處理的國際糾紛包括領土糾紛。

不過，國際法並不要求惹上糾紛的國家必須透過這些法律機制來化解糾紛，只有當糾紛中的各方都同意把問題以法律途徑解決時，這些法律機制才有角色可言。

就中日之間有關釣魚台列嶼(中國內地稱為釣魚島，日本稱為尖閣諸島)的爭端而言，迄今並無跡象顯示中日任何一方願意把問題呈交國際法院解決。儘管如此，探討中日兩方在國際法院上可能使用的各種論據，仍是有價值的。任何一方的立論愈是有說服力，其主權主張在國際社會中之認受性便愈高。

釣魚台主權爭論很可能離不開下述兩大核心的問題：(1)在 1895 年，即日本聲稱將該列嶼收歸版圖那一年，釣魚台列嶼是否"無主之地"(不屬任何主權國所有)？還是它原為中國的領土，但根據中日在該年簽訂的《馬關條約》，作為台灣全島及所有附屬島嶼的部分割讓予日本？ (2)假設釣魚台曾是中國屬土，惟於 1945 年至 1972 年間，釣魚台列嶼實際上由美國控制，而中國政府及台灣當局當時均未有就此提出明確的抗議或針對釣魚台列嶼提出主權主張，這種情況在國際法上會否構成"默認"，因而導致中方失去對列島的主權？

爭論兩大核心問題

先談第一點，中方所倚賴的事實證據如下：中國人首先發現釣魚台列嶼，並為其命名。此事最遲發生於 14 世紀末葉，1372 年至 1872 年，琉球王國乃向中國定期朝貢的藩屬（它同時也向日本南部的薩摩藩進貢），中國皇朝的冊封使曾 24 次前赴琉球，冊封當地的君主。這些使臣所寫的 13 部使琉球錄內，有 4 部提及中國與琉球羣島之間的邊界，指其位於赤尾嶼（釣魚台列嶼中最東邊的一個島）與久米島（琉球羣島之一）之間，此一界線為一“天然疆界”造成，因釣魚台列嶼位於中國的大陸架上，周圍水深不過 200 公尺，但赤尾嶼與久米島間卻有一條深達 1000 ～ 1200 公尺的海溝，把釣魚台列嶼和琉球羣島分隔開來。

除了這些中國使臣的出使記錄外，尚有一幅 1708 年的琉球當地人的地圖（程順則製）及一幅 1785 年的日本人的地圖（林子平製）。兩幅地圖均顯示琉球羣島乃由 36 個島嶼組成，並不包括釣魚台列嶼，該幅日本人的地圖更將釣魚台列嶼着以與鄰近中國其他領土相同的顏色。

此外，16 世紀至 17 世紀年間，中國為對抗日本海盜（倭寇）而進行海防活動時繪製的很多官方地圖，也明確地把釣魚台劃入中國的軍事防線之內。這些文獻包括 1562 年胡宗憲（其時抗倭寇最高指揮官）編製的“籌海圖編”，及其後若干將領於 1605 年及 1621 年編製的海防地圖。在之後的 200 年裏，還有法國傳教士蔣友仁受中國皇廷委託於 1767 年編製的“坤輿全圖”及一幅於 1863 年編製的“皇朝中外一統輿圖”，均顯示釣魚台列嶼為中國領土。

以奧原敏雄教授為首的日本學者曾試圖援引現代國際法中，有關衡量一個國家是否擁有某塊土地主權的原則和標準，來反駁中國的主權主張。他們辯稱，按照國際法上要求以“有效佔據”來取得主權的準則，由於中國從不曾對釣魚台列嶼行使或展示國家權力，所以直至 19 世紀末期釣魚台還是“無主之地”。他們也承認，歷史上的釣魚台不屬於琉球王國，但他們認為這並不表示釣魚台便是中國領土，它可以是不屬於任何國家的“無主地"。他們還說，使琉球錄中有關釣魚台列嶼的記載，可較恰當地詮釋為地理位置的描述及航海經歷之記錄，而非中國官員意識到列嶼乃中國領土之證據。

文獻累積起來證據足

如果把這個問題拿到國際法庭，法庭將要決定採用較寬還是較嚴的尺度來衡量中國的主權論據。國際法學者一般認為，對於偏遠、荒蕪、無人居住的島嶼，應以較寬鬆的準則來衡量有關事實證據，即某種最低程度的國家活動應已足夠確立該國就該地的主權。當前的事實是，在長達接近五個世紀的時間裏，只有證據顯示中國可能對釣魚台擁有主權，而在這期間沒有任何相反證據支持任何其他國家的主權主張，這點對中國是有利的。

也許，中方列舉的眾多歷史文獻證據中，任何一項若獨立地看待，都不足以構成中國擁有釣魚台主權的依據，但這五個世紀的文獻加起來的整體累積量，卻很可能足夠證明中國擁有釣魚台主權。

再談第二個問題，即關於 1945 年後發生的事情。中方的論點是既然她在 1895 年甲午戰爭前擁有釣魚台的主權，而日本在二次世界大戰戰敗投降時，接受了 1945 年《波茨坦宣言》及 1943 年的《開羅宣言》，釣魚台的主權便自然地回歸中國。《波茨坦宣言》限制了日本國的領土範圍在本州等四島之內，而《開羅宣言》則要求日本歸還一切從中國竊取的領土，例如滿洲、台灣、澎湖列島等。

不過，中國政府和台灣當局於 1945 年日本戰敗投降後，均未曾真正對釣魚台列嶼行使過管治權。有關釣魚台主權誰屬的問題，在 60 年代末之前，從來沒有人提出。

1951 年，美國和英國與日本簽訂了《舊金山和約》（北京和台北均不獲參與）。和約規定日本須放棄台灣及澎湖列島（第 2 條 b 款）、同意把琉球羣島(包括沖繩)及若干其他島嶼之管治權交予美國(第3條)。《舊金山和約》並沒有具體提及釣魚台列嶼,但美國當局在1953年頒佈的一項文告,卻以列出經緯度的方式把釣魚台劃入依據和約第三條歸美國管治的領土範圍內。當美國與日本在1971年簽訂《歸還沖繩協議》時,用的也是這個包括釣魚台在內的地區劃界。

中國政府和台灣當局正式就釣魚台主權問題作出聲明,是1969–1971年間的事。在此之前的"沉默",會否因"默認"原則而對中方的主權主張造成不利的影響?

台灣當局對未有在50年代提出抗議作了一些解釋,說是基於東亞地區整體的安全和防務的考慮。台北因此沒有對美國把釣魚台劃入其琉球行政區提出抗議,但台灣當局當時確曾就《舊金山和約》提出反對意見,特別是有關和約對琉球的處理,即容許日本對琉球提出"剩餘主權",日後索還琉球。

交國際法院裁決?

中國政府也曾於1951年透過外交部長周恩來發表聲明,強烈抗議《舊金山和約》,包括抗議其並未將台灣地區交還中國。事實上,自從美國於1950年派遣艦隊進駐台灣海峽並派軍駐守台灣,中國政府已一再指控美國軍事侵略中國領土(台灣)。上述1953年的文告只不過是美國的國內文件,北京甚至可能不知道這份文告的存在或其內容,在這樣的背景下,我們很難從北京沒有特別就釣魚台問題提出外交抗議,引申出北京默認美國對釣魚台行使主權或北京默認日本對釣魚台享有剩餘主權的結論。

不管怎樣,即使北京和台北的沉默構成了某種程度的"默認",這段沉默的時期不到20年,在國際法上應不足以用作支持日本基於"取得時效"原則的主權主張。其實,這個時效原則本身在國際法中的地位也尚未確定。我們由上述分析可以總結説，如果中國取得日本同意，把釣魚台問題交付國際法院或國際仲裁，中國勝訴的機會實在不差。不過，這並不表示日本肯定會敗訴，因為勝負最終仍需要取決於雙方能呈交多少有力的證據，法庭對有關的歷史文獻作出何種解釋，以及法庭選擇採用怎樣的具體法律準則來衡量雙方的主權主張。

保釣行動與愛國情懷 [1]

—— 悼陳毓祥先生

　　人生中的因緣際遇，好似冥冥中自有安排，又永遠儲存在腦海中，而隨時成為追憶、感慨的對象。在茫茫人海之中，一個人與另一個人因為命運或偶然而相遇、相交、以至分離、永別，正如天空繁星中其中兩顆星的軌道有了交叉點，它們逐漸聚合，然後又分開了。

　　陳毓祥先生的名字和故事開始進入我的生命，是在 1977 年，當時我是香港大學一年級的學生，我參加了港大學生報《學苑》的編輯工作。師兄們向我詳細介紹了 70 年代香港學生運動的歷史，包括爭取中文成為法定語文運動、保衛釣魚台運動、反貪污捉葛伯運動等等，也包括認同中共政權和宣揚民族主義、愛國主義的所謂 "國粹派" 和提倡在香港社會進行反資、反殖鬥爭的所謂 "社會派" 之間的鬥爭。我從師兄口中了解到歷年來港大學生會選舉中不同派系的爭奪戰，包括陳毓祥和一些其他同學所領導的 "國粹派" 的事蹟。在 1971 年，當陳毓祥還是英皇書院中七的學生時，已經開始參與保釣運動，成為學聯中學生保釣小組的主席。在 1971年 7 月 7 日的維園示威中，陳毓祥是因警方的鎮壓而受傷的人士之一。他入讀港大之後，成為學運的中堅份子，並於 1973 年獲選為港大學生會會長。當時正值香港學運的火紅年代，能成為港大學生會會長的，都是非同小可、顯赫一時的風雲人物，精英中的精英，先知先覺，具有歷史和社會

1　本文原宣讀於香港佛教法住學會 1996 年 9 月 29 日為悼念陳毓祥先生而舉辦的 "民族命運與保釣行動的反思" 聚會。

意識，代表着社會和知識份子的良心。所以，雖然我當時並不認識陳毓祥先生，但他在我心中已經有了一個形象，對於剛剛入大學的我，他是一個令人敬重、甚至有些崇拜的對象。

我於 1984 年開始在港大教書。在這一年，中英兩國政府簽署關於香港前途的《聯合聲明》，香港踏入了政治上的轉型期。當時我還是港大法律系中唯一的華人講師，就着愈來愈多的與法律和政治有關的香港時事問題，尤其是《基本法》的起草問題和人權保障問題，香港傳媒不時來採訪我，我也被邀請以講者身份參加不少公開論壇。在 80 年代中期到後期的這幾年，陳毓祥先生任職於香港電台，負責策劃和主持新聞性、時事性的節目。在其中幾次節目中，電台邀請了我參加討論，於是我便親見並結識了陳毓祥先生。我感覺到榮幸，因為陳先生是我母校港大的校友、師兄、先輩，更是我大學生時代的偶像式人物。我對他的尊敬、仰慕之情，有增無減。他的思考敏銳，談鋒犀利，更給我留下深刻的印象。

我和陳先生的生命軌跡最密切的交叉點，發生在 1991 年。那年秋天，香港立法局舉行香港有史以來第一次的全民都可參與的直接選舉。在候選人報名參選期開始之前的幾個月，陳毓祥先生親自到訪我的辦公室，表示他準備參選，並邀請我加入成為助選團成員兼法律顧問。雖然我與陳先生並沒有深交，但我欣然接受了這個邀請。這是基於他一向以來在我心中的良好形象。在參與助選活動整個過程中，有兩天是最難忘的。1991 年 7 月 27 日星期六，陳先生主持了他的競選倒數 50 天公開匯報會。很榮幸，我是被邀請向參加者演講的嘉賓之一。後來在投票當日，即 1991 年 9 月 15 日，我在陳先生助選工作總部逗留了一整天，幫助處理突發性的可能涉及法律的問題。很可惜，選舉結果是陳先生以些微票數落敗。我聽到消息後，心裏很難過，這種痛楚是我從未經歷過的，因為這是我有生以來第一次(也是至現時為止唯一一次)參與民主選舉中的助選工作和體驗到作為一個候選人的忠實和積極的支持者在候選人落敗時的滋味。後來陳毓祥先生在 1994 年至 1995 年再度參選，卻屢戰屢敗，我也感到可惜。所謂形勢比人強，"民主派"在香港直選政治中一枝獨秀，像陳毓祥先生這樣有強烈的熱誠為眾人之事("政治")出力的人因為其較"親中"和無政黨支持等因素而不受選民歡迎，實在令人歎惜。

我最後一次與陳毓祥先生見面，是在 1995 年 5 月 25 日晚上在灣仔溫莎公爵社會服務大廈舉行的"保釣運動 25 周年紀念會"上。陳先生是紀念會的發起人之一，並在會上擔任主持人。我自己從未參與過保釣運動，我決定參加這次紀念會，是由於我在唸大學的時候已聽聞保釣運動的壯烈事跡，可歌可泣，我希望加深自己對這件事和學運的認識。

在這次紀念會上，當年的保釣志士唱起了 25 年前的"釣魚台戰歌"，歌詞是這樣的：

> "滾滾狂濤，東海之遙，
> 屹立着一羣美麗的小島，
> 釣魚台，英雄地俯視着太平洋。
> 釣魚台，捍衛着我們富饒的海疆，
> 風在吼，海在嘯，
> 我們神聖領土釣魚寶島，
> 象徵着我們英勇不怕強暴。"

1996 年 9 月 26 日的早上，敬愛的陳毓祥先生在釣魚台戰歌所形容的"滾滾狂濤"中獻出了寶貴的生命。當時的情境，與戰歌歌詞所說的一模一樣："風在吼，海在嘯，我們神聖領土釣魚寶島，象徵着我們英勇不怕強暴。"

陳毓祥先生身殉釣魚台這件歷史性事件，一方面反映着近代中國慘痛的命運和不斷的苦難，另一方面也體現了中華民族文化傳統中最高貴的情操。

剛好一個世紀前，中國在甲午戰爭中戰敗，中日簽訂：《馬關條約》，台灣和附屬島嶼割讓給日本，釣魚台羣島就是在這時正式納入日本的管轄範圍。在 1896 年，我們所敬仰的烈士譚嗣同寫了這首詩：

> "世間無物抵春愁，合向蒼冥一哭休。
> 四萬萬人齊下淚，天涯何處是神州！"

譚嗣同先生的"天涯何處是神州"的語言，不就是總括了陳毓祥先生等保釣人士的終極關懷嗎？百多年已經過去了，但我們國家民族的前途和命運，仍然要求着那些憂國憂民的中華兒女以生命的犧牲來換取。但是，正是在犧牲和苦難之中，我們才找到光明和希望。敬愛的陳毓祥先生，正如所有這些作出犧牲和歷盡苦難的志士仁人、烈士英雄，在他的生命以至死亡中，體現了我們中華民族歷史文化傳統中最高貴的情操，即是當仁不讓，剛健有為，自強不息，堅持氣節，勇者不懼，甚至殺身成仁、捨身取義，明白到天下興亡，匹夫有責，以至先天下之憂而憂，甚至知其不可而為之。在陳毓祥先生一生的奮鬥中，我們可以看到文天祥在《正氣歌》中所描述的正氣。

> "在這首詩中，他説，充塞於天地之間的浩然正氣，是維繫國家民族的根本，……國家民族可以遇到暫時危機，但只要這種正氣不滅，民族最終就不會滅亡。……'人生自古誰無死，留取丹心照汗青！'中華民族就是以這種'正氣'為精神支柱，不斷發展，傲然屹立於世界民族之林。"[2]

2　鄧鴻光：《個人・社會・歷史 —— 中國傳統的人生價值觀與民族精神》（杭州：浙江人民出版社 1994 年版），第 124 頁。

陳先生在中學時代已開始受到民族精神和愛國主義的感召，從而參與保釣運動，並為此而流血。他的一生是擇善固執、貫徹始終的。他是有遠大理想和宏偉抱負的人，他不斷以行動來實踐他的信念。他對於國家民族的至誠和深情，是我們文化傳統中所信奉的“誠”和“情”兩大價值的典範表現。

中國革命烈士秋瑾在被處決前的一個月寫了一首詩：

　　“河山觸目盡生哀，太息神州幾霸才！
　　牧馬久驚侵禹域，蟄龍無術起風雷。
　　頭顱肯使閒中老？祖國寧甘劫後灰？
　　無限傷心家國恨，長歌慷慨莫徘徊。”

陳毓祥先生死於保釣，在我們心中喚起了類似的悲情。但願我們能化悲憤為力量，正如另一位烈士廖仲愷的妻子何香凝在悼念廖仲愷的一首詩中的最後兩句所説：

　　“哀思惟奮酬君頭，報國何時盡此心！”

所以，我們要超越悲憂，要努力，要奮鬥，盡心盡力，為振興中華的事業，為祖國在物質、精神和文化上的富強，奉獻我們生命中餘下的歲月。

敬愛的陳毓祥先生，我們永別了，請你安息。我向你致以最深的懷念、最高的敬禮。你永遠活在我的心中，你的赤子之心，豪情壯志，對國家民族的忠貞不渝，對理想的畢生堅持，將會永遠激勵人心。願你的保釣愛國精神永垂不朽，願陳毓祥先生浩氣常存，永遠留傳於天地之間，神州大地之上，留傳在因你的犧牲而變得更加神聖的釣魚台的海天空間。

人間有情

　　柏拉圖認為構成人的靈魂的有三個部分或三種氣質，就是理智（或譯作理性）、氣概（或譯作血性）和慾望（或譯作情慾）。他最推崇的是理智，認為它是靈魂的不朽的部分；理智追求智慧，有智慧者應成為“哲學家王”，統治社會和教導人民如何生活。氣概發達的人是勇敢和愛好榮譽的，他們適合當兵，捍衛國土。至於受慾望主導的人，只知貪愛財富和追求原始衝動慾望的滿足，柏拉圖主張他們留在社會的下層，從事生產工作。

　　柏氏的靈魂三分説中沒有直接對應着我們中國人所重視的“情”的東西，這不但使我們感到柏氏的學説的不足之處，也反映出中西文化的其中一種根本差異。從古希臘以來，西方傳統便是推崇理性的，現代科技便是理性思維的登峰造極的成就。從先秦以來，中國傳統便以家庭倫理生活中的溫情為貴，歌頌人間有情、天地有情。

　　人類運用理智，發明了原子彈，登陸了月球，最近更初步完成了人類基因組的解碼。但是，理智不能告訴我們，為甚麼生命是有意義、有價值的，它也不能為人提供動力，使人在最困難、最痛苦的環境中，仍然向前奮進。“情”才是生命動力的最重要泉源。人間有情，這包括親情、愛情、友情，以至愛國的情懷，以至悲天憫人的為全人類謀幸福的慈悲博愛之情。根據中國傳統文化所蘊藏的生命的學問，生命成長的其中一個秘密便是通過禮樂和其他方面的教化，培養和發展健康的情操，從而將生命中的激情投進真正有意義和有價值的事業之中。

　　最近讀到李敖先生的歷史小説《北京法源寺》，其中寫到梁啟超因政治形勢所迫，要離開他所任教的湖南事務學堂。為他送行的人包括譚嗣同——當時任教於學堂的另一位老師，譚氏説：“我們大家在時務學堂這段因緣，恐怕就此成為終點，但是我們的師生之情、相知之情、救國之情，卻從梁先生這一標準上，有了起點。我們時務學堂的師生都是有抱負、有大抱負的。此後我們會從不同的方向、不同的角度，去救我們的國家，成敗利鈍，雖非我們所能逆睹，但是即使不成功，梁先生所期勉的非破家不能救國、非殺身不能成仁，相信我們之中，一定大有人在。在看不見想不到的時候、在不可知不可料的地方，我們也許會破家殺身，為今日之別，存一血證。那時候，在生死線上、在生死線外，我們不論生死，都要魂魄憑依，以不辜負時務學堂這一段交情……"

　　殺身成仁的情況，不幸言中。戊戌政變後，譚嗣同作為"六君子"之一壯烈犧牲了。他的死，為的不是兒女私情，甚至也不是父子或手足之情，而是一種更大、更高、更深、更廣的情。只有偉大的人格、廣闊的胸襟、遠大的眼光、宏偉的抱負和高尚的理想，才能孕育和承載着這種悲壯之情。